Elisabeth Dauthendey

—

Das Weib denkt.

Sonderausgabe zu
„Würzburg liest ein Buch"
www.wuerzburg-liest.de

Elisabeth Dauthendey

Das Weib denkt.

Essays, Novellen, Gedichte
und Märchen
einer frühen Frauenrechtlerin

Vorwort von Petra Zaus

Herausgegeben
und biographisches Nachwort
von Daniel Osthoff

unter Mitarbeit von Regina Frisch,
Jörgen Nellen, Ulla Rottmann
und Peter Schmitt

Königshausen & Neumann

Bibliografische Information der Deutschen Nationalbibliothek

Die Deutsche Nationalbibliothek verzeichnet diese Publikation in der
Deutschen Nationalbibliografie; detaillierte bibliografische Daten sind im
Internet über http://dnb.d-nb.de abrufbar.

© Verlag Königshausen & Neumann GmbH, Würzburg 2023
Gedruckt auf säurefreiem, alterungsbeständigem Papier
Umschlag: Andrea Wieczorek, Würzburg
Umschlagabbildung: Gertraud Rostosky, Bildnis Elisabeth Dauthendey, 1908
© Museum im Kulturspeicher Würzburg

Printed in Franken (Germany)
by Rudolph Druck, Schweinfurt

ISBN 978-3-8260-7794-4

www.koenigshausen-neumann.de

www.ebook.de
www.buchhandel.de
www.buchkatalog.de

Zum Geleit

Die vorliegende Werkauswahl von Elisabeth Dauthendey verdankt ihr Entstehen dem Verein *Würzburg liest*. Dieser Verein organisiert seit 2014 alle zwei Jahre das Literaturfestival *Würzburg liest ein Buch* in der Stadt und der Region Würzburg. Dabei stand bisher immer ein Roman im Mittelpunkt einer mehrwöchigen Aktion, bei der das Buch, der Autor und seine Themen die Grundlage für jeweils bis zu 100 Veranstaltungen war. Lesungen, Vorträge, Ausstellungen, Theater, Tanz, Führungen, Diskussionen, Kino, Schülerwettbewerbe, Schreibwettbewerbe und vieles mehr wurden von den Mitgliedern des Vereins angestoßen und organisiert. Das Buch hatte immer eine Beziehung zu Würzburg: Entweder stammte der Autor aus der Stadt, so Leonhard Frank, Jehuda Amichai und Max Mohr, oder der Roman spielte in Würzburg und Umgebung wie bei Jakob Wassermann. All diese Autoren mit Ausnahme von Leonhard Frank waren den meisten Lesenden kaum noch geläufig, es galt wiederzuentdecken, sich im Rahmen der Literatur aber auch der lokalen Geschichte der eigenen Wurzeln bewusst zu werden und natürlich auch Freude daran zu haben mit so vielen Menschen über das gleiche Buch reden zu können.

Erstmals entschloss sich nun der Verein für das Jahr 2023 eine Autorin zu wählen und gleichzeitig nicht einen ihrer Romane – denn auch solche hat Elisabeth Dauthendey geschrieben –, sondern eine breite Auswahl aus ihrem Werk zu lesen. Es geht also darum, eine Autorin in ihrem ganzen Schaffen zu erfassen. Und es geht darum, zu sehen, wie Elisabeth Dauthendey im ausgehenden 19. Jahrhundert und im ersten Drittel des 20. Jahrhundert Fuß fasste in einer von Männern dominierten literarischen Welt. In manchen Texten steckt noch deutlich eine Sprache, die uns heute Lesenden sehr veraltet erscheinen mag, vieles scheint allerdings auch unglaublich modern, in Stil und vor allem in Themen.

Dass Elisabeth Dauthendey Frauenrechtlerin der ersten Stunde in Würzburg war, dürfte den meisten, die vielleicht ihren Namen kennen, sie aber eher mit einer Märchenautorin in Verbindung bringen, neu sein. Und sie hat darüber geschrieben! Einiges davon steht, auch chronologisch gesehen, gleich zu Beginn dieser Werkauswahl.

Ihr um 13 Jahre jüngere Halbbruder Max stand immer stärker im Bewusstsein der Leserschaft – doch Elisabeth Dauthendey kann mithalten. Auch die Auflagenhöhen von Elisabeth Dauthendeys Büchern müssen sich nicht hinter denen ihres Bruders verstecken.

Wir wünschen bei der Lektüre viel Entdeckerfreude, lassen Sie sich auf die Texte ein. Es lohnt sich!

Daniel Osthoff
im Namen von *Würzburg liest*

Editorische Notizen

Die Texte sind in der originalen Rechtschreibung belassen, lediglich offensichtliche Satzfehler wurden korrigiert.

Die in den Texten angegebenen Fußnoten stammen von den Herausgebern.

Die in der Zeit Dauthendeys üblichen rassistischen Begriffe wurden im Text gekennzeichnet.

Bei den Märchen handelt es sich überwiegend um solche aus Dauthendeys Nachlass. Sie gelten als die meisterhaften Märchen.

Vorwort

von
Petra Zaus

„Das Weib denkt." Mit diesen einleitenden Worten führt Elisabeth Dauthendey unmissverständlich zu ihrem Anliegen hin. Überzeugt vom bislang unterschätzten intellektuellen und gesellschaftsverändernden Potential ihrer Geschlechtsgenossinnen will sie mit ihren Essays zu einer Neubestimmung des Verhältnisses der Geschlechter beitragen. Dass weibliches Denken und Dichten bei Elisabeth Dauthendey zusammengehören, möchte diese Auswahl aus ihrem vielfältigen Werk zeigen. Wissensdurstig und begabt, verdankt Elisabeth Dauthendey ihr argumentatives und poetisches Ausdrucksvermögen und ihre breiten Kenntnisse intensivem Selbststudium. Jeder ihrer Texte zeugt von ihrer enormen Belesenheit sowie von ihrem u.a. durch Reisen ästhetisch geschulten Auge. Aus ihren Märchen, Gedichten und Novellen ebenso wie aus ihren Aufsätzen sprechen ihr Sinn für das Schöne, aber auch ihr kritischer Geist und ihr Glaube daran, dass überholte Denkmuster überwunden werden können.

Essays als Ermutigung zum Selbstdenken und Weitergehen

Der erste publizierte Aufsatz Dauthendeys – *Die Geschlechter* (1894) – beklagt die vorherrschende, scheinbar unumstößliche Rollenverteilung. Einig mit den Vorkämpferinnen der 1848 einsetzenden Ersten Deutschen Frauenbewegung kritisiert sie das patriarchale Gesellschaftssystem, welches Frauen abverlangt, sich Männern unterzuordnen und das ihnen ein Recht auf Selbstbestimmung abspricht. Für Frauen sei es nicht vorgesehen, nach Lebensfreude und Glück zu streben, sondern vielmehr den Erwartungen anderer zu entsprechen. Doch dies müsse nicht so bleiben: Die denkende Frau – Elisabeth Dauthendey verwendet hier wertfrei den damals noch üblichen Begriff ‚Weib‘ – könne maßgeblich zu einer „Weiterentwicklung der Menschheit" im Sinne eines „Ausgleichs zwischen den Geschlechtern" beitragen, so die These. Gelesen werden kann dies als Appell, Mann und Frau als ebenbürtig anzuerkennen.

Unübersehbar ist der Rückgriff auf Immanuel Kants Forderung Sapere aude – „Habe Mut, Dich Deines eigenen Verstandes zu bedienen" (in: *Beantwortung der Frage: Was ist Aufklärung?*, 1784) sowie auf die Maxime des kategorischen Imperativs (*Kritik der praktischen Vernunft*, 1786, S. 16).

Durch den wohlbekannten Vorwurf, dies oder jenes sei *Unweiblich*, – so der Titel des 1895 erschienenen Beitrags – führt der Text geschickt zum Thema hin. Die eng umgrenzten weiblichen Handlungsspielräume werden konkret auf die eingeschränkten Bewegungsmöglichkeiten für Frauen bezogen: weder sportliche Aktivitäten noch das Verlassen des häuslichen Umfelds für harmlose Freizeitvergnügungen seien bislang zulässig und allgemein akzeptiert gewesen.

Nun sei jedoch ein Entwicklungsdrang lebendig geworden, der nach gleichberechtigter Teilhabe mit dem Mann strebe. Ziel zunächst weniger genialer Individuen sei es, wie ein Mann nach den höchsten Gütern der Menschheit zu streben. Ohne dass es hier benannt ist, lässt sich schlussfolgern, dass v.a. die geistig-intellektuelle Entfaltung gemeint ist.

Der Aufsatz endet mit einem verhalten optimistischen Ausblick: „Denn das Unweibliche von heute wird zu neuer Blüte der höchsten Weiblichkeit – vielleicht schon morgen."

Bis zu einem gewissen Grad löste sie diese Prophezeiung selbst ein, denn Elisabeth Dauthendey setzte ihr Engagement für Frauenrechte und insbesondere für erweiterte Bildungsmöglichkeiten 1898 im Verein „Frauenheil" fort, der erreichte, dass Frauen erst in gesonderten Lehrveranstaltungen, dann als Gasthörerinnen und ab 1903 als ordentlich Immatrikulierte zum Studium an der Universität Würzburg zugelassen wurden.

Dauthendey trug außerdem zur Gründung der überkonfessionellen Sophienschule bei, einer weiterführenden und berufsvorbereitenden privaten Schule, die Mädchen seit 1900 offenstand.

Der Essay *Die urnische Frage und die Frau* nimmt eine Ausnahmestellung unter Dauthendeys Aufsätzen ein. 1906 erschienen im *Jahrbuch für sexuelle Zwischenstufen unter besonderer Berücksichtigung der Homosexualität* (Leipzig, VIII. Jg., S. 285–300), das der Sexualreformer Magnus Hirschfeld (1868–1935) herausgab, legt der Titel nahe, es gehe um weibliche Homosexualität. Verwendet wird ein Terminus, der von dem Juristen und frühen Sexualwissenschaftler Karl Heinrich Ulrichs (1825–1895) als Bezeichnung für gleichgeschlechtliche Liebe geprägt worden war – „Uranismus". Ulrichs Forschungen über den Uranismus festigten seine Überzeugung von einer natürlichen, nicht krankhaften Veranlagung zur gleichgeschlechtlichen Liebe und mündeten in Forderungen, gleichgeschlechtlich Liebende gesellschaftlich anzuerkennen.

Worin aber besteht Dauthendeys Anliegen? Sie appelliert an die logisch schlussfolgernde, erfahrene und verantwortungsvolle Frau, sich gegenüber dem „urnischen Menschen" und seiner „konträren Geschlechtsempfindung" nicht ablehnend zu verhalten.

Mit Blick auf die zahlreichen interdisziplinären Forschungsbereiche, die sich seit rund dreißig Jahren mit dieser „merkwürdige(n) Lebenserscheinung" befassten, dürfe sich auch die Frau nicht gegenüber diesen laut Statistik gar nicht so seltenen Individuen mit invertiertem Sexualempfinden verschließen.

Vom ethischen Standpunkt aus seien weibliche Empathie und tatkräftige Unterstützung geboten, um diese Personengruppe vor Diskriminierung zu bewahren. Dauthendey präsentiert die sechs wichtigsten wissenschaftlichen Erkenntnisse zur urnischen Frage und tritt damit gängigen Vorurteilen entgegen. Sie empfiehlt ergänzend die Lektüre von Lebensgeschichten bedeutender urnischer Menschen und den persönlichen Kontakt mit Betroffenen.

Frauen brauchten sich nicht zu sorgen, mit „moralischer Unreinheit" in Kontakt zu kommen, denn es handele sich letztlich nicht um eine (krankhafte) Normabweichung, sondern um eine von zahllosen Entwicklungsmöglichkeiten des Menschlichen. Besonders Frauen könnten entscheidend zur Integration urnischer Menschen beitragen.

Elisabeth Dauthendey eröffnet mit ihrem Aufsatz zur urnischen Frage eine dezidiert weibliche Perspektive auf das weitgehend tabuisierte Thema der Homosexualität. Allerdings wirbt sie nicht ausdrücklich um Verständnis für die Situation lesbischer Frauen, sondern sie fordert alle Frauen dazu auf, sich dafür zu öffnen, Stereotype zu hinterfragen und mitmenschlich zu handeln.

Ob ihr Gerechtigkeitsempfinden Elisabeth Dauthendey dazu veranlasste, für die Anerkennung der Verschiedenheit der Menschen zu plädieren, oder ob sie als lesbische Frau (auch) in eigener Sache schrieb, muss offenbleiben.

Beachtenswert ist dieser frühe Beitrag zum Diskurs um Diversity auf jeden Fall.

Kindgerechte Märchen mit garantiert glücklichem Ende

Die Märchen des vorliegenden Bandes stammen aus Sammlungen, die zu Dauthendeys Lebzeiten und posthum veröffentlicht wurden. Obwohl dichterisch geformte Kunstmärchen, gelingt Dauthendey die Annäherung an das ‚Volksmärchen'. Vergleichbar den *Kinder- und Hausmärchen* (1812/1815) der Brüder Jacob und Wilhelm Grimm, die für spätere Auflagen kritisch auf gewalttätige und sexuell als anstößig empfundene Passagen durchgesehen und entsprechend überarbeitet wurden, legt Elisabeth Dauthendey Märchen vor, die auch für jüngere Kinder geeignet sind.

Mit ihrem geringen Seitenumfang, der einsträngigen Handlung und der weitgehend leicht zugänglichen Sprache knüpfen die Erzählungen an die populäre Märchenliteratur an. Ohne konkrete Zeit- und Ortsangaben greifen sie mitunter die gängigen Anfangs- und Schlussformeln auf. In der Märchentradition steht auch die ethische Tendenz, der zufolge das Gute belohnt und das Böse bzw. verwerfliches Verhalten bestraft wird. Gleichzeitig sind vor allem die kindlichen Protagonisten nicht als holzschnittartige Typen gezeichnet, sondern werden psychologisch vertieft dargestellt, wenn sie an der Bewältigung einer großen Aufgabe reifen und eine nicht immer vorsehbare Entwicklung durchlaufen. Zudem zeigt sich Elisabeth Dauthendeys individueller Schreibstil an regionalen Floskeln, an fremdsprachlichen Begriffen und differenzierten Formulierungen.

Die belesene, pädagogisch erfahrene, weltläufige und polyglotte Autorin präsentiert Märchen, die vordergründig schlicht, doch auf den zweiten Blick bildungsgesättigt wirken.

Fremdsprachliche Einschübe geben den Dialogen der beiden prächtigen Puppen Charley und Chausette, die im Schaufenster eines eleganten Kaufhauses verliebt miteinander tändeln und tanzen, den passenden sprachlichen Schliff. In *Ein Wiedersehen. Eine lustige Puppengeschichte* werden die zwei mechanischen Puppen voneinander getrennt, als sich zunächst nur für die männliche Figur ein Käufer findet. Das Mädchen Lili soll für seine Puppe Amaranth einen Puppenmann erhalten. Charley, dem englischen Baron und Gräfin Chausette, der französischen Ballerina, bricht das Herz, als sie auseinandergerissen werden. Doch unverhofft kommt oft: Am Weihnachtsabend begegnen sie sich auf dem Gabentisch der wohlhabenden Familie wieder. Die Großmutti hat für ihre Enkelin unbeabsichtigt die Partnerin eben jenes Puppenmanns ausgewählt, den die Eltern Lili schenken. In der Heiligen Nacht können sich die menschenähnlichen Tanzautomaten den Kindern des vornehmen Hauses genauso verständlich machen wie die verlebendigte Nussknackerfigur seine neue Besitzerin Marie in E.T.A. Hoffmanns Weihnachtsmärchen *Nußknacker und Mausekönig* (1816) in das wunderbare Geschehen des Puppenreichs hineinzieht.

Nun ist Elisabeth Dauthendey nicht die erste Schriftstellerin, die Anregungen aus Werken der literarischen Romantik aufgreift und sie ideenreich neu interpretiert. Lange bevor sie die literarische Laufbahn einschlug, wandten sich andere Autorinnen der Märchengattung zu.

Titel und Elemente von Elisabeth Dauthendeys Sammlung *Die Märchenwiese* (1912) können in eine Verbindungslinie mit Adele Schopenhauers *Haus-, Wald- und Feldmärchen* (1844) gestellt werden. Adele Schopenhauer (1797–1849), verfasste neben Märchen auch Reisebeschreibungen und Romane und illustrierte mit ihren filigranen Scherenschnitten einige ihrer Werke. Die *Haus-, Wald- und Feldmärchen* setzen phantastisch wirkende Naturerscheinungen, Elementargeister und andere Märchengestalten in Verbindung mit der Alltagswirklichkeit und durchdringen diese poetisch. Die Titel der drei Texte dieses Erzählzyklus verweisen nicht auf exotische Schauplätze, sondern auf eine vertraute Umgebung. Die unspektakuläre lokale Szenerie finden wir auch in den meisten Märchen Elisabeth Dauthendeys vor. Gisela von Arnim setzt in ihrem Märchenroman *Das Leben der Hochgräfin Gritta von Rattenzuhausbeiuns* (entst. um 1845), ein tapferes und kampfbereites Mädchen gefährlichen Abenteuern aus. Im Zentrum dieser Entwicklungsgeschichte steht eine weibliche Robinsonade: Gritta und ihre Freundinnen stranden auf einer Insel, behaupten sich in der fremden Umgebung und wissen sich dort einen frauendominierten Lebensraum einzurichten. Unbestreitbar knüpft Gisela von Arnim an die Märchentradition der Romantik an, doch originell ist ihr Entwurf einer weiblichen Utopie.

Elisabeth Dauthendey schickt ebenfalls ein Mädchen auf eine Heldenreise, damit es eine Aufgabe meistert, die beinahe unlösbar ist. Die kleine Fretta muss im Märchen *Das Zauberauge* ihren geliebten Ziehbruder Ola vom Fluch des zyklopenhaften Zauberers erlösen, um den Gefährten aus seinem düsteren seelischen Zustand zu befreien. Fretta tötet das böse Einauge, eine Figur, die äußerlich Polyphem in Homers *Odyssee* gleicht und hebt dadurch die negative Sichtweise und depressive Antriebslosigkeit Olas auf. Fretta verhindert durch ihre beherzte

Tat außerdem, dass der Zauberer sich der Augen weiterer Kinder bemächtig.

Die glücklich endende Geschichte, die vom Mut und der Loyalität Frettas erzählt, weist trotz des deutlich schlichteren Zugriffs Parallelen mit E.T.A. Hoffmanns Nachtstück *Der Sandmann* (1816) auf, in dem die Amme Nathanael das Schauermärchen vom bösen Mann erzählt, der es auf die Augen kleiner Kinder abgesehen hat. Coppelius/Coppola, von denen ungewiss bleibt, ob es sich um eine oder zwei Figuren handelt, erheben Anspruch auf die Augen des Protagonisten Nathanael. Der vom drohenden Augenraub traumatisierte Nathanael verliert zwar nicht seine Augen, aber seinen Verstand und zuletzt sein Leben, denn er hat niemanden, auf den er sich verlassen kann.

Neben den genannten Parallelen zeigen Elisabeth Dauthendeys Märchen häufig Anklänge an die Spätromantik, etwa an Friedrich de la Motte-Fouqué (*Undine*), Wilhelm Hauff (*Das kalte Herz*), an mehrere Erzählungen E.T.A. Hoffmanns, oder auch an Adelbert von Chamissos *Peter Schlemihls wundersame Geschichte* (1814) über einen Mann, der seinen Schatten verkauft und in eine Identitätskrise gerät. Obwohl Dauthendeys Märchen den Eindruck des Kunstlosen erwecken, verraten die zahlreichen Verweise auf mythologische und biblische Stoffe und Gestalten sowie auf Motive der kanonischen Literatur, wie stark bildungsgesättigt sie sind.

Dieses Motiv des verlorenen Schattens, der doch wie ein lieber Weggefährte geachtet werden sollte, verkindlicht Elisabeth Dauthendey in der verschachtelten Erzählung *Der gute Freund* (1920, in der Slg. *Märchen von Heute*). Ihr Lehrer erklärt Mila und Fips, was der Schatten vermag: Der wohlmeinende Schatten lehrt die Kinder nicht nur die Kunst, Figuren zu gestalten, die sich dunkel vor einem hellen Hintergrund abheben, er fungiert auch als schlechtes Gewissen und somit als Instanz, die den Kindern helfen kann, verantwortungsvolle Entscheidungen zu treffen. In einer Binnenerzählung verdeutlicht der Lehrer den Kindern, was es bedeutet, den Schatten und damit einen treuen Begleiter zu verlieren. Wie die sichtbare Preisgabe eines Anteils der Persönlichkeit zu Isolation und Einsamkeit führen kann, stellt auch E.T.A. Hoffmanns *Geschichte vom verlorenen Spiegelbild* (als Teil der Erzählung *Die Abenteuer der Sylvester-Nacht* in der Slg. *Die Fantasie-Stücke in Callot's Manier*, 4. Bd., 1815) dar. Die Pädagogin Dauthendey bietet in ihren Märchen Exempel, um Kindern einen Wertekompass zu vermitteln und zugleich deren Lehrer zu motivieren, einem Bildungsideal der Güte, des Mitgefühls und der Schönheitsliebe nachzueifern. So kann die Botschaft von *Haselstrauch und Weihnachtsbaum* verstanden werden. Ob der erzieherische Gehalt dieser Texte und die Art der Vermittlung allerdings noch zeitgemäß sind, müssen heutige Leserinnen und Leser selbst beurteilen. Elisabeth Dauthendeys starke Mädchenfiguren, ihre verträumten, bisweilen unbesonnenen Knaben gewinnen sicher auch heute noch Sympathien.

Poetisches Gartenglück

Dieser Band versammelt einige Gedichte und Prosabetrachtungen zu einem Lieblingsthema der Autorin – zum Garten. Ihre literarischen Gärten sind Imaginationsräume, die eine positive Gegenwelt zu einem Draußen bilden. Auf den poetischen Gartenwegen gehen Gedanken und Ideen spazieren, Ruhebänke laden zum Träumen über den ewigen Kreislauf des Werdens und Vergehens ein. „Der arme Garten" widerlegt mit jeder Zeile die Titelaussage, denn zum beschriebenen Gartenidyll gehören neben einem Apfelbaum voller Früchte und Beeten mit Kräutern und Gemüse sogar Nischen, in denen die Herrin über dieses kleine Paradies stillvergnügt Wildkräuter gedeihen lässt. Die verschlossene Gartenpforte verhindert, dass die alltäglichen Widrigkeiten und Einschränkungen eindringen können.

Der eigene Garten wird als heilsames Refugium der Selbstfürsorge und Selbstbestimmung verstanden. Ob Bauerngärtlein, Hortus Conclusus oder als königlich empfundenes Gartenreich, in dem sich die Sprechinstanz „dem Göttlichen gleich" preist, hier ist kein Platz für Alltagsnöte. Worin genau die Zumutungen der Welt außerhalb des Gartens bestehen, bleibt dem Vorstellungsvermögen der Leserinnen und Leser überlassen. Obwohl einige dieser Texte in den Jahren des Ersten Weltkriegs entstanden sind, sparen sie Krisenerfahrungen aus. Weder die kriegsbedingten Auswirkungen auf die Zivilbevölkerung mit problematischen Arbeitsbedingungen, insbesondere für erwerbstätige Frauen noch leidvolle persönliche Einschränkungen werden hier greifbar.

Traditionsbewusste und individuelle Novellistik

Auch in ihren Novellen findet Elisabeth Dauthendey eine eigene literarische Stimme, obwohl sie alle genretypischen Erwartungen erfüllt. Bereits der Titel *Erotische Novellen* (1919) zielt auf die Neugier, Emotionalität und Sensationslust der Leserschaft: Man ist gespannt auf authentische Erzählungen, die nicht viel Zeit benötigen und etwas Neues bieten.

In der Dämmerung eines spätherbstlichen Abends sitzen vier Männer in der behaglichen Kaminstube einer Gastwirtschaft. Beim gemeinsamen Glas Wein, dem ‚Dämmerschoppen', wählen sie als Gesprächsthema „Liebe, Weib und Leidenschaft" und suchen in ihrer Erinnerung nach selbst miterlebten Begebenheiten, die in der Freundesrunde noch unbekannt sind. Der Übergang vom Tag in die Nacht, von der warmen zur kalten Jahreszeit und aus der Lebensmitte zum Alter markiert eine Schwellensituation, die den perfekten Einstieg in die Geschichten über dramatisch zugespitzte Ereignisse bietet, deren Zeuge sie waren oder die ihnen im Gespräch anvertraut wurden. Reihum erzählen sie unerhörte Begebenheiten über Liebe und Begehren in unterschiedlichen Abwandlungen, die allesamt ethisch-moralische Normen verletzen. Mit der Darstellung gesellschaftlich nicht erlaubter Sexualität überbietet jede weitere Erzählung die jeweils vorhergegangene. Die letzte und umfangreichste

Geschichte berührt das stärkste Tabu, die inzestuöse Geschwisterliebe. Die einzelnen Erzählungen bilden einen Zyklus, der von den Reflexionen und Kommentaren der vier Weintrinker zusammengehalten wird. Die vier Erzählungen – *Das rote Lachen*, *Rache um Rache*, die anfangs noch namenlose Geschichte über das Eheleben, das erst durch eine dritte Person glücklich wird und die später den Titel *Zwischen zwei Ehebetten* erhält, und *Allzu nahe* – fordern die Toleranz und das Einfühlungsvermögen der lauschenden Herren wie auch der Leserschaft heraus, werden doch menschliche Bedürfnisse und aufrichtige Neigungen geschildert, die gemeinhin aber als lasterhaft und sündig gelten.

Außergewöhnliche Lebensumstände und geschlechtliche Verfehlungen führen auch in den anderen Novellen Dauthendeys zu konflikthaften Ereignissen, die schlaglichtartig die Persönlichkeit eines Menschen erhellen.

Obwohl überschrieben als *Erotische Novellen*, wird diese Bezeichnung den Erzählungen nur teilweise gerecht. Auch wenn einige von ihnen thematisch um Liebesverlangen und die Sehnsucht nach Berührungen, um Untreue, Scham und um Verführungsversuche kreisen, so enthalten die Texte nahezu keine explizit sexuellen Schilderungen – es bleibt bei Andeutungen.

Verliebtheit wird nicht erwidert, eine erwünschte Beziehung ist gesellschaftlich geächtet und Begierde kann dazu führen, mindestens eine Person oder beide Beteiligten ins Unglück zu stürzen. Wer einen Reigen lustvoller Schilderungen amouröser Begegnungen erwartet, wird möglicherweise einige Erzählungen bestürzend oder beklemmend finden. Häufig liegt der Fokus auf versehrten, körperlich beeinträchtigten, leidenden Menschen oder auf Figuren, die als vom Schicksal benachteiligt gezeigt werden.

Die Erzählung über den Mann, dessen bis zum Grotesken missgebildete Gesichtszüge ihn zu Ehelosigkeit verdammen, obwohl die geliebte Frau für einen Moment seine innere Schönheit zu erkennen vermochte (*Das zweite Gesicht*), fühlt sich sensibel in die Nöte des Zurückgewiesenen ein. Obwohl eine aufgeschlossene Frau seinen guten Charakter erkennt und schätzt, kann sie sich nicht dazu überwinden, ihn zu heiraten. Er bleibt allein zurück.

Vielleicht kannte Elisabeth Dauthendey Theodor Fontanes *Schach von Wuthenow* (1882), in dem die männliche Hauptfigur vor der Heirat mit der von Blattern entstellten Victoire von Carayon zurückschreckt – hier ist die Beziehung seitenverkehrt.

Weil eine fürsorgliche und behütende Mutter fehlt, kann sich die kleine Rena leicht aus der Obhut eines gleichgültigen Kindermädchens entfernen und gerät so ungeschützt in eine Situation, in der sexueller Missbrauch möglich wird. *Das Kind*, das einsame Mädchen Resa, lauscht im Park den farbigen Erzählungen eines fremden Mannes, der bemerkt, welche Faszination seine Schilderungen auf die Kleine ausüben. Dadurch ermutigt, hält er Resa fest und wird immer zudringlicher, bis sie ihn schließlich gegen die Brust tritt, um sich von ihm zu befreien. Verängstigt, beschämt und verwirrt weiß sie, dass sie sich niemandem anvertrauen kann, um das Erlebte einzuordnen. Diese Erzählung warnt eindringlich davor, Kindern bedingungslosen Respekt vor Erwachsenen beizubringen und sie nicht darauf vorzubereiten, dass von diesen auch Gefahr drohen kann. Für die Charakterzeichnung des verlorenen kleinen Mädchens wählt Dauthendey die Spiegelfigur der erlösungsbedürftigen Seejungfrau aus dem Märchen, deren Hoffnung auf menschliche Zuwendung und Liebe schmerzlich enttäuscht wird.

Einige der Novellen knüpfen stilistisch an den literarischen Impressionismus Eduard von Keyserlings (1855–1918) an. Wie dieser, etwa in der Novelle *Harmonie* (1905), führt Elisabeth Dauthendey in *Die weiße Frau* unerfüllte Hoffnungen und das fatale Scheitern einer Ehe auf dissonierende Temperamente zurück. Aus scheinbar unbedeutenden Verstimmungen erwächst Entfremdung zwischen den Eheleuten, die geheiratet haben, ohne viel voneinander zu wissen. Sich durch eine Aussprache einander wieder anzunähern, ist unmöglich. Geschildert wird das innere Erleben des zurückgewiesenen Mannes, eines dünnhäutigen Individuums, dessen subjektive Sinneseindrücke, z.B. von flirrenden Farben und Lichtern, sein Gemüt affizieren.

Der nie geküßte Mund (1919) hingegen tendiert zur Décadence- und Fin-de-Siècle-Literatur, zu der Joris-Karl Huysmans *A rebours* (1884, dt. *Gegen den Strich*) über den morbid-dekadenten und neurotischen Aristokraten Des Esseintes und Thomas Manns Roman über den *Verfall einer Familie* – *Buddenbrooks* (1900) gehören: Auch in Dauthendeys Darstellung einer todgeweihten Femme fragile, die ihre letzten Tage im Süden in einer noblen Umgebung verbringt, wird ein Zusammenhang zwischen aristokratischer Abstammung und schleichendem Vitalitätsverlust behauptet, der zum unausweichlichen Niedergang führt. Die Protagonistin von statuengleicher Schönheit hat nie leidenschaftliche Hingabe erlebt und hadert mit ihrem Schicksal. Ena vertraut sich einem Priester an und begeht mit ihm in ihrer Todesstunde einen sexuellen Tabubruch. Nach dem leidenschaftlichen Kuss des Priesters stirbt sie erlöst. Hiermit hätte die Novelle ein gutes Ende gefunden, doch es folgen noch Ausführungen zu den strengen Bußübungen, die sich der Priester für seinen Verstoß gegen den Zölibat auferlegt. Giovanni Boccaccio (1313–1375), der mit *Il Decamerone* (ital. Zehntagewerk; entstanden zwischen 1348 und 1353) das stilbildende Vorbild für nachfolgende Novellensammlungen schuf, ließ seine Sünder vor der angedrohten Strafe davonkommen und verzichtete auf moralisierende Auslassungen.

Elisabeth Dauthendey lässt sich von ihm und vielen anderen literarischen Vorgängern inspirieren, geht dann aber ihren eigenen Weg. Warum begleiten wir sie nicht ein Stück?

Essays

Die Geschlechter. [*]

Das Weib denkt.

Lange hat es wenig gedacht, wenig gelebt und viel gelitten.

Doch das stehende Wasser seiner vegetativen Existenz wurde von dem Feuer des Freiheitsgedankens berührt, und nun gährt und arbeitet es in seinen Tiefen.

Und was da gährt und arbeitet, will hervor ans Licht. Das Weib will seine eigenen Gedanken greifen und sehen.

Und es sieht die Empörung auflohen gegen das Unrecht, das ihm so lange geschehen.

Und es greift den kalten würgenden Ekel an dem Zwiespalt seines Wollen und Müssen.

Es will frei sein – und muss dienen.

Es will Großes leisten – und muß an Kleinlichem seine Kraft zerbrechen.

Es will lieben – und muß ohne Liebe heiraten.

Es will denken – und auch das will man ihm wehren – aber das läßt es sich nicht mehr nehmen.

Es denkt und sieht um sich, und das Leben hält still vor ihm, denn es faßt es mit beiden Händen.

Warum ist das Leben ein ganz anderes Ding für das Weib als für den Mann – das will es wissen.

Schon mit der Erziehung wird für das Weib der frische Lebenstrank entmischt.

Der frohe, kräftige Wagemut ist nur für den Knaben.

Das Mädchen wird ins Kleine, Schattenhafte gestellt; das schwache, bange Zittern vor dem großen Unbekannten, das ihm das Leben fast immer bleibt – das ist für das Mädchen.

---

[*]   Erschienen 1894 in der Zeitschrift „Die Gesellschaft", siehe Quellenverzeichnis.

Das Entbehren und Entsagen, sein Bestes daran geben für den Mann, schon bei den Brüdern fängt es an. Opfer um Opfer, große und kleine, werden gern gebracht, den werdenden Mann einem hohen Ziele zuzuführen. – Das Weib steht daneben – seine Anlage und Begabung wird mit einem Achselzucken abgefertigt, es muß mit dem bescheidensten Lose – vorlieb nehmen? – nein, noch unaussprechlich dankbar dafür sein!

Väter, Brüder, Männer benutzen seine Schwäche und lachen seiner Schwäche. –

Eine Wahl giebt es für das Weib nicht. –

Wo der Lebenszufall es hingeworfen, da ist unwiderruflich sein Platz, wenn sie sich nicht zum Paria in ihrem Kreise machen will.

Der Mann schüttelt's ab, was ihm nicht behagt, greift hinein ins Leben und nimmt sich den Platz, den er braucht; seinem festen Wollen werden die Mittel selten versagt. Das Weib aber, wenn es wirklich den ungeheuren Mut hat, sich loszureißen, wenn es im engen Heim die Lebenslust nicht findet, muß allein durch – von Hilfe keine Rede – aber Hohn und lauernde Schadenfreude die Fülle.

Die Lebensbedingungen: Selbstkraft und Freiheit werden ihm systematisch aberzogen.

Und so geht das Weib dumpf und stumpf im Halbschlaf seines Weges.

Aber des Lebens heiße Pulse greifen an sein Herz, und es schreit nach dem Glück – doch nur in der stillen Kammer, denn niemand darf es hören – denn auch das Glück ist nicht für das Weib – warten muß es – warten in geduldigem Hinwelken, ob es ihm gebracht wird, es darf ihm nicht frei und offen entgegengehen, denn es hat ja das Glücksbedürfnis des Mannes nicht –

Das steht fest – solch fertige Urteile sind so bequeme Brücken, auf denen man sorglos den tosenden Sturzbach überschreitet.

Und wenn das Glück für die Frau kommt, dann ist es selten „ihr" Glück, aber sie nimmt es an, um nur herauszukommen aus dieser Totenstille, in der sie nur immer sich hört und mit sich selber nichts anzufangen weiß. Und das Truggold zerfällt auch bald in ihren Händen. Es beginnt dasselbe Elend – sie unten – er oben. Und mühsam schleppt sie sich weiter, ein stumpfes Lasttier für Mann und Kinder.

Das ist ihr Glück. – –

Und wenn sie es so gar nicht als Glück empfindet –

Unsägliche Verachtung – spöttisches Achselzucken –

Was will sie denn eigentlich?

Sie weiß es selbst nicht ganz – und so fällt sie wieder in den dumpfen Halbschlaf, der für sie Leben heißt.

Und kommt das Glück nicht –

Die einsame, große, furchtbare Leere, die sie dann begräbt, denkt kein Mensch aus – und ohne Mitgefühl steht sie in dieser großen grauen Einsamkeit, die ihr die eiserne Faust aufs Herz legt und ihr langsam, ganz langsam den letzten warmen Tropfen Blut aus den Adern preßt.

Und um sie her huscht auf spitzen Füßen der wartende Spott – sich mit neugierigen Augen an ihren Schmerz zu schleichen und über die letzten armen Zuckungen ihrer Lebenstriebe zu lachen – laut und rücksichtslos, als sei sie schon eine Tote und sähe und höre nichts. – Und ist es dann wirklich so weit, daß sie sich selbst gepackt und aus sich hinausgeworfen hat, daß nichts als Bitterkeit und Ekel in ihr bleibt – dann sind sie zufrieden um sie her, dann wird sie mit einem mitleidigen Blicke abgethan.

Sie ist alt – sie ist tot.

Aber der Mann wird nicht alt, d.h. sein Recht auf das Leben geht mit ihm durch alle Phasen, biegt und schmiegt sich nach seinen Bedürfnissen, aber es bleibt immer dasselbe Recht.

Und das Weib denkt –

Und es fragt.

Warum ist es so? Und muß es so bleiben?

Warum dem Weibe das bloße Entsagen, das harte Müssen?

Dem Mann die frische Freiheit und das alles umfassende Dürfen?

Kann kein Ausgleich zwischen den Geschlechtern ein lebensfroheres Gebiet schaffen, auf dem sie beide glücklich sind?

Nicht in zügellosem Auseinanderfließen der edlen Freiheitslinien zu chaotischer Unform liegt die Lösung, denn zur Weiterentwicklung der Menschheit bedarf es des kategorischen Imperativs, doch formuliert er seine Forderungen immer wieder neu auf der freieren Anschauungsbasis neuer Entwicklungsstadien. Und da das Weib denkt, ist die Menschheit in ein neues Stadium getreten.

Unweiblich.[*]

Die großen Gesetze der Vererbung und Anpassung leuchten uns mit unwiderstehlicher Klarheit in die so lang verschlossenen Geheimnisse des organischen Werdens.

Das psychische Leben, auf der Basis des organischen entwickelt, ist mit seinem Werden und Wachsen den selben Gesetzen unterworfen. Und so können wir die Forderungen der Sitten verschiedener Kulturperioden als Resultate einerseits der Summe durch Generationen vererbter Erfahrung und andrerseits der durch das Milieu den Individuen aufgedrungenen Anpassung begreifen.

Je enger der Kreis, in dem das Leben die Menschen fesselte, von desto längerer Dauer waren die Gewohnheiten, welche die Gesellschaft als Gesamtorganismus zu ihrer Daseinsnotwendigkeit machte, und denen die Einzelnen sich anpassend unterordnen mußten.

Und bei der langsamen geistigen Entwicklung der Menschheit ist aus dieser langen Kette vererbter Einwirkung ein starres Festhalten an einmal notwendig gewesenen Gesellschaftsbedingungen verschleppt, das unserer Periode schnelleren Vorwärtslebens noch immer mit eiserner Zähigkeit anhängt und die hochgehenden Entwicklungsbedürfnisse des modernen Menschen mit abgelagerten Gedächtnisresten aus überwundenen Werdephasen gewaltsam zurückdämmen möchte.

Doch das große Licht der neuen Wissenschaft hat eine neue große Freiheit geschaffen, und der lebensfähige Keim unserer geistigen Wesenheit dehnt und streckt sich dieser Freiheit entgegen.

---

[*] Erschienen 1895 in der Zeitschrift „Die Gesellschaft", siehe Quellenverzeichnis.

Und was am längsten gefesselt war, das strebt nun mit der Gewalt aufgespeicherter Kraft gegen den lange ertragenden Druck.

Die Psyche des Weibes, so lange im Dunkeln gehalten, will ans Licht.

Aber dieses Dunkel und diese Fesseln waren durch so viele Generationen der ihr zugewiesene Bereich, waren durch viele Jahrhunderte als gesellschaftliche Notwendigkeit anerkannt und den Geschlechtern durch das Gedächtnis des Blutes ins Bewußtsein übergegangen, daß alles, was von Zeit zu Zeit in kleineren oder größeren Stößen als neue Forderungen höher differenzierter Individuen an die Oberfläche trat, den heftigsten Widerspruch der großen Masse fand – und mit dem Worte „unweiblich" ist von je her jeder Versuch des Weibes, sich vom Althergebrachten, Überlebten los zu machen, in den Bannkreis des Lächerlichen und Verächtlichen gezogen worden. –

Unter fortwährenden Feindseligkeiten und stichelnden Angriffen – nicht zum wenigsten von ihrem eigenen Geschlecht – hat sich die weibliche Hälfte der Gesellschaft Schritt für Schritt eine freiere Bewegung erkämpfen müssen.

Im engsten Kreise des Hauses, hinter der schnurrenden Spindel, als gehorsam schweigende Hausehre, war die Frau so vielen Generationen der Typus des Weibideals, daß die Welt aus den Fugen zu gehen schien, als sie sich immer weiter von dem engen Ringe stumpfsinniger Ansässigkeit entfernte.

Und jeder neue kleine Schritt, jede ungewohnte Bewegung wurde als „unweiblich" gebrandmarkt. Was ist nicht alles schon so genannt worden. – Wie lange galt es für unweiblich, irgend eine körperliche Übung zu betreiben – Turnen, Schwimmen, Schlittschuhlaufen, ja sogar das bloße Spazierengehen erregte unseren Großeltern noch starkes Kopfschütteln. Allein reisen, die Männer in Restaurationen begleiten – Bier trinken – es ist noch nicht allzu lange her, daß dies für mehr als unweiblich – für unanständig – galt.

Doch da sich Mutige fanden, die diesem Kopfschütteln keinen Einfluß auf ihre fortgeschrittenere Einsicht gestatteten, hörte es allmählich auf – und das Schreckliche von Einst ist heute etwas Selbstverständliches geworden.

Durch diese mühsam erkämpfte größere Freiheit der Bewegung aber ist die Einsicht und Erkenntnis mit Riesenschritten gewachsen und hat das Weib bisher um diese Freiheit der Bewegung gekämpft, so sind es jetzt ganz andere höhere Ziele, wonach der lebendig gewordene Entwicklungsdrang sie greifen läßt.

Daß dies Verlangen aber, zur Erreichung der höchsten Güter der Menschheit mit dem Mann gleichberechtigt zu sein – die Höhe der Unweiblichkeit erreicht, ist noch einem sehr großen Teile der Gesellschaft eine unerschütterliche Überzeugung. –

Im Lichte der großen Naturgesetze ist dies verständlich; denn noch ist diese Forderung der großen Masse zu neu, um Altes, Hergebrachtes zu überwinden. Dieser Gedanke muß sich erst durch einige Generationen hindurch weiter vererben, währenddes die großen Evolutionen, die sich immer erst in wenigen, genialen Individuen vollziehen, ein neues Milieu schaffen, denen sich das nachkommende, mit neuen Erkenntnissen befruchtete Geschlecht anpaßt, um alsdann die Kämpfe der vorbereitenden Bewegung kaum mehr begreiflich zu finden.

Aus der Einsicht in die Gesetzmäßigkeit des Verlaufes dieses Kampfes stählt sich der Mut zum Ausharren in demselben. Das Vorurteil der Menge muß durch das Urteil der Wenigen besiegt und zu neuer Erkenntnis umgearbeitet werden.

Durch den leichtfertigen und billigen Vorwurf der Unweiblichkeit soll sich niemand abhalten lassen, der großen Sache der Frauenfrage seine Dienste zu weihen. Denn das

Unweibliche von heute wird zu neuer Blüte der höchsten Weiblichkeit – vielleicht schon morgen.

Die urnische Frage und die Frau[*]

Essay

Die Psyche des Weibes ist so geartet, daß sie jeder Analyse großer Lebenswerte widerstrebt. Das Weib lebt sich zumeist in Gefühlen aus und gelangt durch solche zum Bewußtsein ihrer Wesenheit im Gegensatz zum Manne, dem die Sphäre des Intellektuellen das Gebiet ist, auf dem sich ihm seine Eigenart plastifiziert.

Gefühle aber sind einerseits ungreifbare Schwebungen, mystische Kreise, Gebilde, die oft zwischen Sein und Nichtsein so haarscharf auf der Spitze stehen, daß ein kalter kritischer Hauch sie, wenigstens an ihrer Oberfläche, zu verändern oder zu zerstören vermag, andererseits sind sie wiederum mit dem Individualitätsgehalt der Persönlichkeit im tiefsten Grunde so eng verkettet, als sie in ihrem letzten Bestände unzerstörbar sind – daher ihre Tendenz, sich in der dunklen Sphäre des Unbewußten zu verlieren, unterhalb der Schwelle des Bewußtseins zu verbleiben und hier ihr heimliches Spiel im Triebleben des Weibes zu treiben.

Je näher das Weib dem Typus des Vollweibes steht, d. h. je mehr die weiblichen Elemente in seiner Wesensmischung vorwiegen, desto fester ist es an seine Gefühlswelt gekettet, desto ängstlicher hält es sich dem scharfen logischen Denken fern, desto eigensinniger hält es an seinen Vorurteilen fest, die sich ihm aus der Enge seiner Anschauung aufdrängen. Und auf dem Gebiete der Liebe und der Sexualempfindung ist es besonders scheu und spröde und will mit geschlossenen Augen seine Wege gehen. Das Vollweib fürchtet sich vor

---

[*]   Erschienen 1906 im „Jahrbuch für sexuelle Zwischenstufen", siehe Quellenverzeichnis.

dem Denken an sich. Das differenziertere Weib fürchtet sich noch vor dem reinen strengen Denken der Wissenschaft, ihm liegt das unreine Denken der Kunst (im Sinne Nietzsches) näher.

Das Weib ist die Hüterin der Illusion. Ihm graut vor den starken deutlichen Erkenntnissen, es fürchtet den dornigen Weg, der zu ihnen führt.

Und in gewissen Sinne hat es recht.

Das kausale Denken ist für das ungeübte Gehirn eine schmerzhafte Prozedur und zerstört allerdings manche bequeme Dunkelheit, räumt mit den Truggebilden liebgewordener Vorurteile auf und schafft vorerst eine große Leere um sich her, mit der man sehr lange nichts anzufangen weiß. Doch dem treuen Ausharren wächst langsam eine neue herrliche Welt aus den Ruinen, die der alten Illusion nicht mehr bedarf, da ihrem Horizonte das Licht der Erkenntnis leuchtet, das die Gefühle auf den realen Boden von Ursache und Wirkung stellt und ihnen damit ihre Enge und Fesselung nimmt.

Auch das Gebiet des Liebes- und Geschlechtslebens verändert sich unter diesem Licht. Es wird einfacher und verwikkelter zugleich. Was nur die eine, ewig alte Frage schien, teilt sich plötzlich in viele neue, die aber alle von unabänderlichen Gesetzen wieder zur Einheit geschlossen werden. Und dieser vielfachen Bedeutung der Fragen und ihrer einschneidenden Wirkungen auf die leibliche, seelische und soziale Lebensentfaltung gegenüber überkommt den Erkennenden mit bewußter Deutlichkeit das Gefühl der Verantwortung, das der Wissende dem Leben gegenüber hat.

Und mitten in diesem Leben und seiner Verantwortung steht auch das Weib. – Als Liebende, als Gattin, Mutter und Erzieherin steht es im Mittelpunkte eines Kreises, der in gewissem Sinne von ihm abhängig ist, dessen Leiden und Freuden von dem Umfange seiner Lebenseinsicht und Übersicht beeinflußt werden. Aus dieser ernsten Erwägung heraus, sollte das Weib, wenn es sich zu einer reifen Persönlichkeit entwickelt hat, die sich dadurch kennzeichnet, daß sie ihr Recht an den Gütern des Lebens mit einer gewissen Bereitwilligkeit zu Pflichten, die es auferlegt, auszugleichen gewillt ist – sich einer der größten Pflichten bewußt werden: nämlich der, sich keinerlei Erkenntnis bedeutsamer Lebensvorgänge zu verschließen.

Nun aber ist der Mensch als ein Geschlechtswesen, von wenigen Vorgängen seiner persönlichen Entwicklung so absolut abhängig, als eben gerade von denen, die sein werdendes und entwickeltes Geschlechtsleben begleiten und bestimmen. Lange hat das Gebiet des Geschlechts- und Liebeslebens des Menschen unter dem Dunkel des Geheimnisses gestanden, um welches selbst die Wissenschaft einen scheuen Umweg machen zu müssen glaubte. Aber auch hier siegte endlich die Freiheit der Forschung und langsam enthüllten sich uns die innigen Zusammenhänge der physischen und psychischen Zustände in der geschlechtlichen Individualität des Menschen.

Bei Ergründung dieser unendlich komplizierten Lebensvorgänge berührte die Wissenschaft auch die scheinbar so rätselhafte Erscheinung des urnischen Menschen und seiner konträren Geschlechtsempfindung, welche bei genauer Erforschung so weitgehende Berührungspunkte und Konsequenzen auf dem Gebiete der individuellen und sozialen Lebenszustände ergab, daß sie zu einer der brennendsten Tagesfragen unserer Zeit wurde.

Und es entsteht nun die Frage: Hat das reife Weib, das – ich betone es wieder – durch ihre Aufgabe als Gattin, Mutter, Erzieherin und Lehrerin mit den wichtigsten Positionen in Familie, Gesellschaft und Staat betraut ist – das Recht, sich dieser Lebenserscheinung gegenüber absolut ablehnend zu verhalten?

Stellte dieselbe vereinzelt als eine Abnormität oder pathologischer Fall ein rein wissenschaftliches Sonderinteresse dar – dann allerdings.

Seit indes die medizinische, biologische, historische, ethnographische und forensische Forschung sich des andrängenden Tatbestandes derselben kaum noch erwehren kann und das Material desselben nach allen Richtungen der wissenschaftlichen Begutachtung unterbreitet ist, deren Resultate zu einem gewaltigen Strom einer besonderen Literatur angewachsen sind und die mit nachdrücklicher Überzeugungskraft den Beweis erbringen, daß diese merkwürdige Lebenserscheinung so eng mit unseren täglichen Daseinsbeziehungen verwachsen ist, daß sie auch dem Weibe auf ihren Pflichtwegen durch das Leben jeden Augenblick so nahe gebracht werden kann, daß sie sich mit ihr auseinanderzusetzen haben wird – seitdem hat es jedenfalls kein Recht mehr, ihre Vogelstraußpolitik diesen Tatsachen gegenüber beizubehalten.

Und vorerst wird ja nichts weiter von ihm verlangt, als daß es Kenntnis davon nimmt, daß neben dem weiten Gebiete der normalen sexuellen Veranlagung ein anderes, besonderes und weit engeres existiert, dessen ihm zugehörige Individuen eine andersgeartete Triebrichtung aufweisen.

Denn auch die Statistik, diese strenge Richterin, die mit nicht abzuweisender Deutlichkeit und nüchterner Tatsächlichkeit alle Lebensverhältnisse unter die unbeugsame Wahrheit der Zahl bringt – sagt es laut und eindringlich, daß wir auf dem Gebiete des menschlichen Geschlechtslebens, außer mit den beiden, deutlich in Mann und Weib geschiedenen Individuen, noch mit einem, im Verhältnis zur Gesamtmenschheit nicht unwesentlich bevölkertem sexuellen Zwischenreich zu rechnen haben, an dessen Individuen eine Umwandlung (Inversion) des normalen Sexualempfindens wahrzunehmen ist und welche von der Wissenschaft als urnische Menschen bezeichnet werden.

Doch von all diesem weiß und will die Frau nichts wissen. Sie hat keine Ahnung von der Fülle der Arbeit, die in den letzten drei Jahrzehnten von den bedeutendsten Männern der Wissenschaft geleistet, wie viel Opfer an Kraft und Selbstverleugnung von den edelsten Geistern gebracht wurden, um dieses dunkle Lebensgebiet aufzuhellen, es von Aberglauben, groben Mißverständnissen und falschen Voraussetzungen zu reinigen.

Wozu all dieses – fragt sie achselzuckend, was geht das uns an; mag die Wissenschaft tun, was sie muß, uns kümmert diese ekle Sache nicht.

Nun ist aber diese Angelegenheit an sich keine ekle Sache, sie wird es erst im Munde derer, die von ihr reden, ohne etwas Genaueres davon zu wissen.

Gesetzt aber, sie wäre es wirklich, mit welchem Recht dürfte die Frau sich ihr so ganz verschließen? Ist nicht auch der Krieg z. B. mit seiner Grausamkeit, mit seinen furchtbaren Anblicken von Blut und Wunden eine für die Frauennatur ekle Sache? Wie nun, wenn sie sagen wollte – was geht dies uns an, mag der Staat tun, was er muß, uns kümmert es nicht. Wir sehen aber in Wirklichkeit das Gegenteil geschehen. Scharen edler Frauen drängen sich zum Samariterdienst, denn immer sind die besten der Frauen da zu finden, wo sie sich mit ihrem warmen Herzen, ihrem großen, heldenhaften Mitleid helfend, verstehend und tröstend in den Dienst der Menschheit stellen können.

Was wäre auch die Menschheit ohne des Weibes großes, warmes Herz?

Und so käme es wohl nur darauf an, der Frau zu beweisen, daß ihr großes, warmes Herz auch auf diesem Gebiete des Lebens eine ebensolche absolute Notwendigkeit ist, als auf dem Schlachtfelde der Kriege.

Denn Wunden und Leid und bitteres Weh gibt es hier in ungeahnter Fülle. Nur, daß dies Leid und Weh nicht sichtbare Wunden zeigt, daß die Seele gemordet wird statt des Leibes, daß Menschen zu solcher Höhe der Verzweiflung getrieben werden, daß sie das Leben nicht mehr ertragen und ihm selbst ein Ende machen. Und wenn die Wissenschaft uns sagt, daß dies an hunderten und nicht den schlechtesten der Menschheit geschieht – darf da die Frau noch untätig bleiben?

Und hier ist der springende Punkt der Sache. Die urnische Frage ist in ein Stadium getreten, wo sie des großen Mitleides, des warmen Mitgefühls, der verstehenden Mitarbeit der Frau bedarf.

Und von diesem ethischen Standpunkt aus ist es nun nicht mehr die sachliche Zuspitzung der Frage an sich, womit es die Frau zu tun hat, sie hört auf, eine speziell nur sexuelle Frage zu sein und wird eine allgemein menschliche Angelegenheit, der sich die Frau nicht nur nicht mehr zu verschließen braucht, sondern vielmehr sich nicht mehr verschließen darf, wenn anders sie sich nicht selbst außerhalb aller Lebenspflichten und jener Verantwortlichkeit setzen will, die jedem Vollmenschen sein Teil der Mitarbeit an allen ernsten Menschheitsfragen auferlegt.

Und wahrlich, wenn die Frauen sich nur erst einmal entschlossen haben werden, mit der Tapferkeit, die das Kennzeichen der edlen Weiblichkeit ist – in die Abgründe von seelischem Leid und tiefer Qual zu schauen, die ihnen die Geschichte dieser Sondergruppe von Menschen aufzuzeigen hat – das weitere würde sich ganz von selbst ergeben; denn alles Geschehen vollzieht sich nach unabänderlichen Gesetzen: und das zwingende Gesetz des Weibes ist die Liebe, der das Mitleid entströmt.

Aber ich sehe euch beunruhigt, ihr Frauen.

Ihr hörtet wohl leise und wie im Dunkeln die furchtbaren Worte und Namen, die wie etwas Entsetzliches, Geheimnisvolles in flüsternden Andeutungen oder rohen Zynismen an euer Ohr schlugen und nie zu euerem Verstehen drangen. – Um aber helfen zu können oder zu wollen, muß man das besondere Leid verstehen, das unserer Hilfe bedarf.

Hier nun tritt die Wissenschaft in ihr Recht, welche mit der strengen Wahrheit und Gerechtigkeit ihrer Forschung jeder Lebenserscheinung ihr Zufälliges und Nebensächliches nimmt und sie durch diese Verifikation und Purifikation auf ihren einfachen Tatsachenbestand reduziert und damit jedem als naturgewollt bewiesenen Zustand des Lebens sein Jenseits von Gut und Böse gibt.

Und diese Wissenschaft sagt uns nun von der urnischen Frage:

1. Daß die konträre Sexualempfindung eine gänzlich unverschuldete, weil durch Störung des Waltens empirischer Naturgesetze begründete Erscheinung ist.
2. Sie verdient Mitleid und nicht Verachtung gleich jeder anderen Mißbildung oder Funktionsstörung.
3. Ihr Vorhandensein ist durchaus mit normaler geistiger Funktion verträglich. (Krafft-Ebing.)
4. Das Endergebnis unserer weit ausgedehnten Objektforschungen ergibt den sicheren Beweis, daß der Uranismus und das gleichgeschlechtliche Empfinden (Homosexualität) *niemals* durch äußere Ursachen erworben, *nie* anerzogen, sondern stets *angeboren* ist (M. Hirschfeld.)
5. Konträre Sexualempfindung ist nicht als die Folgeerscheinung verderbter Sitten der Kulturvölker aufzufassen, denn gewissenhafte und umfassende Erforschungen haben ergeben, daß alle Naturvölker ohne Ausnahme diese Erscheinung in großem Umfange aufzuweisen haben. (Fr. Karsch.)
6. Das Resultat der statistischen Aufstellung über das Verhältnis der urnischen Momente zur Normalbevölkerung ergibt für Deutschland 1 200 000 Urninge – davon für Berlin allein 56 000 – prozentual ausgedrückt 2,2 Prozent der Gesamtbevölkerung. (M. Hirschfeld.)

Diese Fundamentalsätze, welche die streng sachliche Forschung für dieses Lebensgebiet aufgestellt hat, sprechen wohl deutlich genug für alle die, welche logisch zu denken und gerecht zu fühlen imstande sind. – Die Zahlen an sich sind ein frappierendes Element bei dieser Ausnahmeerscheinung, daß sie allein genügen könnten, uns zu zwingen, dieser ernsten Menschheitsfrage näher zu treten und alle vorschnellen Urteile ruhen zu lassen, bis wir sie mit unserem Verständnis erfaßt haben.

Und merkwürdigerweise erhält die ganze Frage gerade durch die trockene, dem Leben scheinbar ganz abgewendete Zahl ihre stärkste Belebung und Aktualität Sie bildet die Brücke, durch welche auch die Frau leicht und unbeschadet ihrer seelisch-feinen Empfindlichkeit ihre ethische Stellung zu dieser ernsten Angelegenheit finden kann.

Denn – wenn solche Umkehrungen scheinbar so festgelegter psycho-physischer Verhältnisse in so großer Anzahl auftreten können, so tritt in furchtbarem Ernste die Möglichkeit des Erlebens eines solchen Falles im eigenen Kreise, in eigenster Familie dem einzelnen Individuum erschreckend nahe und damit überkommt dasselbe ein starkes Gefühl der Verantwortung, das nicht mehr zu umgehen ist – Als Liebende, als Gattin, als Mutter, Erzieherin und Lehrerin kann jede Frau vor dieses Lebensrätsel so nahe hingestellt werden, daß sie über ihr eigenes und das Schicksal und Leben anderer in einschneidender Weise zur Beurteilung und Entscheidung gedrängt wird. In ihr intimstes Leben hinein kann eine verhältnismäßig so oft wiederkehrende Erscheinung ihre Schatten werfen. Welchen Qualen ist sie preisgegeben, wenn sie ihr blind und unwissend gegenübersteht und welch schweres, oft nie wieder gut zu machendes Unheil kann sie damit über sich selbst und ihre Allernächsten verhängen.

Die Frau muß sich Klarheit und Einblick verschaffen in die Unsumme von Leid und Qualen, von Selbstzerstörung und lebenslänglicher Folterung, das durch Mißverstehen und

Nichtverstehenwollen und -können an Tausenden von Menschenleben sich vollzogen hat. Sie muß sich um die Tausende von Fällen zu kümmern anfangen, die heillose Verwicklung zu den unnatürlichen Verhältnissen erkennen lernen, zu denen Unwissenheit und Vorurteil die Lebensschicksale jener Unglücklichen verwirrt hat.

Es gilt für sie, die eigene Individualität richtig einzuschätzen, über ihre eigene Veranlagung im klaren zu sein, um als Liebende keinen Fehlgriff zu tun. Sie wird die Natur des Gatten, des Kindes begreifen lernen müssen, um ihrer Lebensaufgabe voll gerecht zu werden. – Und so als eine, an der Erziehung des Menschengeschlechts durch ihre seelische Eigenart ganz besonders wertvoll beteiligte, Persönlichkeit, ist es eben die ethische Seite und nur diese, um welche die Frau sich in dieser Frage zu kümmern hat

Ihr muß das unantastbare Resultat wissenschaftlicher Forschung, durch welche die Existenz des Uranismus als naturgewollt bewiesen ist, genügen, um sich dieser Lebenserscheinung zuzuwenden, weil mit dieser Forschung die Beweisführung parallel einhergeht für eine Unsumme furchtbarster Ungerechtigkeit und Quälerei, welche geradezu nach dem Mitleid, Mitgefühl und Verständnis und tatsächlichem Eingreifen der wissenden Frau schreit. Die Frau kann und muß vollständig absehen von dem Dunstkreis des Häßlichen und Gemeinen, das zurzeit in Laienkreisen noch immer mit dieser Frage verquickt wird. – Bei den widerlichen Vorkommnissen, welche sich hier wie dort ereignen, hat die Frau mit ihrem empfindlichen Fühlen nichts zu tun. Der Zeiger der organisierten Gerechtigkeit weiß die Stunden schon zu finden, wo er zum Schlage auszuheben hat – aber das Gefühl der Gerechtigkeit selbst zu verfeinern und den neuen, durch Erkenntnisse modifizierten Anschauungen anzupassen – dazu ist ganz besonders das Weib berufen, dessen Lebensgesetz die Liebe ist, die Liebe, aus welcher allein die gerechte Gerechtigkeit geboren wird. –

Nur so kommt die Frau der ungeheuren Arbeitsleistung der vielen bedeutenden Männer entgegen, die mit Aufbietung ihrer Kraft, unter Schmähungen empörendster Art die Aufklärung dieses hartumkämpften Gebietes auf sich genommen haben. Und gerade wir alle, die wir uns die Normalen nennen, haben diese bedeutsame Aufgabe. Denn von so unbegrenztem Werte auch alle subjektiven Offenbarungen und Enthüllungen selbst urnisch veranlagter Individuen als notwendige Dokumente für die Forschung selbst sind – wirksamer und praktisch bedeutsamer ist die Arbeit der objektiv über der Sache stehenden, derer, die nicht von sich und nicht für sich selbst sprechen. –

Wie aber gelangt nun die Frau zu jener Einsicht in das Gefühlsleben und die persönlichen Erlebnisse der Unglücklichen, für welche sie erst die heilige Flamme des Mitleids in ihrer Seele entzünden muß, um an ihrem Sondergeschicke jenen lebensvollen, eindringlichen und mitfühlenden Anteil in sich zu erwecken, aus dem heraus es ihr ein menschlicher Zwang wird, die unerhörte Barbarei und Tyrannei aufheben zu helfen, unter welcher diese ihre Mitmenschen bislang noch gefesselt sind?

Zu dieser besonderen Erkenntnis führen, wie zu jeder anderen, zwei Wege: Die Bücher und das Leben. Man lese nur einige der herzbewegenden Artikel in den Jahrbüchern, welche das wissenschaftlich-humanitäre Komitee in Berlin seit sieben Jahren herausgibt. Die Fülle des Stoffes darin ist erdrückend. Ganz besonders eindrucksvoll sind die unzähligen Tagebuchbekenntnisse und biographischen Enthüllungen, die uns eine unendliche Perspektive von Leiden und Qualen in dem Erleben der Urninge auftun. Und daß es vielfach die Besten ihrer Zeit sind, von denen wir alles dies teils durch sie selbst, teils durch ihre Biographen erfahren, stellt die ganze Angelegenheit in ein doppelt bedeutsames Licht.

Wäre es immer nur die Hefe der Menschheit, bei der uns stets noch Zweifel an der Reinheit ihrer Gesinnung und Absichten beeinflussen könnte – die das Hauptkontingent zu dieser Gruppe von Individuen stellte, so hätten wir vielleicht noch einen Schein des Rechtes, uns ablehnend zu verhalten. So aber finden wir Namen edelster Art unter ihnen. Namentlich von Fürsten, Künstlern, Staatsmännern, Vertreter der Wissenschaft – kurz Menschen, die der Menschheit Größe und Höhe repräsentieren, stehen vor uns auf diesem Boden und zeigen uns die Qual, die sie dort erduldet, unter der sie oft zusammenbrachen – und alles nur deshalb, weil die Natur sie anders schuf, als uns. – Diese Summe von Haß und Verfolgung von Mensch zu Mensch, welche an die dunkelsten Zeiten überlebter Kulturepochen erinnert, sprechen eine Sprache, der sich kein fühlender Mann, geschweige denn die weiche Seele des Weibes verschließen kann. Gehet hin und lauscht. Euer Herz wird erbeben in überquellendem Mitleid und vielleicht kommt euch auch eine leise Scham, daß ihr euch so lange diesem Leid der Menschheit, zu dessen Helfern ihr gesetzt seid, versagtet.

Lest die Hunderte von Briefen, aus den verfolgte Menschen, verfehlte Existenzen, unglückliche Ehen, unverstandene und entgleiste Jugend, durch Verfolgung in den Tod getriebene ihren Jammer und ihre Qual in das willige Ohr der Wenigen hineinrufen, die ihnen ein menschlich warmes Verstehen entgegenbringen. Es ist wahrlich an der Zeit, daß diese wenigen Willigen entlastet werden, zu groß und erdrückend ist der Jammer von Tausenden für die müden Schultern der Wenigen, die unter der Last ihres willigen Opfermutes fast zusammenbrechen. –

Und ihr ganz Mutigen unter den Frauen geht zum Leben selbst.

Laßt euch von kundiger Hand dorthin führen, wo ihr diese besondere Menschenart in ihrem intimen Verkehr untereinander beobachten könnt, oder gar zu den Einzelnen, die euch die Beichte ihrer Lebenserfahrungen nicht vorenthalten werden, denn sie wissen zu wohl, daß sie es sich noch gegenseitig schuldig sind, sich und ihr innerstes Erleben als Material der Forschung darzubieten, solange die Akten über die Existenzberechtigung ihrer Sonderstellung noch nicht geschlossen sind. Und ihr werdet auf diesem Gang Vieles lernen und begreifen.

Vor allem wird euch die eigene Anschauung überzeugen, daß diesen Menschen meist schon äußerlich ihr inneres Anderssein aufgeprägt ist: Männer in Frauenkleidern werdet ihr oftmals für wirkliche Frauen nehmen; in Aussehen, Gang, Haltung, Stimme, Anmut der Bewegung haben sie ein absolut feminines Gepräge. Und gewisse Frauen in Männerkleidern würdet ihr nie als euresgleichen betrachten, so absolut anders geartet fühlt man sie. Und dieses, durch eigene Anschauung aufgenommene Gefühl wiegt alle Bücher und Berichte auf. – Ihr werdet harmlose Menschen finden, die weiter nichts wollen, als daß sie von ihren Mitmenschen in Ruhe gelassen werden und doch das Odium des Verbrechertums erdulden müssen; unglückliche Kinder, aus toten Ehen gezeugt, werden euch begegnen; verdorbene Ehen, aus Mangel an Erkenntnis zu tödlichen Qualen beider Gatten geschlossen; verfinsterte Seelen, die den Keim zum Großen und Edlen in sich tragen, der niemals zur Vollendung gelangt, weil das Individuum alle Kraft zur Notwehr gegen die Verachtung und Verleumdung seiner Mitmenschen aufzehrt. Alles das werdet ihr sehen und hören und plötzlich manch dunkeles Ereignis eurer Umwelt begreifen, Selbstmord und Entzweiung und Flucht und scheinbare Schande und Sünde mancher Art.

Aber ihr werdet auch von etwas sehr Lichtem und Edlem hören. Von Frauen eurer Art, die das schwere Unglück traf, zur Ehe eben eines jener Sonderwesen zu erwählen und die nach schwerem Kampfe und tiefem Leiden endlich ihres gegenseitigen Irrtums innewerden und trotz allem solche tiefe innige Liebe zu dem Manne fühlten, daß sie ihm trotz allem die Treue hielten, auf alles physische Glück verzichteten, um seelisch verbunden zu bleiben bis zum Tode.

Solche Männer sprechen von ihren Frauen mit Worten innigster Verehrung und Anbetung, und wahrlich, sie stellen ungewollt damit sich selbst das edelste Zeugnis aus.

Alles das kann die Frau erfahren, in ihrem Herzen bewegen, ohne auch nur mit der geringsten moralischen Unreinheit in Berührung zu kommen. Denn, ich wiederhole es zur Ermutigung der Frauen – nur die ethische Seite der urnischen Frage ist das Gebiet, auf welches die Frauen ihre Wirksamkeit einzustellen haben. Auf diesem aber ist es nicht nur ihre Pflicht als Mensch, unter Menschen sich mit dem, ihr von der Natur verliehenen besonderen Gaben, vollmenschlich zu betätigen – sondern es ist sogar ihr Recht, zu erwarten, daß sie zu der Entscheidung in dieser bedeutsamen Angelegenheit herangezogen werden, da ihre Stellung als Liebende, Gattin, Mutter und Erzieherin sie mit den Erscheinungen dieses geschlechtlichen Sondergebietes so eng verknüpft, daß ihre Unkenntnis der Sachlage nicht nur für sie selbst, sondern für alle jene, die durch irgendwelche der vielfachen Lebensbeziehungen mit ihrem Dasein an sie gebunden sind, ein ungeheures Maß von Unglück und Leid herbeiführen kann.

Die Entwicklungsgeschichte der Menschheit führt uns immer tiefer zur Erkenntnis der Zusammenhänge aller Daseinserscheinungen und nimmt damit jeden noch so auffallenden, scheinbar isoliert auftretenden und dadurch widernatürlich erscheinenden Vorgängen ihr Odium, indem sie dieselben aus ihrer Isolierung heraushebt und der unendlichen Reihe der Entwicklungsmöglichkeiten einfügt, wodurch sie dem allgemein Menschlichen angegliedert werden; damit aber hören sie auf, eine besondere Frage zu sein und fallen unter die Wertung und Gerechtsame der normalen Menschheitszustände.

Zu dieser logischen Einmischung in die Allgemeingültigkeit scheint jetzt die urnische Frage zu gravitieren.

Und die Frauen werden dabei das letzte – vielleicht das beste Wort zu sprechen haben.

Novellen

Die weiße Frau[*]

Niemand wußte, wer sie zuerst so genannt hatte, und aus welchem Grunde. Aber diese Bezeichnung ging von Mund zu Mund, so daß man vergaß, wie sie mit ihrem wirklichen Namen hieß.

Sie kleidete sich mit Vorliebe in Weiß. Ihr tiefschwarzes Haar ließ ihr immer bleiches Gesicht noch bleicher erscheinen, und ihre Augen waren von jenem ganz blassen Blau, das in der Erregung wie grelles weißes Licht aufleuchten kann. Dazu kam noch die behutsame, verschlossene, gleichsam farblose Art ihres Sichgebens.

Das alles zusammen mochte wohl, als sie zuerst in die Gesellschaft trat, die Veranlassung gewesen sein, sie die weiße Frau zu nennen.

Ihr Mann nannte sie in der Spiellaune des ersten Glückrausches Lilli, später rief er sie bei ihrem eigentlichen Namen Luise.

Sie zogen, sozusagen, mit klingendem Spiel auf den Plan.

Beide kamen sie aus ganz einfachen bürgerlichen Verhältnissen. Aber seine Stellung als einer der beliebtesten und gesuchtesten Ärzte des großen internationalen Badeortes umgab ihn mit einem glänzenden Nimbus, dem sie, als die einzige Tochter sehr reicher Leute, die solide Schwere eines bedeutenden Vermögens hinzufügte und nun mit üppigen Händen sich an der simplen Lebensführung rächte, die sie bislang im Hause der Eltern hatte führen müssen.

Sie hatte sich mit dieser Ehe aus der Langeweile und Spießbürgerlichkeit ihres Kreises gerettet und den Dank, den sie für ihren Retter aus der Not fühlte, mit der Liebe ver-

---

[*] Aus „Ein Abend und andere Novellen" (1914), siehe Quellenverzeichnis.

45

wechselt, die der Mann seinerseits für sein warmes Empfinden für sie einzutauschen glaubte. Wenn er auch nicht blind war für den Zufluß äußerlicher Annehmlichkeit, die ihm ihre Mitgift zubrachte, so war er sich doch bewußt, daß er um sie – zwar nicht ohne ihren Reichtum geworben haben würde, aber auch jedenfalls nicht ohne die Wärme des Gefühls, das er ihr zu geben hatte.

So erschienen sie allen, die sie kannten, als eines jener vom Glück begünstigten Paare, wie sie das Leben nur in seltener Laune zusammenführt.

Ohne jede Weltkenntnis und gesellschaftliche Routine fand sich das junge Weib merkwürdig schnell in der neuen Lebensstellung zurecht. Eine kluge Witterung alles dessen, was und wer ihr nützlich und förderlich sein konnte und wollte, und eine sichere Klugheit, mit der sie die eigene Persönlichkeit völlig gegen jeden Einblick abzuschließen verstand, um desto schärfer in die Geheimnisse der anderen einzudringen, gaben ihr bald eine stille Macht in die Hand, mit der sie geräuschlos und sicher sich ihren Platz in der Gesellschaft zurecht baute.

Sie genoß das Glück des ersten Ehejahres in vollen Zügen, dann wurde es ihr schal und langweilig, da sie beide nach demselben sich an geistigen Werten nichts zu geben hatten. Die stille Güte seines Wesens, wodurch er der Wertvollere von ihnen beiden war, fand bei ihr kein Verständnis. Desto machtvoller entfaltete sich bei ihr der Hang zum Schein und Tand des mondänen Lebens, und jeder neue Triumph, den ihre Eitelkeit erlebte, führte sie einen Schritt weiter von der Möglichkeit fort, sich selbst und damit den Weg zu einer Vertiefung ihres Ehelebens zu finden.

Was dem feineren Beobachter dieser ihrer Entwicklungsperiode freilich nicht entging, daß sie, in allem halb, auch keine ganze Dame war und nie werden würde – kam den meisten im Trubel der stets wechselnden Menschen und Verhältnisse des Badelebens nicht zum Bewußtsein. Die sichere

Grenze in dem, was sie sagte oder eben nicht sagte, und die feinen Nuance für das jeweilig Passende ihrer Kleidung fehlte ihr gänzlich. Die Neuheit, jedem ihrer Wünsche hemmungslos nachgehen zu können, und die stark von dem Geschmacke der Halbwelt durchsetzte Gesellschaft ihres Milieus ließ sie oft peinlich fehlgreifen in der Übereinstimmung der Zusammenstellung ihrer Toilette und der gegebenen Gelegenheit, für die sie sich zu kleiden hatte.

Ihre seligsten Augenblicke waren die, wo sie mit dem beglückenden Gefühle ihrer kostbaren Seidenstrümpfe an den Füßen, dem heimlichen Frou-Frou[1] ihrer Dessous und der etwas herausfordernden Eleganz ihres Anzugs sich auf den Sitz ihres Tilbury[2] schwang, den Livrediener hinter sich, das feingeschirrte Pferdchen unter ihrem Zügel, durch die eleganten Kurpromenaden dahinsauste, begleitet von den neidischen Augen der Frauenwelt, von den Männern mit Blicken und Grüßen ausgezeichnet, die alle Nuancen der Werbung und Verliebtheit ausdrückten. Oder jene anderen, wenn sie mit kostbarer Toilette beladen in eine Soiree[3] trat, kühlen Auges, als ahne sie nicht, daß da eine ganze Meute begieriger Männerhände bereit war, nach ihrer Tanzkarte zu greifen, und hunderte von Frauenaugen an ihrer Gestalt entlang glitten, um den schwachen Punkt an ihrem Aussehen oder ihrer Kleidung zu finden, an dem ihre, von ihr so oft beleidigten Gefühle sich einen Moment der Rache erspähen konnten.

Dr. Gronland zog sich bei solchen öffentlichen Gelegenheiten, bei denen sie zusammen erschienen, immer gleich in den Herrenkreis zurück, der in den Nebenräumen des Gesellschaftshauses seinen besonderen abseitigen Vergnü-

---

[1]   Franz.: Rascheln, Rauschen, Knistern.
[2]   Ein Tilbury ist ein leichter, offener, zweirädriger Wagen mit oder ohne Verdeck, der im frühen 19. Jahrhundert von der Londoner Firma Tilbury entwickelt wurde.
[3]   Franz.: Abendgesellschaft.

gungen nachging. Sekt und Karten mußten ihm über die Stunden hinweghelfen, da er seine Frau, von anderen umschwärmt und umkreist, mit der Befriedigung einer raffinierten Weltdame von einem fremden Arm in den anderen gleitend wußte, und er hatte das bestimmte Gefühl, daß sie auf dem Heimwege im Wagen neben ihm die Menge der neuen Huldigungen genau berechnete.

So war die Zeit gekommen, wo Dr. Gronland seine Gattin nicht mehr mit ihrem Kosenamen rief und sich immer mehr seiner Berufsarbeit hingab, um sich durch den Einsatz an Güte und Menschenliebe, den sein Beruf beanspruchte, die Wärme seines Wesens zu erhalten, die an der glatten Marmorkühle seiner Frau auch nicht den kleinsten Angriffspunkt mehr fand.

Um diese Zeit war es auch, daß diese Bezeichnung, die weiße Frau, für Frau Gronland allmählich sozusagen eine andere Färbung annahm. Es war, als wolle man jetzt etwas Geheimnisvolles damit ausdrücken. Man sagte es sich nicht mehr mit dem leichten Lächeln, womit im Anfang sie einer dem anderen als die letzte hinzugekommene und jüngste der Ehefrauen bezeichnet hatte.

Es war jetzt etwas in den Augen der Männer, wenn sie untereinander von dieser Frau sprachen, das von verschwiegenem Wissen, unterdrücktem Zorn und gereizter Neugierde seltsam gemischt war und sie allmählich mit jener doppelsinnigen Bedeutung umgab, die sie den übrigen Frauen ihres Kreises immer unheimlicher und unliebsamer machte, während sie für jeden der Männer, der neu hinzu kam, als diejenige erschien, der man sich sofort dreister nähern durfte, und mit welcher ein interessantes Abenteuer zu erleben nicht gänzlich hoffnungslos erschien.

Sie selbst schien durchaus nicht zu wissen, daß sie so im Geiste von den Männern ihres Kreises zum Ausgangspunkt aller erdenklichen Möglichkeiten und zum Ziel allerkühnster Wünsche gemacht wurde. Ihr blutloses Gesicht blieb kühl

allem feurigen Bemühen gegenüber, und ihre blasse unbe-
wegte Hand lag nachlässig in der Hand dessen, der es wagte,
ihr mit bebenden Fingern sein glühendes Geheimnis zu verraten. Und in dem lauten rauschenden Saisonleben dieser
High live-Station gab es der Kühnen und Allzukühnen über
genug.

So trieben die beiden Gatten immer weiter voneinander
weg, und weil auch die letzte Gelegenheit zu einer inneren
Annäherung ausblieb, da dem kühlen Wesen der Frau auch
das Glück des Muttergefühls versagt blieb und damit die
letzte Möglichkeit einer Vertiefung und Veredlung ihrer Persönlichkeit, gingen die Wege der beiden endlich ganz hoffnungslos auseinander.

In der Hochflut der Saison wurde ihnen diese völlige
Entfremdung nicht so deutlich fühlbar. Aber wenn die verhältnismäßig stillere Winterzeit herbeikam, die ihnen doch
manch einsames tête-à-tête[4] brachte, dann saßen sich die
beiden Menschen in qualvoller Öde und völliger Ratlosigkeit
gegenüber. Ihre Einsilbigkeit reizte schließlich sein stärkeres
Temperament und riß ihn allmählich zu Heftigkeiten und
Zornausbrüchen hin, die ihm aber nichts weiter einbrachten,
als daß sie von nun an den Winter im Süden zu verbringen
anfing. Er blieb vereinsamt zurück, und allmählich vergaß er,
daß er ein Ehemann war.

Frau Gronland genoss in vollen Zügen, was das üppige
Rivieraleben nur irgend zu geben hatte.

Immer kälter schien sie nach außen, um desto heimli-
cher jene stumme Sprache der Blicke und Gesten zu gebrau-
chen all den Männern gegenüber, die sie dessen Wert hielt,
sie an ihren Triumphwagen zu fesseln. Und sie hielt fast jeden dessen Wert, der eine bedeutende Stellung einnahm oder
ihr irgendeine neue Sensation zu versprechen schien. Und
immer brachte sie von diesen Streifzügen einige Freunde mit

---

[4]   Franz.: Vertrauliches Zwiegespräch.

nach Hause, die dann, zum intimen Kreis zugelassen, den Stab ihres Hofstaates bildeten. Schließlich saßen nur noch Männer an ihren Abenden an ihrem Tische und sie als einzige Dame mitten unter den Auserwählten, die das Recht hatten, zu jeder irgend annehmbaren Zeit bei ihr zu erscheinen. Die Blicke der Gatten mieden sich bei solchen Gelegenheiten, und mit den anderen hatte sie eine schier unheimliche Gewandtheit, die verschiedenen Minen und Gegenminen in spielendem Gleichgewicht zu halten; sie schien nicht zu ahnen, daß sie mit Feuer spielte. Denn von diesen Intimen der Tafelrunde glaubte ein jeder ein besonderes Anrecht auf sie zu haben; denn jedem gestattete sie unter vier Augen die verschiedensten Grade einer Annäherung, die gerade noch die Grenze der letzten Gunstbezeugung streiften.

Einer aber unter ihnen liebte sie wirklich. Er war Jurist von Beruf. Ein feiner blonder Mann von jener Behutsamkeit der Bewegung und des Ausdruckes, mit dem ein unendlich feinfühliges Empfinden einem starken feurigen Temperament den Ausgleich zu geben sucht.

Der absolute Gegensatz seiner selbst sowohl in der äußeren Erscheinung als auch der seelischen Art mochte ihm der erste Anreiz seiner Neigung für sie gewesen sein. Später hielt ihn das rastlose Suchen nach der Lösung dieses unbegreiflichen Weibproblems an ihrer Seite. Diese reizvolle rassige Erscheinung schien ihm eine Fülle herrlicher Möglichkeiten zu umschließen, die dem eine Seligkeit des Glückes verhieß, der die rechten Wege zur letzten Schönheit ihrer Wesenstiefe zu finden verstünde.

Luise empfand, daß Dr. Blum die einzige wahre und feinste Eroberung war, die sie an all den Ungezählten ihres Liebeshofes gemacht hatte. Sie wußte, daß die anderen mit ihr ein Spiel trieben, wie sie mit ihnen. Diesen einen aber konnte sie wirklich tief verletzen und selig beglücken. Sie wußte auch genau, daß sie nur mit der größten Vorsicht diese aus edlem Stoffe gefügte Mannesseele neben sich erhalten konnte. Aber sie verstand es ja jetzt aus dem Grunde, jedem ihrer Getreuen das Seine zu geben. Sie hatte alle Nuancen der Stimme und Blicke zur Verfügung, die jeden über die wahre Artung ihres Wesens irreführen mußten. Von den Tönen unschuldigster Unberührtheit bis zur rüdesten Freude an derber Brutalität, vom leisen girrenden Mädchenlächeln bis zur zynischen Bewußtheit einer wissenden Frau, für jeden anklingenden Ton hatte sie den komplettierenden Gegenhall. Und behutsam zog sie all die verschiedenen Register, so lange nicht gerade ein ganz neuer Typ in ihren Gesichtskreis trat, dann wurde sie etwas nachlässiger gegen ihre Tafelrunde.

In Zeiten der Windstille aber hatte Dr. Blum entschieden einen gewissen Einfluß auf die junge Frau. Seit er einmal mit einem Offizier ihretwegen ein Duell gehabt, da dieser, irregeleitet durch die auffallend herausfordernde Art ihrer Kleidung, in seiner Gegenwart eine beleidigende Vertraulichkeit gewagt hatte – war es ihm möglich geworden, ihren Geschmack in dieser Richtung zu veredeln.

Als derselbe Offizier indes im folgenden Jahre wieder auf dem Kasino erschien und die Dreistigkeit hatte, sie zum Tanze aufzufordern, hatte sie nicht abgelehnt.

Bleich vor Erregung sah Blum das Unglaubliche und verließ das Fest. In schwerer Stimmung blieb er zwei Tage dem Hause Gronland fern, und erst nach wiederholter dringender Bitte kam er wieder.

Wie konnten Sie nur? – sagte er in höchster Erregung.

Ach, er ist der beste Tänzer, den ich kenne, antwortete sie naiv. Blum verbeugte sich und ging.

Aber er kam wieder. Was ihn hinzog – er konnte es sich selbst nicht erklären. Wie ein Fatum war's, er konnte ihr nicht fernbleiben. Er mußte sie ergründen. Irgendwo mußte ihre Seele doch zu ergreifen sein. –

Dr. Gronland fühlte sein Leben immer schattenhafter werden. Nie allein mehr mit seiner Frau, jeden Tag Tischgäste, wenn er müde und abgespannt von der Arbeit heimkehrte. Und doch war das noch erträglicher, als sich einander gleichsam vis-à-vis de rien[5] gegenüber zu sitzen. Beide suchten sie krampfhaft eine Mauer von fremden Elementen zwischen sich zu stellen, um sich nicht bewußt zu werden, wie fern sie einander schon waren.

Und Frau Gronlands Spitzname, den man ihr erst aus Interesse an ihre eigenartigen Erscheinung beigelegt, dann mit vieldeutig geheimnisvoller Betonung ausgesprochen hatte, rief jetzt jenes vielsagende Lächeln hervor, mit dem lüsterne Männerlippen vorsichtige Geringschätzung so eigentümlich auszudrücken verstehen, wenn sie allerlei wissen, manches ahnen und alles glauben, was das Leben einer viel besprochenen Frau wie eine Dunstwolke von Gerede und Andeutungen umgibt. Dr. Gronland fühlte dieses Lächeln, wenn auch niemand wagte, es ihn sehen zu lassen.

Sich von ihr zu trennen, wäre das einzig Richtige gewesen, um das Letzte seines Besten vielleicht noch zu retten. Aber da es ihm selbst nur noch ein Vielleicht schien, fehlte ihm die Kraft zum Entschlusse. Zudem hatte er in letzter Zeit ihr Vermögen mit Spielschulden belastet und sich so mit der niedrigsten Fessel an sie gekettet. –

Es war im Juni. Die Zeit des Rosenrausches. Frau Gronland feierte ihren Geburtstag. Ein glänzendes Fest im eigenen strahlend beleuchteten Garten vereinte eine große Menge eleganter Gäste.

Sie stand oben auf der obersten Stufe der breiten Treppe, die vom Balkon zum Garten führte. Sie war ganz in weiße schleierartige Stoffe gehüllt; im schwarzen Haare lagen zwei weiße Chrysanthemen à la japonaise.

Immer wieder erschien ein neuer Gast, stieg die Treppen zu ihr hinauf und überreichte eine kostbare Blumenspende. Die Brüstung des Balkons lag voll der herrlichsten Gaben.

---

[5]   Franz.: Im Angesicht des Nichts.

Sie glühte innerlich in einem Rausch von Freude.

So der gefeierte Mittelpunkt, in einer Pose, die sie wie ein lebensgroßes Gemälde von Kopf bis zu den Füßen allen Blicken im vorteilhaftesten Lichte zeigte – das war ein Moment, der ihr des Lebens wert war.

Dr. Gronland stand im Hintergrunde des Gartens und beobachtete sie. Wie eine ganz Fremde schien sie ihm.

War das die Frau, die er geliebt hatte, von der er gehofft, daß sie ihm ein Heim bereiten würde mit Wärme und Licht darin?

Die Atmosphäre von Eleganz und Überfluß hatte sie zur vollen Entfaltung ihrer äußeren Reize gebracht. Wie ein Fremder fühlte er ihre Schönheit und zugleich, daß er weniger Freiheit hatte als jeder seiner Gäste, sich ihr zu nähern. Wie war das nur so gekommen, hatte er es nicht richtig angefangen, sie zu gewinnen? War es wirklich endgültig zu spät? – Sie waren beide noch jung genug für ein neues Leben. Und die Erinnerung an seine Wünsche und Hoffnungen überwältigte ihn. Wie ein magnetischer Strom ging es von dieser weißen Gestalt zu ihm in das Dunkel hin, und er begriff von diesem Augenblick die Macht dieses kühlen rätselhaften Weibes, das gerade, weil sie keinen zu halten schien, alle an sich fesselte mit der unheimlichen Lockung eines unbewegten Wassers.

Plötzlich schrak er zusammen. Die laut einsetzende Orchestermusik überfiel schmerzhaft seine erregten Nerven.

Er mußte zu ihr, bevor wieder alle anderen Besitz von ihr nahmen. Ein Wort mußte er ihr heute sagen und aus ihrer Antwort hören, ob ihm noch eine Hoffnung möglich sei. Er sah nach ihr hin, sie trat eben vom Balkon in den Salon. Als er dies Zimmer von der andern Seite betrat, stand Luise am Spiegel und ordnete ihr Haar. Er trat zu ihr.

Lilli, einen Augenblick, sagte er erregt.

Sie sah ihn erstaunt an. Der lange nicht gehörte Kosename führte sie weit zurück in die Erinnerung. Gronland benützte ihre augenblickliche Verwirrung, nahm ihren Arm in den seinen und führte sie in das dunkle Nebengemach.

Was hast du nur? fragte Frau Gronland beunruhigt.

Nur einen Augenblick, Lilli – ich mußte eben an so viel denken, an alles, wie es hätte sein können – und wie es nun so geworden zwischen uns – sag' – ist es wirklich zu spät – hoffnungslos zu spät – könnten wir nicht versuchen –?

Wofür zu spät – und was wollen wir versuchen – was ist nur mit dir und was willst du von mir? – Horch – die Musik gibt das Zeichen – Baron Cölln hat die Polonäse mit mir – er sucht mich gewiss schon – Und hastig entzog sie ihm ihre Hand und huschte hinaus.

Gronland ging zu den Gästen in den Garten.

Wie versteinert ging er umher. Als ob der letzte Funken von Licht und Wärme aus ihm entwichen sei, war ihm.

Mechanisch tat er allen Bescheid, die ihm zutranken. Auf das Wohl der schönen Frau Gronland – tönte es ihm entgegen – hoch, hoch – er stieß mit allen an und trank. Wie ein Toter kam er sich vor unter den Halbberauschten.

Um Mitternacht ging er in sein Zimmer.

Er hatte so genug von all dem leeren Lärm, der inneren Leere des Hauses und der Leere in seiner Seele. –

Am anderen Morgen erwachte Frau Gronland plötzlich aus ihrem schweren Schlafe. Es war ihr, als habe sie einen Schrei gehört. Sie lauschte. Da kamen eilige Schritte an ihr Zimmer. Es klopfte, und ehe sie noch gerufen, stürzte die Zofe herein –

Der gnädige Herr – sie konnte nichts weiter mehr herausbringen, ihr Gesicht war von einem furchtbaren Schrecken verzerrt.

Luise erhob sich und eilte zur Tür des anderen Schlafgemaches, sie war verschlossen.

Einen Augenblick, gnädige Frau – sagte die Stimme des Arztes. Als man ihr endlich öffnete fand sie Dr. Gronland tot auf seinem Bette mit einer Schußwunde an der Stirn.

Sie fiel auf den Sessel, den ihr der Arzt hinschob, das Mädchen hüllte sie in eine Decke.

Dann saß sie allein bei ihm eine lange Weile.

Wie ein verworrener Traum dünkte sie alles. Ihr ganzes Leben, ihre Ehe und nun dieses.

Wer war schuld? Sie? Sie wußte keine Antwort. Es hätte alles anders sein können. Unklar und verschwommen empfand sie, als sei in ihrer Jugend irgendwie an ihr gefehlt worden, als schlafe da etwas in ihr, das vor langer Zeit einmal hätte geweckt werden können. Sie hatte immer wie im Dunkeln gelebt und sich selbst nicht gefunden und zuletzt nur noch dieses Scheinleben geführt, in das andere sie eingesponnen. Aber dieser vor ihr, was war es mit ihm? All die vielen Jahre war er neben ihr gewesen und immer ferner hatte sie sich von ihm wegtreiben fühlen, bis sie ihn zuletzt gar nicht mehr zu ihrem Dasein gehörig empfand. Und gestern, was war da nur plötzlich über ihn gekommen, da war er mit einem Male sentimental geworden – sie lächelte seltsam – ob er wohl einen Augenblick verliebt war – oder hatte er zu viel Sekt getrunken –? Warum aber dieses – warum nur? – Daß sein Tod in irgend welchem Zusammenhang mit ihr stehen könne, der Gedanke kam ihr nicht. – Warum fragten auch alle, die von dem Ereignis hörten? Die erdenklichsten Kombinationen wurden ausgeklügelt. – Daß er Heimweh nach seiner eigenen Seele hatte und es nicht mehr ertrug, ohne sie zu leben, auf diese einfache Wahrheit kam niemand. –

Am Tage des Begräbnisses stand Frau Gronland noch einmal am Sarge. Alles war prachtvoll und prunkhaft geordnet.

Diese Atmosphäre von Glanz und Reichtum fühlte sie auch in dieser Stunde als etwas Angenehmes und Unentbehrliches.

Tränen hatte sie keine. Wie ein erstauntes Kind ließ sie alles geschehen; Schmerz und Trennungsweh empfand sie nicht. Wenn sie sich einer Empfindung bewußt wurde, war es die der Unbequemlichkeit und des lästigen Zwanges für ihre nächste Zeit. Ach, man hätte doch so schön so weiterleben können. Sie war ja so zufrieden gewesen, er hätte es doch auch sein können. Warum nun tat er dieses – warum?

In grübelnde Gedanken vertieft, verließ sie das Zimmer. Langsam ging sie durch mehrere Räume. Da fiel ihr Blick im Vorübergehen in den großen Spiegel des Salons.

Verblüfft blieb sie stehen und sah sich an. Das elegante Trauergewand gab ihrem bleichen Gesicht und den großen seltsam blauen Augen eine fremdartige Umrahmung. Sie erschien sich selbst wie etwas Neues. Und da überfiel sie plötzlich eine Erinnerung, und sie wußte in diesem Moment, weshalb man ihr den heimlichen Namen „die weiße Frau" gegeben hatte. Die tadellose Weiße ihrer Haut überraschte sie selbst. Alle schmeichelnden Erfolge ihres spielerischen Daseins überfluteten sie, und eine frivole Befriedigung legte ihr ein kaltes, fast grausames Lächeln auf die Lippen.

Im Wohnzimmer stand Dr. Blum und wartete auf sie.

Er erschrak, als er dieses Lächeln sah. Die Hand, die er ihr entgegenstreckte, fiel ihm schlaff zur Seite. –

Frau Gronland versuchte rasch, einen der Gelegenheit angepaßten Ausdruck anzunehmen.

Aber das kalte grausame Lächeln saß fest in der Seele des Mannes, der sie liebte. Und mit seherischer Klarheit traf sein Blick plötzlich in den Mittelpunkt ihrer Persönlichkeit. Er erkannte die Farblosigkeit ihres Wesens und wußte plötzlich mit einem furchtbaren Schmerze, daß es gar kein Geheimnis in ihr zu ergründen gab, daß sie die Frau ohne Seele war. –

Das zweite Gesicht[*]

Er war von einer furchtbaren Häßlichkeit.

Viel häßlicher, als wenn er von der Natur so erbarmungslos traurig gemacht worden wäre. Denn dann hätte seine Häßlichkeit noch einen gewissen Stil, sozusagen eine Harmonie des Grundrisses gehabt.

Aber das war es gerade, was dies Gesicht so furchtbar anzuschauen machte, daß seine Linien und Verhältnisse, die an sich gut gewesen – jetzt so seltsam bizarr und grotesk zerrissen, zerstört und gleichsam gegeneinander aufgehetzt worden waren. So sehr und brutal zerstört, wie es nur die auffahrende, jäh aufkreischende Wucht eines Explosionsstoffes fertig bringt, der sich rächend gegen den strengen Herrengeist wendet, wenn dieser auch nur für den Bruchteil einer Sekunde seine subtile Berechnung verliert.

Das Experiment war ihm geglückt. Das Problem gelöst. Das Tor zu einem langversperrten Reichtum eingeschlagen. Der Name des Erfinders hatte den leuchtenden Heiligenschein der Wissenschaft erworben.

Aber dieser Heiligenschein umlohte ein zerfetztes, bis zum Grauen verstümmeltes Gesicht des armen Adepten.

Als Dr. Ertal wieder unter die Menschen ging, erschrak er vor dem Entsetzen, das er verursachte. Und doch zwang es ihn immer wieder, diese Blicke aufzufangen, die an ihm hinflogen, zurückschraken, ihn umkreisten, sich irgendwo niederlassen wollten, ruhelos auf seinem Gesicht umherirrten, verwirrt und angstvoll wegflatterten und in ein Meer von Grauen zurücksanken.

---

[*]   Aus „Ein Abend und andere Novellen" (1914), siehe Quellenverzeichnis.

Oh, wie er sie fühlte, diese Blicke, in jeder Nuance kannte er sie bald alle. Und zuletzt wußte er, daß es nichts Grausameres gibt als die Blicke der Menschen. Er entzog sich der Öffentlichkeit, lebte in seinem Laboratorium, gab sich ganz der Wissenschaft hin und bildete Schöpfungen, die seiner Unsterblichkeit größere Sicherheit verbürgten, als er von ebenso viel Kindern seines heißen Blutes hätte erwarten können.

Aber sein Blut trieb ihn endlich wieder unter die Menschen, zu den glühenden Zonen der Leidenschaft und des Spieles um das Mein und Dein zwischen pochenden Pulsen und Sinnen. Er hatte fast vergessen, wie er aussah, da er so lange die Augen der Frauen gemieden, die stets der unbestechlichste Spiegel für den Körper des Mannes sind. Von Mann zu Mann blickt man übereinander weg zu harten Wegen und festen Zielen und stolpert nicht so sicher und deutlich über die ästhetischen Hemmnisse, die sich einem in den Weg stellen.

Und so blieb es Dr. Ertal auch nicht erspart, sehr bald wieder sich das genaue Bild seiner selbst aus den fliehenden, angstvollen, im besten Falle von schmerzlichem Mitleid aufglühenden Blicken der Frauen herauszulesen. Aber das kühlte sein heißes Blut nicht und ließ die Flammen seiner Sehnsucht nach dem Frieden der Liebe nicht verlöschen. Zur Ruhe wollte er kommen, sich in einem anderen Wesen verlieren. Den lächerlichen Reichtum des Einsamen in den Segen verwandeln, der ihm nur durch die Liebe kommt. Und in dieser Kraft seiner Sehnsucht blieb er mutig, sah um sich und hielt den Blicken stand, die zu ihm hinflatterten mit dem scheuen Anflug junger Vögel und vor der harten Unruhe des seinen zu Boden sanken. Es mußte doch eine geben unter diesen Frauen allen, die über das Außenbild hinweg zu dem Glanze seiner Seele hin finden könnte. Und bald begann das Spiel an sich, ihn zu reizen.

Das Finale dieses Zweikampfes, das sich jäh in schnellen Sekunden zwischen vier Augen abspielte, war ihm immer wieder eine neue Neugier, ein Schlag ins Gesicht, eine Lockung, ein Aufpeitschen seiner fast schon krankhaften Hoffnung, endlich doch einmal dem Blicke eines Weibes zu begegnen, das hinter den Zufallsrunen der Entstellung sein wahres Wesen zu ahnen, zu verstehen und zu lieben imstande sein würde. Und so genau er wußte, wie gar kein Recht er selbst zu irgendeiner Wahl hatte, so blieb er doch im letzten Grunde von subtilster Empfindlichkeit gegen alles, was seine intakt gebliebenen Instinkte anzog oder abstieß.

All diese tausend kleinen Sekundenschmerzen dieser fortdauernden Präludien immer wieder nur zu einem allerersten Schritte wurden ihm aber zu einer schmerzhaften Qual, als er endlich die eine fand, vor der jedes Urteil, jeder innere Kommentar, jedes Wenn und Aber mit jener schreckvollen Plötzlichkeit verstummte, die das sichere Kriterium der aufbrechenden Leidenschaft ist.

Daß sie schön war, war für ihn nur ein selbstverständlicher Nebenumstand. Aber dazu hatte sie die Klarheit einer starken Intelligenz und den Mut eines tiefen warmen Gefühles in ihren Blicken, die nicht wie die all der anderen jäh angeflogen kamen, um ebenso jäh in erbärmlicher Feigheit zu verflattern.

Sie sah ihm voll und ruhig ins Gesicht. Ein stilles, wehes Erschrecken ließ die Lippen ein wenig erbeben – aber die Augen blieben stark und wie in tiefem Mitleid ihn grüßend in den seinen haften.

Einige Sekunden nur.

Aber das war endlich der Blick, den er so lange schon suchte, der Blick, der an seiner Häßlichkeit vorüber einen Schritt tiefer in das Heiligtum seines Wesens zu machen wußte. Und als die Augen Bianka Marias sich langsam wie in schmerzlichem Abschied aus den seinen zurücknahmen, da blieb es wie ein feierliches Glück in seiner Seele und in seinem Blut die Schauer der Hoffnung. – Das war in einem Konzert gewesen.

Nun ging er auf Bianka Marias Spuren. Und Furcht und Jubel brachten Ebbe und Flut, Verwirrung und Seligkeit in seine Tage. Er suchte sie lange mit der qualvollen Ungeduld des Gefangenen, der auf das Urteil wartet, das Leben und Tod für ihn bedeutet.

Endlich fand er sie. An einem leuchtenden Frühlingsmorgen war es. Die Vorstadtluft war voll Vogelgesang und jungem Rosenduft. In der leuchtenden Stille umher schien jegliche Disharmonie zu sanfter Freude aufgelöst.

Bianka Maria stand im Vorgarten ihrer Villa. Einfach und licht wie die Morgenstille traf ihr Blick den seinen, und wieder hielt er ihm stand, ruhevoll und eindringlich, wie suchend nach der fernen Landschaft seiner Seele, die nur sie in seinen Augen fühlen konnte, sie, die es wagte, mit dieser zartesten aller Berührungen zu dem Geheimnis seines Wesens zu dringen.

Oft und oft kam er nun dieses Weges.

Und die beiden Menschen sprachen miteinander, ohne daß ein Wort zwischen ihnen fiel. Mehr aber kann in der schweigenden Minute eines Blickes hin und wieder gehen zwischen zwei lauschenden Seelen, als mit tausend Worten auszuschöpfen ist.

Das erste Wort fürchtete er wie den Tod. Etwas tun hätte er mögen. Etwas Großes, Gewaltiges, ihre Seele Beschwörendes – etwas – das sie zwang, in das Letzte seines Wesens zu blicken und es zu erkennen; denn hinter der großen Tapferkeit ihrer Blicke fühlte er mit der überreizten Empfindlichkeit des Gezeichneten noch immer den Widerstand und das Zaudern ihres Körperlichen, das noch fremd und fern vor ihm zurückschrak, indes ihr Seelisches sich schon zu ihm hingefunden hatte.

Sich opfern, hinstürzen in einer Tat furchtbaren Mutes, alles verlieren, ja selbst den Tod erleiden – wenn in dieser letzten Selbstentäußerung einen Augenblick lang ihr Auge in Liebe zu ihm hingehen würde, in jener Liebe, die ein greifendes Verlangen, ein seliges Vergessen, ein Untersinken in den Willen des anderen ist.

Und als ob dies unablässige Kreisen seines Willens um die Möglichkeit zur heroischen Tat – wer kann die Macht des Willens über die Schicksale des Zufalles messen wollen? – geschah ihm eines Tages, was er wünschte. – Es war wieder ein stiller Sommermorgen.

Bianka Maria saß am Fenster des Erdgeschosses, wie sie um diese Stunde zu tun pflegte. Sie lauschte auf einen fernen Schritt, den sie so gut kannte, der ihr so vertraut und fremd zugleich war wie ein wiederkehrender Traum ihrer Nächte. Noch eine Sekunde, und sein Blick, der flehende, fordernde, fragende und schenkende Blick seiner machtvollen Augen würde sie treffen, und sie würde wieder alles schmerzhaft Grauenvolle in diesem Antlitz für einen Augenblick vergessen und der hungernden Liebe dieses Mannes ein Fest bereiten.

Sie lauschte.

Die Schritte wurden von einem zischenden und surrenden Geräusch übertönt. Ein Auto sauste heran. Bianka Maria trat näher ans Fenster. Sie wollte seinen Schritt nicht überhören, ihm ihren Blick nicht vorenthalten, sie wußte, daß er davon lebte all die anderen Tage.

Drüben auf der anderen Straßenseite spielte ein Rudel Kinder. Eines von ihnen, von der Schnelle des heransausenden Gefährtes wie von einem Rausch erfaßt, lief mit einem lauten Jubelruf mitten in die Fahrlinie hinein, die anderen Kinder schrien auf – einige liefen ihm nach – die Hupe tönte schrill wie der Notruf eines wilden Tieres auf. Das Kind war verloren, Rettung schien unmöglich.

Ein Mann stürzte zu dem Kinde hin.

Ein Knäuel von Staub, Menschengeschrei – eine betäubende Angstspannung in der Luft –.

Dann war es plötzlich totenstill.

An der Gartentür stand Dr. Ertal. Er hatte das Kind im Arm. Blut rieselte über seine Hände, er wußte nicht, ob es das seine oder das das Kindes sei. Bianka Maria eilte hinaus. Sie öffnete ihm die Tür, ging ihm voraus, und sie bettete das ohnmächtige Kind in ihr eigenes Schlafgemach.

Sind sie verletzt? fragte sie, auf seine blutenden Hände sehend.

Nicht sehr, sagte er, aber der Blutverlust und die Erregung machten ihn plötzlich schwach. Er mußte sich setzen.

Ihre Blicke blieben ineinander versunken.

Und Bianka Maria erschrak fast vor der Schönheit, die sich plötzlich über dieses arme entstellte Gesicht breitete. Wie Meerleuchten über dem dunklen Wasser lag der Glanz seiner Seele über all der zufälligen Zerstörung dieses Antlitzes. Alle Häßlichkeit war versunken. Die gänzliche Losgebundenheit von Zwang und Scheu des Alltags gab seinem geistigen Wesen den Sieg und schuf ihm für einen strahlenden Augenblick ein neues, gleichsam zweites Gesicht, in dem all seine tiefste verborgene Schönheit zu sieghafter Helle aufstrahlte.

So blieben sie ineinander versunken. Eine Sekunde war es der Zeit nach. Aber im Urgrund des Empfindens war es die Endlosigkeit des Seins.

Bianka Maria neigte sich über ihn und küßte ihn auf den Mund.

Ich liebe dich, sagte sie.

Da flog es wie Schatten des Todes über des Mannes Antlitz. Alles Licht erlosch jäh, und starr und leblos fielen ihm die blutüberströmten Hände zur Seite. –

Das Kind war gerettet.

Aber Dr. Ertal hatte lange Zeit in der Klinik zu verbringen. Bianka Maria war täglich bei ihm. Die Stunden glitten ihnen im Fluge hin. Reiches Leben blühte zwischen ihnen auf, sie wandelten wie in einem üppigen Garten durch die

Gefilde der Freude, die aus den Schätzen ihrer Erkenntniswelt ihnen zuströmte.

Wenn sie schieden für den Tag, lag immer eine letzte ungewagte Frage in seinen Augen.

Und Bianka Maria empfand mit der scharfen Feinfühligkeit ihres geradlinigen Wesens, daß irgendwo, trotz alles Verbundenseins mit der Kraft und dem Reichtum dieses Mannesgeistes, ein Etwas in ihr blieb, das jene letzte Frage fürchtete wie den Tod.

Und die Frage kam.

Du liebst mich, Bianka Maria?

Meine ganze Seele ist dein, sagte sie mit bebenden Lippen.

Willst du – willst du mein Weib sein?

Da wurde ihr schönes Antlitz bleich wie Schnee, er mußte sie stützen, sonst wäre sie umgesunken. Ihre Lippen bewegten sich, aber es kam kein Laut an sein angstvoll lauschendes Ohr.

Sage nichts – Geliebte – dein Schweigen sagt mir mehr, als deine Worte es könnten.

Er brachte sie sanft zu ihrem Lager und verließ sie. –

Stumpf und müde ging er durch die lauten Farben des Herbstes.

Mit erloschenem Blick starrte er in die harten unwandelbaren Gesetze des Lebens. Und er verstand die grausame Unerbittlichkeit des Liebeswillens.

Aber das machte seinen Schmerz nicht leichter.

Das Kind*

Das Kind saß auf einer Bank.

Mitten im Sonnenblust des blühenden Schloßgartens.

Es blickte versonnen vor sich hin.

Die flimmernden Sonnenwellen, die schweren Düfte und leuchtenden Farben der üppigen Blumenbeete umher umhüllten seine zarte, noch unerwachte Seele mit seltsam fremden Bildern. Umspannten es mit flatternden Traumfäden, die sich irgendwo an sein Denken und Fühlen anhängen wollten. Aber da alles in ihm noch so ungeschlossen und allzu bereit wie frisch aufgebrochene Frühlingserde war, fanden sie nichts Haltendes darin. Und so blieben sie nur ein lindes Schwingen von Licht und Schatten und Düften. So gleichsam in einem doppelten Traumkreis verfangen, schwamm des Kindes Seele wie ein Rosenblatt auf den heißen Wellen des ringsum blühenden Lebens umher.

Schlank und zart und lieblich war alles an ihm gebildet.

Das seidenweiche Blondhaar lag schlicht um das feine Gesicht. Die großen, schimmernden Augen waren voll Lauschen und Suchen und Erwarten. Die zart geschwungenen Lippen etwas geöffnet und von einer leisen Traurigkeit umspielt. Die schmalen, blassen Hände lagen lässig im Schoß, die Schultern neigten sich ein wenig wie unter einer unsichtbaren Last. Es war nichts Fröhliches um das Kind.

Seine Kleidung gut und sauber, aber nichts von dem flatternden Tand daran, womit glückliche Hände ihre Lieblinge schmücken. Ein frühreifer Ernst lag ihm auf der Stirn, der seltsam und fast beängstigend die träumerische Versonnenheit dieser kindlichen Reine umschattete.

---

* Aus „Erotische Novellen" (1919), siehe Quellenverzeichnis.

Aber trotz all diesem Zwiespältigen oder vielleicht gerade um dessen willen, war es von einem seltsam sinnlichen Reiz umblüht. –

– Resa –

Das Kind schrak zusammen. Konnte aus seiner traumhaften Verlorenheit sich nicht gleich zurechtfinden und blickte hilflos um sich. Aber zugleich mit dem Rufe war es automatisch aufgesprungen. Man fühlte es dieser spontanen Bewegung an, daß es an allerstrengsten Gehorsam gebunden war.

Auf einer entfernteren Bank saß die Kinderfrau neben dem Kinderwagen, in dem blütenzart umhüllt das jüngste Brüderchen lag.

– Beweg' dich ein wenig – sagte die Kinderfrau, – da hast du etwas für die Goldfische im Teich. –

Resa nahm das Brot und ging langsam in die schattendunklen Laubgänge hinein.

Ihr Gang hatte nichts von der federnden Erregbarkeit des Kindes, es lag etwas Müdes, von Gedanken Beschwertes in ihrem versonnenen Schreiten. Es fehlte die tragende Schwebung des Gleichgewichtes zwischen Körper und Seele. Etwas Überreifes lag wie ein schmerzlicher Hauch über Stirn und Augen, dem die Zartheit der Glieder nicht gewachsen schien. Soviel Drängen und Fragen schwirrten durch des Kindes Denken und Fühlen. Die Umwelt war ihm ein furchtbares Chaos von antwortlosen Dingen und wirrem Geschehen. Keine liebende Hand baute ihm die heiteren Brücken, welche die Seele aus ihrem langsamen und schweren Erwachen mit Spiel und Tanz zu den Tälern der Menschen führen.

Die Muttergüte fehlte seinem Leben.

Härte und Strenge führte es auf engen, dunklen Straßen.

Und all der köstliche Reichtum seiner unendlichen Begabungen lag wie eine Last auf ihm und welkte an den stumpfen Wegen, die man es zu gehen zwang.

So blieb ihm nur der Traum seine Zuflucht.

Ein Warten und Lauschen auf Kommendes und Fernes, das wie ein Licht käme von irgendwoher und all die Dämmerungen zerbräche, die wie eine Mauer vor ihm standen, aus der es keinen Ausgang fand. –

Resa kam an den Fischteich. Achtlos warf sie das Brot hinein in automatischem Gehorsam der nachwirkenden Worte der Kinderfrau.

Die Fische interessierten sie nicht.

Sie blickte zu der gewaltigen Steingruppe in der Mitte des Brunnens, wo ein mächtiger Triton auf einem Delphin saß und mit vollen Backen auf einer Seemuschel blies, hinter ihm auf einem erhöhten Felsen lehnte eine Frau, deren Leib in einen breiten Fischschwanz endete, in ihrer Hand hielt sie einen zappelnden Fisch, mit dem sie lachend zu sprechen schien.

Ob das die Seejungfrau ist, dachte Resa, denn sie trug eine Unzahl von Märchen mit sich herum, aber wo ist der Prinz und das alte Meerweib? –

– Das sind merkwürdige Leute – sagte da eine Stimme neben ihr, und eine Hand legte sich auf ihre Schulter.

Es war eine knochige, unangenehme Hand. Resa schob unruhig mit der Schulter und hätte sie am liebsten weggestoßen. Als sie aufblickte, sah sie in ein altes Männergesicht, das mit seltsam lachenden und doch bösen Augen zu ihr heruntersah. Da wagte sie nicht, die Hand wegzustoßen, alten Leuten mußte man gehorchen.

– Ist das die Seejungfrau? – fragte sie, nur um von der Stille umher und den Augen des Mannes, die ihr angst machten, loszukommen.

– Schon möglich – da unten im Wasser lebt allerlei sonderbares Volk, und wenn es herauskommt an das Licht, wird es zu Stein und kann nie mehr hinunter zu den andern. –

Resa beugte sich suchend über den Rand des Brunnens.

– Ah, die sieht man nur bei Nacht –, sagte der Mann und nahm die kleine Hand des Kindes und führte es zu den breiten Steinstufen, die zu den oberen Terrassen aufstiegen, und deren Rampen von unzähligen Steinfiguren besetzt und belebt waren.

– Schau, wie viele da schon heraufgestiegen sind – ja, das sind neugierige Leute, und nun müssen sie immer da oben bleiben und möchten sicher wieder gerne unten sein, wo es blau und golden ist von Perlen und Edelsteinen. –

Nun lag die kleine, nervös zuckende Hand in der des Mannes. Resa litt unter dem festen, kalten Griff, aber sie wagte nicht, sich loszumachen. Oben auf den Terrassen brütete die Sonne heiß und schwer. Der Mann setzte sich auf eine Bank und zog das Kind zu sich heran.

Ernst und fragend waren die scheuen Augen des Kindes auf ihn gerichtet. Durch diese Augen blickte man in die seltsam geheimnisvolle Tiefe einer Seele, die voll Rätsel war.

Aber den Mann fesselten diese Rätsel nicht. Er suchte die geheimen Reize dieses feinen, zärtlichen Körpers zu ergründen. Eine Freude wollte er über ihn hingehen sehen, ein Aufblühen, das ihm die verborgene Schönheit enthüllte.

Und es gelang ihm.

Er griff mitten in das Fernweh dieses unerschlossenen Wesens hinein.

– Sieh den blauen Himmel –, sagte er. Wie hoch, wie blau ist er, ist er nicht wie blaues Glas, durch das man hindurchsehen kann? Und denke dir nun, daß unten das Meer weit und lachend daliegt, und es ist ebenso blau wie der Himmel oben, und die Wellen tanzen zum Ufer hin und singen leise. Am Ufer liegt eine große, reiche Stadt voll hoher Türme und Häuser mit goldnen Dächern, Leute in bunten Kleidern gehen spazieren am Meere entlang; welche fahren in herrlichen Karossen, und auf dem blauen Wasser schaukeln kleine weiße Schiffe, darinnen sitzen schöne Prinzessinnen und winden Kränze aus den bunten Blumen, die am Ufer blühen –

Des Kindes Augen leuchteten.

Ein banger Seufzer hob seine zarte Brust, der feine Mund bebte, und eine leise, blumenhafte Röte flog ihm über das Gesicht.

Von einer Sehnsucht ergriffen, die wie Erlösung auf alles Wartende in ihm war, brach unter dem Aufruhr des Blutes alles Hemmende zusammen, ließ alles Schlummernde erblühen. Der Mann sah, was er gesucht hatte. In ihm entzündete sich langsam ein heimliches Glimmen.

– Möchtest du das alles sehen? – fragte er.

– Oh – sagte das Kind, und dieser Laut war so voll Verrat alles dessen, was seine Innenwelt fesselte und quälte, daß der Mann fast erschrak vor der dunklen Glut, die jäh aus diesem einen Tone brach.

– Dort wohne ich – willst du mit mir dorthin reisen? –

– Reisen –, sagte das Kind. Das blaue Meer und eine goldne Stadt – und seine Stimme bebte, und die kleinen, stillen Hände zitterten wie Frühlingsblätter im Winde.

– Soll ich dir noch mehr erzählen? – sagte er, stand auf, nahm ihre kleine zitternde Hand und führte das Kind hinauf zur höchsten Terrasse des Parkes an eine einsame Stelle, die er kannte.

– Soll ich dir erzählen –

– Ja –, sagte das Kind, und seine Augen schauten groß und hungernd und dürstend zu ihm hin.

Da griff er es plötzlich mit packenden Armen, hob es hoch auf, nahe zu seinem Munde –

– Küsse mich – dann erzähle ich dir noch tausendmal schönere Dinge – küsse – mich. –

Sein schwerer Atem flog dem Kinde heiß über das Gesicht. Es blickte starr und schreckvoll in die lodernde Glut der wild aufgerissenen Augen.

Was war das?

Wieder eines jener furchtbaren Dinge, die es nie begreifen würde.

Mußte es gehorchen, und immer?

Was alte Leute taten, war immer gut.

Fragen, Aufruhr, ein fernes Unbegreifliches ging im Taumel durch die gespannte willenlose Kinderseele.

Eine Sekunde lang war es, als neige sich das liebliche Haupt wie eine welke Blume zu dem rohen Munde des Mannes – seine Hände glühten, die Augen lachten in wildem Triumph –

Da – was kam über das Kind –

Das ferne Unbegreifliche war plötzlich ganz nahe in ihm selbst. Etwas brach da auf wie ein Strahl aus einem tiefen Brunnen, der ihm jäh und heiß durch das kühle, schlummernde Blut aufsprang und eine Scham und einen Ekel in ihm erweckte, dessen Ursprung und Verbundenheit mit ihm selbst ihm gänzlich unbegreifbar war, aber eine Kraft und ein Wollen auslöste, gegen die es keinen Widerstand gab.

Das zarte, stille Kind stieß mit voller Wucht seinen Fuß gegen die Brust des Mannes, daß er es verblüfft und wütend aus seinen Armen zur Erde gleiten ließ. –

– Bist du verrückt –, sagte er. –

Aber das Kind hörte und sah nichts mehr.

Auf zitternden Füßen flog es davon.

Raste die Treppe hinab durch die Laubgänge, kroch atemlos und bebend unter die weiten, hangenden Blütenäste eines Baumes, lehnte sich an den moosigen Stamm und horchte auf die schweren Schläge seines kleinen verängsteten Herzens.

Hatte es etwas Böses getan?

Einen alten Mann getreten.

Eine rote Scham flog ihm durch das zitternde Blut.

Aber es war noch etwas anderes.

Eine andere Scham, durch die es sich dunkel in eine Schuld verstrickt fühlte, ohne nur im geringsten zu begreifen, was es sei, ob es in ihm war oder von dem Manne kam. Ob er etwas Böses gewollt? Aber alte Leute waren doch nie böse, nur Kinder konnten es sein –.

Und mit einem neuen Rätselhaften beladen, trug das Kind seine kleine vereinsamte Seele ein Stück weiter durch das große unbegreifliche Leben.

Der nie geküßte Mund[*]

Die Fenster der kleinen Villa standen ringsum weit offen, als wollten sie die wollüstige Südwärme gierig einsaugen, um gegen die Kälte der Nacht Schutz und Widerstand aufzuspeichern. –

Auf der Loggia, in kostbare Decken gehüllt, lag ein junges Weib. An den Glaswänden hingen die Zweige der gelben chinesischen Kletterrose wie schwere Vorhänge, die das grelle Südlicht zu sanfter Dämmerung abblendeten.

Ena schlief.

Leise erhob sich die Krankenschwester, sah mit einem sorgenden Blick zur Ruhenden hin und huschte weich und lautlos zur Türe hinaus.

Draußen rauschte das Meer. Die dumpfe Kadenz der an das Ufer stoßenden Wellen schwoll und verhauchte in schwermütiger Eintönigkeit und mischte sich mit den schwebenden Düften der Eukalypten und Orangen zu einer seltsamen Melodie voll honigschwerer Süße.

Mit diesem Umkreis tiefgesättigter Schönheit verwob sich die Gestalt des schlafenden Weibes zu einem Zustand atemloser Erwartung. Als harre alles auf den Augenblick, da diese stumm verschlossenen Lider sich auftun würden, um allem umher erst Wirklichkeit und Sein zu geben.

Voll Lockung und Rätsel war dieses Antlitz.

Wie alt mochte es sein?

Es gibt Gesichter, die sehr lange ohne jeden Verrat bleiben auf diese Frage. –

Das Leiden hatte diesen adelsrassigen, bis in die Fingerspitzen vollkommen gebauten Körper mit jener wehen

---

[*]   Aus „Erotische Novellen" (1919), siehe Quellenverzeichnis.

Durchgeistigung umhüllt, welche gleichsam die letzte Idee des zeugenden Lebenswillens zu asketischer Reinheit herausmodelliert. –

Ena schlug die Augen auf.

Es war, als ob düstere Fackeln in einer tiefen Grotte auflohen. Eine schwermütige Unruhe, wie eine vor dem Sturme herwehende Flamme, bebte aus den großen, sammetweichen, von feuchten Glanzlichtern überstrahlten Augen.

Das blauschwarze Haar breitete sich in reicher Fülle wie geheimnisvolle Nachtschatten um das elfenbeinfeine Gesicht, in dem der glührot blühende Mund von einem leisen, welken Zug schmerzlicher Sehnsucht umdunkelt war.

Ena erhob sich mit dem Elan eines raschen, heißen Temperamentes, dem die Hemmungen des inneren Leidens aber sofort die überschätzte Spannung nahmen, so daß die Schritte müder und die Flammen der Augen stiller wurden, als sie sich bis zur Brüstung der Loggia hingeschlichen hatte.

Ena breitete die Arme gegen die blauende Inbrunst des gleißenden Südlichtes, ihre Brust hob und senkte sich und nahm mit tiefer Wollust all die weite Bläue und duftende Wärme in sich auf.

Und Ena sprach mit ihrem Herzen.

– Göttliches – Göttliches bist du, Schönheit –

Wie tust du mir wohl. Meinem wehen Leibe, meinem darbenden Blute – meiner meerestiefen, schmerzhaften Sehnsucht –

O Leben, Leben, bleibe – fliehe nicht vor meinen schwachen Schritten – mein ganzes Sein greift nach dir – ich liebe dich, Leben – halte still – einen seligen, gewaltigen Augenblick, daß ich dir ins letzte Zeichen deiner abgrundtiefen Lockungen schaue und die Tore endlich offen finde, die du mir so hart verschlossen hältst.

Gehe nicht von mir, – Leben – ehe ich wissend wurde um dich. –

Schon war die Gewalt ihrer weitgespannten Seele wieder zuviel für die vom Leiden untergrabenen Kräfte.

Blaß und einer Ohnmacht nahe sank Ena gegen die Säule. Sie fühlte sich von den starken Armen der Schwester zart umfangen und linde und liebevoll zum Lager zurückgenommen.

– Ena, geliebte Ena, laß deine Kraft ruhen – laß alles ruhen in dir und an dir – nur in der Ruhe kannst du genesen. –

– Ruhen – Ena stieß das Wort mit furchtbarem Hohn hinaus, – ruhen, ehe man gelebt – ich verzehre mich vor Sehnsucht nach dem Leben, und du sprichst von ruhen – Flammen sind in mir, und ich soll glimmen wie ein ausgelöschtes Licht. –

– Laß die Flammen deiner Seele zum Ewigen aufsteigen, so werden sie sanft gehen wie auf Taubenfüßen. –

– Der Ewige hat mich betrogen. –

Der Tod steht auf der Schwelle, ehe das Leben zu mir kam. –

– Wartet nicht das Leben hinter dem Tode – sagte die Nonne mit erschüttertem Herzen und redete mit ihrem Gotte in ihrer Sprache.

Ein leises Klopfen kam von der Tür. Die Nonne öffnete und ließ den Arzt herein.

Ein kleiner, beweglicher Mann trat ein, verbeugte sich elegant und tänzelte mit leichten Schritten zum Lager hin.

Der ziemlich simple Blick seiner Augen erhielt durch die scharfen Gläser einen intelligenteren Ausdruck, als ihnen zukam, und die hohe Leere über der Stirn rückte auch diese in eine geistigere Region, als sie an sich zu beanspruchen hatte.

Ena grüßte mit den Augen, dann schloß sie sie.

Dieser Mann machte sie durch seinen bloßen Anblick leiden. Die absolute Leere, die ihn umgab, und Stimme und Gesten zu rein automatischen Wirkungen brachte, reizte ihre Sensibilität bis zur Schmerzhaftigkeit. Aber da er ihr als einziger deutscher Arzt am Orte empfohlen war, blieb ihr keine Wahl.

– Komtesse sind heute sehr angegriffen –

– Gestatten, Komtesse, – und er näherte sich, um sie zu untersuchen.

Ena schleuderte einen Flammenblick über ihn hin. –

– Nun dann nicht – sagte er mit einem vergeblichen Versuch, überlegen zu lächeln.

– Hat Sie etwas besonders verstimmt heute? –

– Ist das Leben an sich nicht Verstimmung genug – und meines im besonderen. –

– Es kommt darauf an, wie man's sieht. Was kann Leben Besseres sein als ein Ruhen auf dem sicheren Grunde, der alle Wünsche erreichen läßt – und Sie brauchen nur zu winken, und alle guten Dinge des Lebens kommen zu Ihnen. –

– Nur das Leben selbst nicht – rief Ena mit greller Stimme, die dem Manne wie ein Peitschenhieb über die Nerven fuhr. –

Er erhob sich. Er fühlte, daß da etwas in tieferen Gründen krank und leidend war, Gründen, zu denen er keinen Zugang hatte, und mit denen sich zu beschäftigen ihm gänzlich fern lag. Das Körperliche war sein Bereich, was ging das übrige ihn an.

– Komtesse ist aufgeregter, als für ihren Zustand gut ist –, sagte er draußen zur wartenden Schwester – ich werde den deutschen Priester schicken, der eben in der Kolonie angekommen ist. –

– Ist es schon so weit – fragte mit angstvoller Stimme die Nonne. –

– Nicht weiter, nicht näher als bisher – aber man kann bei diesen Kranken nie wissen. –

Und damit befreite er sich von dem peinlichen Gefühl einer Verantwortlichkeit für diese leidende Seele, die einen Augenblick wie ein flüchtiger Schatten gegen den leeren Raum seines Geistes angeflogen war.

– Der Kaplan aus der Kolonie will dir seinen Besuch machen – meldete die Nonne einige Tage später.

Ein fliegender Schrecken zuckte über Enas Gesicht.

– Nein – nein, Liebe – er besucht alle Deutschen am Ort. –

Ena atmete auf.

Der Kaplan trat ein.

Hoch, aufrecht, mit festem, von einem starken Willen gemäßigten Schritt kam er heran.

Das dunkle Haupt mit den großen, freien Zügen wirkte düster im ersten Eindruck. Aber das strahlende, fast feierliche Leuchten in den Augen und die bewegliche, nervöse Linie um den von feiner Sinnlichkeit geschwellten Mund hellten jene Dunkelheit auf und brachten einen seltsam aufreizenden Widerspruch in das junge, allzu früh gereifte Angesicht.

Der Priester verbeugte sich weltmännisch sicher und mit geschmeidiger Würde.

Aber das Wort wollte nicht kommen zwischen ihnen.

Beider Blicke blieben ineinander haften. Mit krankhaft fiebernder Hast durchforschten Enas Gedanken diese neue Gestalt. Drangen in die Seele des Mannes. Ließen laute, brennende Fragen zu ihr hinschwirren und suchten die letzte Einsamkeit seines Wesens, um für die Unrast ihrer Qualen eine Schwelle der Ruhe zu finden.

In den Augen des Priesters stand erst ein großes Erstaunen. Er fühlte ein Erwarten, Wollen, in-Besitz-Genommen-werden, gleichsam ein jähes Erkanntwerden in den tiefsten Gründen seiner selbst, gegen das sich alles in ihm sträubte.

Zugleich aber fesselte ihn die flehende Eindringlichkeit dieser Augen, die wie Fackeln das wundervolle Antlitz überstrahlten, in deren überweiter, fiebernder Aufgeschlossenheit das schleichende Siechtum sich verriet, dem es bislang noch nicht gelungen war, diese makellose Schönheit unter seine Beschattung zu zwingen.

Und während dieser widerstreitenden Kreuzungen zwischen seiner verletzten Selbstsicherheit und gespannten Erwartung gingen auf dem heißen Atem des Schweigens ihrer beider Seelen einander entgegen und grüßten sich und wußten umeinander, ehe noch ein Laut zwischen ihnen war, und so kam es, daß, als endlich die Stille überwunden werden mußte, er mit viel näheren Worten zu ihr sprach, als ihm vorerst noch zukam. –

– Wir sind beide Fremde hier – sagte er, das gibt uns eine Heimat zueinander. –

Ena lauschte betroffen.

Diese fremde Stimme kam wie aus weiter Ferne und griff doch so warm nach ihr, ihr dunkler Klang hatte etwas von der duftenden Schwere der Südrosen und der herben Weinsüße dieses gebenedeiten Landes.

Und als die ihre wie eine zarte, reine Glocke zu ihm hinübertönte, eine Glocke, die zwischen Erd' und Himmel im Raume der ewigen Sehnsucht ihre keuschen, rufenden Klänge hinausbebt, lauschte auch er mit verhaltenem Atem, wie in ein neues Land hinein, zu dem diese Stimme eine schwebende Brücke war.

Ihre Worte sprachen aneinander vorüber, nebeneinander her, ohne sich zu treffen und zu vereinigen. Zu stark war die betäubende Macht, die von Ufer zu Ufer zwischen ihnen hinüber- und herüberströmte, jene geheimnisvolle Macht, die der Tiefe der Persönlichkeit entströmt, wie der erregende Duft erlesener Edelweine.

So hatten sie eigentlich einander nichts gesagt, als der Priester sich verabschiedete. Aber ihre Seelen waren voll voneinander bis zum Rande.

– Zu diesem werde ich reden können – und er ist ein Priester – dachte Ena, und ein friedliches Lächeln senkte sich auf ihre roten, fieberheißen Lippen.

– Endlich sind wir auf dem rechten Wege, – sagte die Nonne leise und küßte Ena auf die Stirn.

Der Priester ging mit seinen starken, ruhenden Schritten durch die köstliche blauende Luft, die den, der sie zum erstenmal schaut, mit tausend Wundern überschüttet, ihm das Eigenste zu seliger Offenbarung werden läßt. Er fühlte seinen Gott so greifbar nahe wie nie zuvor, und eine seltsam befreiende Aufgelöstheit ins All überkam seine Seele und ließ sie durchsichtig werden wie ein Kristall. –

Als sie sich wiedersahen, grüßten sie sich wie solche, die in der Stille ihres Herzens lange Zwiesprache miteinander gehalten.

In Enas Seele zersprang der eiserne Reif, der so lange die Bürde ihres Leibes zu schmerzhafter Qual zusammengepreßt hatte. Nach wenigen Tagen lagen alle ihre Wunden ohne Scham und Scheu vor den wissenden Mannesaugen des gottgeweihten Priesters.

Sie fühlten einander nicht Weib noch Mann. Ihre Körper verflüchtigten sich gleichsam an der brennenden Freude aneinander zu einer Essenz der Schönheit, die sie wie eine köstliche Berauschung genossen und welche die Grundtöne ihrer seelischen Zwiesprache mit einer feinen zärtlichen Melodie umspielte.

Er kam nun täglich um die Abendzeit. Priester und Mensch in ihm gleich stark angezogen von der magnetischen Gewalt dieser von unheilbarem Leiden geheimnisvoll umblühten Schönheit.

Eines Abends war es.

Der Priester saß in der lässigen Haltung vornehmer Selbstsicherheit tief in einem der modernen Lehnstühle, die in ihrer raffinierten Stützung gleichsam alle körperliche Schwere aufheben und dem geistigen Fluid vollen Spielraum geben.

Er blickte in das göttliche Bild der abendlichen Landschaft.

Ena ruhte aus dem Lager.

Ihre reine, warme Stimme klang durch den Raum wie weher Glockenlaut. Sie sprach, als rede sie zu sich selbst.

– So bin ich immer einsam gewesen.

Von dem plötzlichen Tode der Meinen wie von einem engen Ring umfaßt. Jäh herausgerissen aus einem täglichen Tumult rauschender Betäubungen. Das Leben ahnend in der Bedeutung seiner glühenden Feste, aber nie zu den Altären seiner Opferungen gelangend. –

– Was hinderte Sie, die Leidenschaft zu finden?

– Es war ein seltsam Doppelspiel in mir. Neben dem qualvoll brennenden Durst nach dem Lebenstrank die zageste Scheu vor dem Becher, aus dem ich trinken sollte. Ein Grauen vor dem Manne und ein Zwang vor ihm; zwischen diesen beiden Gewalten zu einer scheinbaren Kälte verdammt, die mich glühende Qualen erdulden ließ. –

Hätte ich Ihre Religion, wäre ich zu den Altären Gottes geflüchtet, um in den Ekstasen der Seele die des Blutes zu vergessen. –

Der Priester erschrak. Die zarte, lilienreine Stimme wurde plötzlich seltsam dunkel. Wie purpurrote Blutwellen brandete sie zu ihm hin.

Er blieb eingehüllt in seinem Schweigen. Er fühlte, der letzte Schrei ihrer todwunden Qual wollte sich aus der Tiefe lösen. Vielleicht brachte dieser die Erlösung, daß er dann der vom Kampf ermatteten Seele mit der Wärme seines tiefen Mitleids beistehen konnte.

– Denn ich fand den goldnen Becher nicht, aus dem zu trinken mich gelüstet hätte. –

Und nun – nun steht der Tod an der Schwelle und greift nach meinem Leben – ehe ich das Leben erkannte – sein flammendes Geheimnis soll sich mir nie enthüllen – dieser Zwiespalt bringt mich dem Wahnsinn nahe –

Ena erhob sich von dem Lager.

Wie getragen von der kreisenden Erregung ihres Blutes, trat sie hoch aufgerichtet vor den Priester hin.

Auch der Priester erhob sich.

Selbstvergessen, wie schlafwandelnd, mit starren, weit geöffneten Augen blickte Ena ihn an. Dann flog ein heißes Erschrecken über ihre Züge, als fühle sie plötzlich, daß sie nicht nur zum Priester gesprochen habe –

In jäher Erschütterung erkannte sie in diesem Augenblick den Mann in ihm. –

Eine jagende Blutwelle überstürzte das starre, bleiche Gesicht. Aus den Augen strömte ein wunderbares Licht, als seien die Schleusen der Seele bis in die tiefsten Quellen aufgebrochen. Die ganze Gestalt war gleichsam eine glühende Fackel, die, von unwiderstehlicher Leidenschaft entfacht, in keuscher Herrlichkeit aufloderte. –

Der Priester erbebte.

Regungslos standen ihre Blicke in den seinen. Auf Gnade und Ungnade seiner Antwort hingegeben.

Dem Meister der Sprache kamen keine Worte.

Wie ein Abgrund war es zwischen ihnen, in den ein Hauch des Mundes sie stürzen konnte.

Mit einem Ton konnte er diese fliehende Seele töten.

Mit einer Erbarmung ihr den Frieden geben.

Einen Augenblick war die Stille des Todes zwischen ihnen.

Ein Ringen und Beten durchdrang die starke, keusche Seele des Priesters.

Er breitete die Arme aus.

Und wie unter einer überreifen Qual zusammenbrechend, glitt das Weib in heißem Erschauern an seine Brust.

Da sprangen auch in ihm die verschütteten Brunnen der seligsten Lebensströme auf.

Der nie geküßte Mund des Weibes erblühte an seinen Lippen.

Alle kranke Sehnsucht rauschte in glühenden Garben auf. Tiefe Süßigkeit des Friedens breitete sich über das schöne Angesicht. Ein Lächeln von hinreißendem Zauber durchleuchtete die vollkommenen Züge, die, aller Erdenhaftigkeit entrückt, in der heiligen Reinheit ihrer göttlichen Entstammung strahlten.

Plötzlich flog ein jähes Erblassen über sie hin.

Ein kurzes, schweres Aufatmen.

Dann war das Leben erlöscht. – –

Mit zarten Händen ordnete der Priester alle äußere Unruhe an dem stillen, sanften Körper.

Sah noch einmal mit aufleuchtendem Blicke zu dem überirdisch lieblichen Lächeln, von dem das Antlitz in süßester Holdseligkeit übergossen war.

Dann ging er seinen Weg. –

Nahm noch mit allen Kräften die Gottesherrlichkeit der Wunderwelt des blauenden Südens in seine schönheitstrunkene Seele.

Jahre der bittersten Sehnsucht hatten hier endlich ihre Erfüllung gefunden.

Einige wenige kurze Tage war er mit dankender Demut untergetaucht in diesem brausenden Meere endloser Seligkeiten.

Und jetzt gab es nur eines für ihn. Jeder Schönheit bar mußte von nun ab sein Leben sein.

Dem Gesetze, das er freien Willens selbst über sich verhängt, mußte volles Genügen geschehen. Wenn auch im Letzten seiner selbst der Freispruch höchster Erkenntnis ihn jeder Schuld entband.

Seinem Beichtiger unterwarf er sein Verfehlen.

Und nahm stark und duldsam die Buße auf sich, um die er selbst gebeten.

In der unwirtsamen Gegend eines nordischen Berglandes, hoch über dem warmen Leben der Menschen, blieb er fürder für Jahre ausgeschlossen von jedem und allem, dessen sein Geist und sein Wille bedurfte.

Arm, leer und streng gingen seine Tage von ihm. Arm, leer und streng kamen seine Nächte zu ihm.

Aber im Allerheiligsten seines Wesens blieb ein seltsam keusches Licht, das von der Erinnerung an das süße, holde Lächeln der Erlösung des nie geküßten Mundes ausstrahlte. Und ob er gleich schuldig geworden, konnte er nie jemals auch nur die leiseste Reue empfinden.

An den harten Pfahl der Buße band er seine Schuld.

Sein Herz aber hielt Zwiesprache mit dem höchsten Erbarmer, dessen Antwort ihm aus dem keuschen Lächeln der Toten entsühnend in jene Tiefe gedrungen war, wo der letzte Richterspruch uns bindet oder löst.

Die Tauben von San Marco[*]

Venedig.
Wer vergißt sie je, der sie einmal schaute.
Diese einzig Geartete unter allen Städten der Erde.
Der Klang ihres Namens ist wie ein bebender Glockenton aus weiten, dunklen Fernen.
Dieser Klang geht mit uns durch die seltsam engen Gassen. Schaukelt auf den müden Wellen der blauschwarzen Wasserwege. Steht wie ein versteinertes Echo über den finsteren, drohenden Herrlichkeiten der einsamen Paläste.
Venedig –
Die dich zum erstenmal schauen, gleiten wie Schlafwandelnde durch den Traum deiner farbenglühenden Stille. Ihre Seelen sind wie weit offene Schalen, bis zum Rande gefüllt von dem Rausche deiner flüsternden Geheimnisse, die zwischen deinen nachtschwarzen Wassern und der seidenweichen Bläue deiner Höhe hängen.
So gleitet Elena durch die Tage und Nächte Venedigs.
Kühl wie der junge Morgen, vom herben Dufte der ersten Reise umwebt, steht sie verwirrt wie ein scheuer Vogel an der Schwelle dieser berauschenden Offenbarungen, deren lockende Stimmen an die Verborgenheiten ihres eigenen Wesens dringen.
Vom Leben schon berührt, doch noch nicht zu ihm erwacht, lauscht sie in sich hinein und bleibt ohne Antwort auf die drängenden Fragen.
Und die antwortlose Leere ihrer Seele öffnet sich in schrankenloser Weite der berauschenden Fülle umher, die sie mit unerhörten Herrlichkeiten schier qualvoll überstürzt.

---

[*]   Aus „Erotische Novellen" (1919), siehe Quellenverzeichnis.

Wie war es doch –

War es ein Tag? Ein Traum –

So weit weg liegt es, was sie doch so tief bewegte, seit sie den Fuß an das seltsam unwirkliche Gestade dieser Stadt setzte, die ohne Schall und Laut in die Melancholie atemloser Zeitlosigkeit eingebettet scheint.

Alle Erinnerungen ruhen. In dieser klanglosen Stille versinken sie wie in seidene Schleier.

Nur der Augenblick lebt.

Und jeder Augenblick ist ein neues Schauen und Ergriffensein, eine neue Entzückung und Aufgelöstheit in die fremde Seltsamkeit umher.

Wie ein Zauber liegt die Stille über den dunkeln Wasserwegen, die wie finstere Runen lang abgelebter Schicksale im leisen Flimmer des silbernen Südlichtes träge hinfluten, spinnt zwischen den Kuppeln der Dome und den ragenden Palästen und liegt wie ein weicher Teppich über den engen Gassen hingebreitet.

Der schwirrende Flug der unzähligen Tauben von San Marco ist der einzige Ton, der diese Stadt bewegt, der aus ihr kommt und ihr gehört.

Wenn es vom Torre d'Orologio Mittag schlägt –

Das ist die Stunde, da die Scharen der Fremden sich auf der Piazza sammeln, um dem Fluge der Tauben zu lauschen, der gleichsam eine Erlösung aus der geisterhaft starren Stille ringsum zu bringen scheint.

Elena steht mitten unter ihnen. Auch sie hat die Hände voll Brosamen und streut sie dem lustgirrenden Gevögel achtlos hin.

Achtlos, wie im Traum.

Denn schlafwandelnd geht sie durch die Tage.

Alle Wege zu sich selbst sind überladen von all dem Neuen und Gewaltigen, das über sie kam. Alle Brücken zur Vergangenheit aufgehoben. Zu jäh war der Schritt aus der

Leere ihrer unbewegten Jugend zu den sich überstürzenden Ereignissen der letzten Wochen und Tage.

In kurzen Wochen ist sie Braut und Weib geworden.

Kaum aber war sie am bräutlichen Kusse zu dem leisen Erstaunen erwacht, das ihre schlafende Seele fast mit Schrecken erfüllte, entriß ihr der rauhe Wille des tobenden Krieges den Verlobten. Und wenige Wochen darauf ward sie sein Weib.

Seine eilige Rückkehr aus den von Blut und Grausen umtobten Schlachtfeldern, um dieser einen Stunde willen –

Die grausame Eile in allem Gebaren zu dieser Stunde hin, die, sonst von der langen und heißen Andacht der Erwartung umweht, zum Altare der Jungfräulichkeit kommt, all diese Eile und Überstürzung ließ in der Erinnerung nichts von jener heiligen Feierlichkeit zurück, die sonst über ein ganzes Leben hin das unverwischbare Leuchten seliger Erfüllungen behält.

Die Welle nahm sie und warf sie an den Strand zurück.

Die Tiefe des Meeres erkannte sie nicht.

Und so, im Letzten ihres Wesens verwirrt, stürzte sie dann in die neue Wirrnis dieser seltsamen verzauberten Stadt.

Behütet nur noch von den müden Händen des Großvaters, dem einzigen, an den sie noch mit den Banden des Blutes gebunden war.

Vater und Mutter kannte sie nicht.

Keiner Mutter Hand hatte an ihrer Seele gebaut. Keiner Mutter Stimme ihr die Wege des Lebens gedeutet. So wandelte sie vereinsamt durch die tausend Wunder Venedigs.

Der müde Greis ruhte aus an der Sicherheit, das geliebte Kind nun im Schutze ihres Weibtums zu wissen, und genoß mit dem friedlichen Lächeln des Alters den letzten, zarten Widerhall fernster leuchtender Erinnerungen, die seine Seele noch an das verglimmende Licht des Lebens banden.

Venetia, du ewig Fremdartige, dich nie Enthüllende, nun starrt die Seele dieses Kind-Weibes in die furchtbare Unendlichkeit deiner Tod atmenden Geheimnisse.

Geheimnisse aus tausend Zonen und Zeiten, die in dir wie in einer Urne der Ewigkeit eingesenkt sind.

Wo ist da Anfang, wo Ende.

Umhangen mit dem unverwelklichen Kranze aller Völker Künste, beladen mit aller Zeiten Prächte, umweht vom Odem fernster Vergangenheiten, entströmt dir unter dem sanften Schleier deiner trügerischen Stille der brünstig lodernde Rausch, der aus allen Schauern der Liebe, des Todes und des Hasses, aus allen Wonnen und Qualen und Seligkeiten langer Jahrhunderte gemischt, den süßschweren Duft der Verwesung atmet, der wie tödliches Gift über allzu junges Leben geht. –

Elenas Seele öffnet sich weit dem einspinnenden Taumel dieser zeitenschweren Pracht.

Ihre Sinne lauschen und greifen. Bis zum Rande voll stehen alle goldnen Schalen ihrer Lust und ihrer Träume.

Schier schmerzhaft dünkt sie, dies alles zu tragen.

Da alle Herrlichkeit wie eine Last auf sie fällt und keines Kundigen Hände ihr sanft die Millionen Fäden entwirren, die sich hier zu einem gordischen Knoten ineinander verwurzelter Erkenntnisse verwildert haben.

Mit fiebernden Augen und fliegenden Pulsen liest sie die dunkle Geschichte dieser unheimlichsten aller Städte.

Und fortan schleicht das Grauen neben ihr durch die kühlen Gassen und engen Winkel. Über dem dunkeln Gewässer klingt ein fernes Seufzen zu ihr. Und aus der schweren Pracht der ragenden Paläste flüstern die finstern Stimmen ihrer begrabenen Geheimnisse.

Nur vor dem Wundergebilde des San Marco wird ihre Seele wieder hell und jung.

Wie aus allen Märchen der Erde zusammengewachsen, gleißt und funkelt und strahlt und leuchtet dieser, von langen Vorzeiten überreich beladene, von allen Zeitstilen buntgefärbte Bau, der, wie zur Unwirklichkeit verzaubert, seltsam und wie verwunschen da mitten in die grelle Gegenwart hineinblüht.

Alles Junge in ihr wird hier zum Märchen.

Ihr Leben zum tieftönenden Liede.

Und ihrer Seele Flügel werden schwer von der süßen Last der Träume und Sehnsüchte, die aus den mystischen Dämmerungen dieses weltentrückten Tempels mit weichen Fittichen aufflattern und sie umkreisen.

Ganz leicht aber und froh wird es ihr erst dann, wenn sie dem schwirrenden Fluge der Tauben lauscht, die um die Mittagsstunde über die Piazza rauschen.

Diese unendliche Schar leuchtender Schwingen. Zwischen dem seidenweichen, hochgespannten Bogen der glühenden Bläue des Südlichts und dem bunten Marmorteppich der weiten Piazza bleibt ein Bild ewig unvergessen, der es in sich nahm.

Silberweiß im Lichte schimmernd, im zärtlichen Mattgrau der köstlichen Perlen, mit rostroten Brüsten und schillernden Pfauenhälsen schwirrt es auf von den Dächern umher und fällt mit dem schweren Ton aufrauschender Seide zur Erde nieder. Kosend und schnäbelnd umfliegen sie die schönen Frauen, die mit den weißen, schlanken Händen, zwischen den roten, weichen Lippen die lockenden Gaben ihnen zureichen, sich selbst zu süßer Lust, dem Schauenden zu ewig wechselndem Bilde, an dem das schönheitsuchende Auge nimmer müde wird. –

Elena findet einige Lieblinge unter der schwirrenden Schar. Sie folgen ihr in einen stillen Winkel abseits des großen Platzes, wo das Drängen der Menge ihr diese leise Freude stört.

So steht sie, vom Sonnenglanze Venedigs umloht, ein Bild der Unschuld und Schönheit, an dem kein Auge vorübergleitet, ohne sich sein selig Teil mit wegzunehmen.

Hoch und geschmeidig wachsen die blühenden Linien des jungfräulichen Körpers zur Krone des Hauptes auf, seidenweich sprüht und leuchtet im funkelnden Südlicht die rotgoldene Fülle des Haares über dem edlen Schnitt des alabasterweißen Antlitzes, das durch das tiefe, glühende Blau der Augen wie von einer seltsam süßen Bestrahlung überschimmert ist.

Mit vollkommner Schöne umhüllt dieser wundervolle Frauenleib die schlafwandelnde, vom heißen Lebensodem noch ungeweckte Seele, die, von der himmelsseligen und höllentiefen Macht der eigenen Schönheit noch ohne jede Ahnung, an abgrundtiefen Fährlichkeiten sanft und versonnen vorübergleitet. –

– Per Dio – welch ein Götterweib – sagte eine tiefe Männerstimme.

– Und mit welchem Blick sie uns anschaut –

– Unschuld und Schönheit beisammen – unerhört –

– Werden nicht lange beisammenbleiben –

Schritte und Stimmen verhallen am Wege.

Die fremden Worte hatten Elena nur gestreift. Sie verstand sie nicht.

Aber die Stimme, die wie Musik über sie hinging.

Und die Blicke, die wie Sonnen brannten.

Von diesem Flüchtigen und Ungreifbaren ging es wie ein fremdes, qualvoll-seliges Erschauern über sie hin.

Seltsam bewegt stieg sie die Stufen zur Gondel hinab, mit der sie täglich ihre Rundfahrt machte.

Und plötzlich sah sie, daß auch der Gondoliere diese Augen hatte. Augen, die wie Sonnen brannten, deren Blicke, wie hinter einem dunklen Vorhang sammetweicher Violen tief verborgen, ohne alle Worte eine Welt von Dingen zu sagen wissen.

Und von heute an sah sie diese Augen überall. Aus jedem Mannesantlitz dieser fremdartigen Rasse blickten sie diese seltsamen Augen an, redende, singende, fragende Augen, die voll schwermütiger Lockung und schwüler Verheißungen waren. –

Sie stieg in die Gondel.

Das Boot glitt unhörbar wie auf weichen Teppichen über die dunkeln Wasser, nur ab und zu ein gurgelnder Laut der stoßenden Ruder und der melodische Ruf von Boot zu Boot.

So zwischen dem blauschwarzen Samt des gleitenden Gewässers und dem goldblauen Seidenglanze des hoch gespannten Himmelsbogens nahm sie mit immer neuem Erstaunen die prunkvolle Pracht dieser traumverlorenen Stadt in ihre Seele auf, die hinter dem Todesschweigen ihres Vordergrundes von einem Chaos sinnverwirrender Stimmen erbebte, wie ein gewaltiges Saitenspiel, das, von der wilden Hand der Leidenschaft bis in seine letzten Schwingungen aufgewühlt, nicht mehr zur Ruhe kommen kann.

Und ihre junge, unerwachte Seele streifte zwischen Traum und Tag die fernen Ufer des Lebens, von denen es wie ein strömender Duft süßer, berauschender und zugleich schwerer, banger Geheimnisse zu ihr herüberwehte.

Es war alles so unwirklich.

Und sie so ganz nur auf sich selbst gestellt.

Der alte Ahne lebte sich in leiser Verklärung zu dem Glanz seiner Erinnerungen zurück. Sein Blick nahm das Bild des Kindes neben sich kaum mehr auf. Er wußte es geborgen in der deckenden Hülle des Mannesnamens, die er ihr in der Bangigkeit seiner schwindenden Stunden noch eilig umgebreitet hatte, und seine sterbende Seele war, von Gegenwart und Zukunft verlassen, nur noch ein willenloses Spiel der tönenden Wellen seliger Vergangenheiten. –

Elena griff nach dem Brief, den sie unerbrochen noch in der Tasche trug.

Er war von ihrem Manne.

Die Schriftzüge sagten ihr nichts. Sie waren ihr noch nicht zu jenem feinen Elixier geworden, das wie ein Taumeltrank über das Herz rinnt, wenn dieses zarte Bildwerk der

Hand in tiefstem Erkennen plötzlich wie durch einen magnetischen Strom die Blutwärme des Geliebten in die eignen Adern wirft.

Was wußte sie von ihm?

So gut wie nichts.

Die Eile und der Drang der wirren Zustände, die sie zusammengaben, hatten ihr sein Wesen zu keinem festen Bilde werden lassen.

Fremd schauten sie diese Zeilen an.

Sie sprachen von Liebe und Sehnsucht, ohne ein Echo in ihrem Wesen zu wecken.

Auch ihre Ehe war ihr ein Unwirkliches.

Und die starke Hand fehlte, die das Spielzeug ihrer Träume zerbrach und sie mit hartem Willen zum Leben hin zwang, das auf der Schwelle stand und auf sie wartete.

So schwebte sie wie eine Nachtwandelnde über unerkannten Tiefen. Wehe, wenn ein jäher Ruf sie weckte, ehe die linde Stimme der Liebe sie zur Sicherheit ihres Weges führte.

Gedankenlos zerriß Elena den Brief in viele kleine Stükke und streute sie über den Rand der Gondel.

Sie fühlte mehr, als daß sie wußte, welche Seele hinter diesen scheinbar heißen Worten stand, die gleichsam das Gegebene wieder in sich zurücknahmen, da ihnen die sprühende Glut fehlte, die alle Fernen überwindet, alle Worte entzündet und jeden Widerstand zerbricht. –

Sah sie es heute zum erstenmal, daß die Blicke des jungen Gondoliere mit verzehrendem Strahl zu ihr hinglimmten?

Verwirrt stieg sie aus und vergaß, ihm das gewohnte Geldstück zu geben.

Zwischen diesem Blick und jener dunklen Stimme kam etwas zu ihr heran, das seltsame fremde Weiten in ihr auftat. –

So mit neuen Träumen beladen, stand sie am nächsten Tage unter ihren Tauben im stillsten Winkel der Piazza. Ihr Liebling unter ihnen, die mit dem pfauenblauen Halsringe und dem perlmutterschimmernden Gefieder, saß auf ihrer ausgestreckten Hand und nahm ihr sanft und zärtlich das lockende Korn von den schönen Lippen, welche die hauchrote Farbe hatten, wie sie aus dem Innern seltener Muscheln schimmert.

– Taube unter den Tauben – sagte da die dunkle Stimme neben ihr, und der Glutstrahl brennender Augen loderte über sie hin.

So jäh und plötzlich und erschreckend nahe geschah das, daß ihr die Arme schlaff zur Seite fielen und das Blut ihr wie ein Sturm durch die Adern stürzte.

Dann wurde sie weiß wie Marmor, und das leuchtende Blau der Augen hob sich mit scheuer, keuscher Frage zu dem Antlitz des Mannes hin.

Der aber starrte in tiefster Verzücktheit verloren in dieses Meer von Reinheit, das diesem Blick entströmte.

– Du süße Taube, göttliche Unschuld du – sagte er und nahm ihre schöne Hand zart und behutsam zu seinen heißen Lippen.

Ein zorniges Erstaunen stieg in Elenas Augen auf. Unschuld – was meinte er damit – war das nicht so, als ob er sich wundern würde, daß sie atme.

Der Mann verstand auch diese Regung ihrer unberührten Seele und fühlte damit den Becher seines Erlebens von einer neuen, feinsten Entzückung überströmen.

Elena wendete sich von ihm ab und ging langsam, von seltsamer Erregung verwirrt, der Kathedrale zu.

Dort fiel sie in schwerer Ermattung auf eine der Bänke im Halbdunkel des Seitenschiffes.

Hier wurde sie ruhiger.

Die bizarre Wunderwelt dieses Tempels fesselte sie immer wieder. Aus dem Wirrwarr tausendfacher Kreuzungen geschichtlicher Elemente, die aus der Weite undenklicher Zeiten hier geheimnisvoll zu dieser traumhaft köstlichen Herrlichkeit verschmolzen, war eine ganz sonderliche, aus den Urtönen verschiedenster Völkerzonen zusammenquellende Melodie erblüht, die den Rausch fremder, ferner, lockender Gestade auf ihren Wellen trug.

In diesem von Licht und Dunkel, Linien und Farben, vom starren Glanz des Goldes und den Blitzen leuchtender Juwelen schwer übersättigten Raume löste sich die angstvolle Berührung ihrer Seele mit jener fremden Welt, in welche sie sich soeben wie in eine uferlose Tiefe gleiten gefühlt, zu einem schwebenden Gleichgewicht auf, in dem eine Fremdheit sich mit der anderen band und die Unruhe ihres Blutes zu reizvollen Spiegelungen ihrer Phantasie umbog, die hier ohne Anfang und Ende zu neuen Spielen alle Wege fand.

Still und beruhigt ging sie dann hinaus.

Ihre vom Drange der Leidenschaft noch unbeschwerten Fühlungen ließen sie ahnungslos an der deckenden Säule vorübergehen, hinter welcher jener Fremdling aus sicherem Verstecke die wechselnde Bewegung ihrer von ihm berührten Seele in bebender Ekstase belauscht hatte. –

Von nun an aber begegnete ihr der Fremde überall.

Täglich, wo sie auch ihre Wege nahm, an einer Biegung der Straße, auf einer Bank in den Gärten, in den Kirchen, an den Ufern des Lido, auf ihren Gondelfahrten stand er plötzlich vor ihr, fühlte sie seinen durchdringenden Blick auf sich gerichtet.

Da kam ein seltsames Fieber über sie.

Die weite, schmerzhafte Leere in ihr füllte sich jäh mit einem jagenden Sturm gänzlich unbekannter Empfindungen, die wie stürzende Frühlingsbäche von allen Seiten die Räume ihrer Seele überfluteten.

Alles scheinbar Feste und für immer Dauernde ihrer inneren Erfahrungen brach zusammen, eine Flut wilder Möglichkeiten, schmerzhaften Verlangens entwurzelte sie bis zur letzten Faser ihres Wesens, dessen keusche Stille wie ein verängsteter Vogel zwischen diesem Chaos hin und her flatterte.

Und all diese Zerstörung kam von jenen Blicken.

Sie sah und wußte kaum mehr von dem Manne als diese Blicke. Daß er groß und herrisch von Gestalt war und die tiefe, südländische Dunkelheit, die ihm schön auf Haar und Haut lag, empfand sie nur so nebenbei. Seine Augen aber redeten, lockten, schmeichelten, flehten und zwangen.

Das allein wußte sie.

Und so ging sie wie im Traum. Fiebernd von Leben und dennoch wie tot. Gebunden an einen fremden Willen, ohne daß ein Wort zwischen ihnen sprach.

Bis er, der Weiberfahrene, wußte, daß es nur dieses Wortes noch bedurfte zur letzten Lockung über die Schwelle ihres zerfallenden Eigenlebens – bis er das wußte, ließ er nur seine Blicke zu ihr gehen.

Und als die schon fast Besiegte noch mit den letzten leisen Widerständen ihrer reinen Besinnung stritt und haderte, ließ er endlich die Melodie seiner Stimme über sie hingleiten.

Und der purpurne Sammet dieser Stimme hüllte sie von Kopf bis zu Füßen ein, und die Rhythmen ihres Blutes glitten auf den tönenden Wellen dieser Stimme zu den blühenden Gefilden einer köstlich-süßen Vergessenheit, in der sie sich, aus sich selbst aufgelöst, ein gänzlich Neues und Anderes werden fühlte. –

Der aufgewühlte Sturm in ihr wurde nun zu einem sanften Lauschen. Ein Lauschen auf den Chor der Töne, die plötzlich sie umrauschten. So laut war das Leben. Von solch brausendem Reichtum erfüllt.

Nun endlich sah, fühlte und hörte sie es.

Diese eine dunkle Stimme, die in allen Farben des Lebens funkelte und von allen Melodien seiner Tiefe und Unergründlichkeit durchzittert war, diese Stimme wurde ihr die goldne Brücke zu den bebenden Geheimnissen, von denen sie sich so lange umstrickt gefühlt, ohne je den roten Faden in die Hand zu finden, der aus dem verwirrenden Labyrinth seiner verschlungenen Wege zu der mystischen Schwelle seiner heimlichen Tempel führt.

Und das sanfte Lauschen in ihr tastete dunkel und unsicher zu dem letzten Willen des Lebens hin. –

Es war kein Widerstand mehr in ihr.

Das tastende Lauschen in ihr zog sie sanft der Stimme nach, die sie zu dem Willen des Lebens führte.

Sie wandelten zusammen in den üppig blühenden Gärten. Wandelten durch die schwermütigen Dämmerungen der Kirchen. Schauten den Glanz der leuchtenden Pracht, mit der durch die Jahrhunderte her eine stolze Künstlerschaft diese einzige Stadt erfüllt hatte.

Ließen ihre Wünsche und Sehnsucht in die unermeßliche Weite der Adria zu allen Fernen schweifen.

Denn auch der Mann war in einem atemlosen Lauschen befangen. Seine kundigen Hände griffen nicht roh und täppisch nach dem ihm langsam zugleitenden Weibe.

Er genoß in vollen Zügen diese ihm neue Mischung des Liebestrankes, in der die Herbheit noch unzerstörter Keusche mit dem tiefen, bebenden Drange zu allen Rätseln des Blutes sich zu einem köstlichen Rausche mengten, auf dessen Vollendung seine durstigen Lippen mit der gelassenen Geduld des echten Kenners und großen Genießers zu warten verstanden. –

Und eines späten Abends schwamm eine dunkle Gondel auf den nachtschweren Wassern.

Der matte Schimmer, der aus bunten Ampeln über die von vielen Rudern bewegten Wellen huschte, machte das Dunkel der Schatten noch düsterer, die sich tiefschwarz und scharf von den Silberbreiten des Mondes abgrenzten, welche vom schleierblauen Nachthimmel zur Erde fielen und die Silhouette der seltsamen Stadt in bizarre Profile auflöste.

Aus den schwimmenden Gondeln ergoß sich ein Strom von Tönen.

Der weiche Gesang der Mandolinen und Menschenstimmen floß mit dem Wellenspiel des Wassers, der zitternden Unruhe der Kranzgewinde und flatternden Wimpel, dem

schwanken Farbengeleucht der Ampeln zu einem schwellenden Adagio der Bewegung zusammen, das mit seinen wirren
Kreisungen Blut und Sinne zu einer hinreißenden Empfindung schwindelnder Glücksfülle aufglühen ließ.

Elena und der Fremde fuhren abseits des Gedränges.

Ihre Gondel war ohne Kränze und ohne Licht.

Nur innen in der von Vorhängen verdeckten Kabine
brannte eine rote Ampel. Der feurige Schein floß über die
samtenen Kissen der Bänke und ließ das leuchtende Haar
Elenas rotgolden aufglühen.

– Tizians Frauen haben es nicht schöner – sagte die
dunkle Stimme, und die bleiche, vornehme Hand zog mit
einem festen Griff den haltenden Kamm aus den Haaren.

Das goldne Gewirr fiel in üppiger Fülle über die Falten
seines dunklen seidenen Gewandes.

Ein erstickter Schrei des Entzückens kam aus seinem
Munde. Seine Hände wühlten in den duftenden Haarfluten.
Ein sieghaftes Lächeln lag auf den Lippen und überflog das
schöne Antlitz mit einem Ausdruck harter Grausamkeit.

Elena sah es nicht.

Ihr herrlicher Körper ruhte in völliger Auflösung
schrankenloser Hingabe an der Brust des Mannes, dessen
beherrschte Kraft mit langer Geduld dieser Stunde entge-
gengewartet.

Und daß er so lange warten mußte, ließ er sie jetzt in
seinem endlichen Siege spüren, den er mit einer fast rohen
Ungeduld auszukosten bereit war.

Sein erster Kuß überglühte sie mit den dunklen Wellen
wild ausbrechender Leidenschaft.

Elena fühlte, daß dieser Kuß ein Symbol war, hinter dem
eine Unendlichkeit blühender Geheimnisse verschlossen lag.
Geheimnisse, auf welche die Leere ihrer Seele und ihres Blutes mit lauschendem Verlangen wartete. Dieser Kuß war die
Schwelle zu jenem neuen und fremden Leben, das sie gleich-

sam als ihr allereigenstes empfand, zwischen dem und sich selbst aber sie die schwindelnde Tiefe eines Abgrundes ahnte.

– Giordano – stammelte sie und suchte sich seiner Umarmung zu entziehen. Und in diesem Laut und dieser Bewegung lag der ganze schmerzhaft selige Zwiespalt ihres unbehüteten Weibtums. –

Es war weit über Mitternacht, als Elena in ihr Heim zurückkam. Der Schlüssel zitterte in ihrer Hand, als sie die Tür öffnete.

Daß der Ahne nicht aufwachen würde, wußte sie. Aber sie fürchtete sich vor dem ersten Augenblick des Alleinseins mit sich selbst. Hinter dem strömenden Rausch ihres Blutes hörte sie wehe Stimmen raunen, die aus fernen Zeiten und fremden Landen zu kommen schienen, die eben noch die ihren waren und von denen sie sich durch eine glühende Stunde für alle Ewigkeit geschieden fühlte.

Aber noch trug jene rosenumhangene Stunde den Sieg in Händen. Die Nacht nahm ihre Geheimnisse zu ihren dunklen Gestaden, wo Traum und Sein sich zu einem neuen Wissen mischen, vor dem die Gesetze und Klarheiten des Tages sich in Demut neigen und die singenden Brunnen der letzten Wesenstiefe ihren ureigensten Ton hergeben.

Aber grausam kommt der Tag.

Der Tag mit seinen Grenzen und Sicherheiten. Mit seinem harten Ja und Nein. Mit seinem Entweder – Oder, das allem göttlich-seligen Chaos der Nacht ein jähes Ende bereitet. –

Wie täglich ging Elena zu ihrem stillen Winkel an der Piazetta, wo ihre Tauben auf sie warteten. Traumverloren lauschte sie in alle Pracht umher. Seltsamer und tiefer fühlte sie heute dieses alles. Als weite sich jede Schönheit zur Ferne einer Unendlichkeit, die ihr nicht mehr fremd, die die Wellen ihres Ursprungs aus ihrem eigenen Wesen zu nehmen schien.

Und das Rauschen und Flattern um sie her hatte heute einen andern Ton. Als trügen all diese Flügel die Last der

Erinnerungen der letzten Wochen, so wehte es sie heute heiß und erdrückend von ihnen an. Hatte sie doch hier die dunkle Stimme zuerst gehört, deren blutwarmer Klang wie der Duft sammettiefer Violen ihr über die Nerven rieselte.

Und plötzlich wachten die ersten Worte dieser Stimme in ihr auf –

– Göttliche Unschuld – du –

Wie einen Riß fühlte sie die Empörung nach, die sie damals bei diesen Worten durchbebte.

Und jetzt.

Jäh und klar und herrisch überkam sie das Wissen, das allen Traum verlöscht und Wahrheit heischt.

Da wußte sie, wie ganz unrettbar sie sich verloren hatte.

Sie hörte Schritte. Junge, schnelle, federnde Schritte. Gleich würden sie wie täglich um diese Stunde neben ihr sein.

Gleich würde die dunkle Stimme sie mit kosenden Worten wie mit dem Duft purpurner Rosen überschütten.

Wie eine Säule der Erinnerung stand ihr Herz steil und schmerzhaft, und der Wellentanz ihres Blutes schäumte ihr durch die Adern.

Einen Augenblick stand sie starr und hilflos dem lodernden Brande ihrer weitwachen Leidenschaft hingegeben.

Ein Augenblick kreisenden Taumels, der sie sinnlos zu jenen Armen zwang, die ihr entgegeneilten.

Doch ein anderes stand dennoch daneben.

Das, was der Tag schuf und was die Abgründe der Nacht in seinem Licht zu neuer Wahrheit wandelte.

Nein, sie konnte nicht zu diesem Flammenmeer zurück.

Etwas, für das sie keinen Namen hatte, das sie aber als ein Heiliges empfand, das irgendwo aus den stillsten Winkeln ihrer lang umhüteten Jugendreine stark und triebhaft hervorbrach, riß sie jäh aus Traum und Taumel auf.

Eine Sekunde war es – eine Welt stürzte in ihr zusammen.

Und ehe der Fremde um die Biegung der Piazetta kam, war sie hinter den Mauern von San Marco verschwunden.

Mit jagenden Pulsen trat sie in die kühle Dämmerung der Kirche. Sie flüchtete in einen der dunklen Winkel, wo kein störender Blick sie suchen würde.

Der Raum war leer.

Am Altar las ein Priester eine stille Messe. Die vielfachen Bewegungen seines Körpers, ohne daß ein Laut ihnen Sinn und Ziel gab, hatten etwas Schattenhaftes und Wesenloses.

Elena blickte in seltsamer Ergriffenheit zu diesen stummen Gesten hin, die das Leben des Priesters gleichsam in zwei Welten schieden. Seine gotttrunkene Seele schwebte in den Fernen der Ewigkeit, indes sein Körper die Zeichen des Lebens machte, ohne zu den Lauten hinzufinden, die Raum und Zeit erst zur Melodie des Lebens lösen.

So schattenhaft und wesenlos würde fortan ihr Dasein werden. Sie würde die Gesten des Lebens machen, aber ihre Seele würde an Fernen gebannt bleiben, die niemals den Laut der Erlösung haben durften.

Abgeschieden fühlte sie sich von ihrer Vergangenheit und Zukunft zugleich, und der schmale, schwankende Steg der Gegenwart, der beide band, konnte jeden Augenblick unter ihr zusammenbrechen, wenn sich nicht eine Kraft in ihr fand, die eine neue Brücke baute von ihr zum Leben hin.

Alles Junge in ihr erschauerte. Ihre unerfahrene Jugend tastete nach allen Seiten nach einem Ausweg aus ihrer dunklen Not. –

Wird sie den ungeheuren Mut finden, mit der Fülle der Gesichte des glühenden Südens beladen, zu der kühlen Leere des Nordlichtes und der schmerzhaften Leere jenes Irrtums zurückzukehren, den sie in der qualvollen Unwissenheit ihres Blutes für die Erfüllung ihrer jungen Sehnsucht hielt?

Oder wird das lockende Schweigen der dunklen Wasser Venedigs die seligen Geheimnisse ihrer Schuld in seine lautlose Tiefe nehmen zu all den ungezählten Schicksalsschemen, die wie trunkene Träume über seinen schwarzen Wellen raunen.

Trunkene Träume, die so seltsam bannen und rufen.
Und die über das allzu Junge eine tödliche Macht haben.

In der Nacht. Eine Kriegsgeschichte[*]

Die junge Frau kam todmüde von ihrer Arbeit heim.

Drei Tage bei einer großen Wäsche, das spürte man schon in den Gliedern.

Nun galt es schnell noch im eigenen Heim Ordnung schaffen, die beiden Kinder, die eine gütige Nachbarin die Tage bei sich hatte, herbeiholen, das Abendessen bereiten.

Dann aber kam die erlösende Nacht.

Die junge Frau sank mit einem Seufzer der Erleichterung in die Kissen. Aber die schwere Müdigkeit durfte noch nicht Herr über sie werden.

Erst hatte sie noch die täglichen zehn Minuten vor dem Einschlafen zu erleben, die ihrem Mann gehörten, der draussen im Felde stand.

Sie nahm das kleine Bildchen, das an ihrem Bette hing und vertiefte sich in seinem Anblick. Stramm und kräftig stand er da in seiner feldgrauen Tracht. Ja, ja, stark war er und gut dazu, und das konnte man nicht von allen sagen, man hörte mancherlei durch die dünnen Wände der Nachbarn herüber, was wohl auch von Stärke zeugte, aber von Gütigkeit weit entfernt war.

Frau Clara löschte die Kerze, faltete die Hände und betete für den fernen geliebten Mann. – Wo er wohl war. Noch immer in den entsetzlichen Schützengräben, aus welchen er ihr neulich noch schrieb. Er würde sich sicher eine Krankheit holen. Und doch noch besser als zum Krüppel geschossen, wie schon mancher heimkehrte. Sie wollte ihn schon wieder gesund pflegen. Und sie dachte sich so tief in sein Krankenlager hinein, daß ihr die heißen Tränen über die Wangen lie-

---

[*]   Erschienen in der Zeitschrift „Die Frankenwarte" (1915), siehe Quellenverzeichnis.

fen. Und plötzlich kam eine wilde Sehnsucht über ihr armes verlassenes Herz, daß sie aufsprang und an das Bett ihrer zwei Buben eilte. Sie beugte sich über sie und sah ihnen lange in die herzigen, lieben Gesichtchen. Ach der eine war ganz das Ebenbild des Vaters. Dunkles krauses Haar fiel ihm in die Stirn und die Augen waren tief dunkel mit einem leichten Schein von Schalkheit darin. Wie gerne hätte Frau Clara einen Blick in diese Augen getan und schon wollte sie den schlafenden Kleinen mit einer stürmischen Zärtlichkeit an sich reißen, um ihm nur schnell einmal in seines Vaters Augen zu schauen.

Aber sie besann sich doch eines besseren, unterdrückte ihre übergroße Sehnsucht, küßte die rosigen Mündchen ganz zart und ganz leise und schlich sich zu ihrem Lager zurück.

Heute konnte sie den Schlaf nicht so schnell finden, trotz der schmerzhaften Müdigkeit der drei arbeitsharten Tage. Ach nur eine Stunde ihn mal da haben, seine Hand fassen, sein frohes Lachen hören. –
Endlich schlief sie ein.

Und ein glücklicher Traum spielte mit ihren Gedanken. Die Türe öffnete sich und der Ersehnte kam herein wie sonst des Abends. Sie stellte sich schlafend und freute sich, wenn er dann so behutsam sich auskleidete und auf den Zehen umherging, um sie nicht zu stören – und dann – ja – gleich würde er leise an ihr Bett treten, sich über sie beugen und mit einem Kusse wecken.

Da läutete es draußen an der Haustüre, erst leise, dann lauter – der Hans wird schon aufmachen, dachte Clara.

Aber der rührte sich nicht und stand noch immer an ihrem Bett – jetzt gleich würde er – –

Nun aber läutete es so stark draußen, daß Clara erschrocken aus dem Bett sprang und plötzlich inne wurde, daß alles das nur ein lieber Traum gewesen.

„Ich komme ja schon", rief sie hinaus, schlüpfte in einen warmen Mantel und lief zur Tür.

Vorsichtig leuchtete sie mit dem kleinen Nachtlicht durch das Guckloch. Da stand ein großer Mann, ein hageres blasses Gesicht von wildem Haar und Bart umrahmt, blickte sie an. Sie erschrak furchtbar und schlug das kleine Gucklochfenster zu.

„Was solls denn", frug sie mit zitternder Stimme.

„Kennst mich nicht, Clara – bin doch der Hans – mach auf, laß mich ein", sagte eine krächzende raue Stimme.

Da wurde Frau Clara aber sehr böse. „Das kann jeder sagen", rief sie zornig, „mein Mann ist weit draußen in Flandern, hatte vorgestern erst einen Brief von ihm, und mein Hans ist auch ein anderer Kerl."

„Aber Clara", sagte die raue Stimme und ein paar wilde, rot geränderte Augen blickten sie nun ganz nahe, an das Glas der Türe gedrückt, an.

Da schrie Clara laut auf, lief in ihr Zimmer und schloß die Türe zweimal zu.

Voll Zorn und Angst und Schrecken kroch sie ins warme Bett, duckte sich in die Kissen und schloß die Augen fest und wollte weiter träumen, der Traum war zu schön gewesen – wo war sie doch stehen geblieben – ja eben wollte der Hans –

Aber der schöne Traum kehrte nicht wieder, die harte Wirklichkeit hatte ihn verscheucht, lauter böse wilde Bilder störten sie die ganze Nacht und müder als sie sich gelegt, wachte sie andern Tages auf. Sie fühlte noch immer den schönen Traum im Herzen. Das Erlebnis an der Türe schien ihr mehr ein Traum als der wirkliche Traum.

„So ein Kerl, so ein unverschämter – so die Nachtruhe der Leute zu stören", sagte sie vor sich hin und hantierte im Zimmer und Küche, froh, wieder einmal im eigenen Heim arbeiten zu können. Das gute Mal stand auf dem Tisch. Die Kinder standen erwartungsvoll davor. „Da wenn der Vater mitessen könnt, grad sein Leibessen ist es", sagte Frau Clara und wischte eine Träne von den Augen.

Da läutete es wieder. Sie ging eilends zur Tür.

„Diesmal bin ichs aber wirklich", sagte eine raue Stimme. „Hans – Hans", schrie Clara auf und lag weinend und lachend in des Mannes Armen. „Vater", schrien die Kinder.

„Wolltest mir gar nit glauben heut Nacht."

„Aber wie schaust du auch aus, jetzt bist nicht mehr ganz so wild anzuschauen, aber wo kommst denn her, bist verwundet?" rief Clara erschrocken.

„Nicht gar schlimm. Kam gerade aus 'm Zug zu dir, darf mich nur eine kurze Zeit erholen, wolltest mich aber gar nicht mehr."

„O du – hatte grad so schön von dir geträumt und mich nach dir gesehnt, und da stehst vor der Tür und ich laß dich nicht ein – fürchterlich kommts mir jetzt vor, hätte dich die Nacht schon bei mir haben und pflegen können. Siehst bös mitgenommen aus, armer Kerl."

„Bist auch sicher, daß ichs bin?" sagte Hans mit fröhlichem Lachen. Und lange noch neckte er sie mit dem Hans, der doch ein ganz anderer Kerl war als er.

Und sie lachten noch oft über diesen Spaß in böser Zeit.

So hat auch der Krieg seinen grimmen Humor, denn dieses ist eine wahre Geschichte.

Der Fremdling*

Für jede Seele ist die Liebe eine andere Landschaft. Für eine ist sie das ewig lachende Blaumeer, von schwellenden Düften fremder Blüten umströmt.

Eine schaut in keusche Waldhöhen, wo die warmen Schatten hochragender Wipfel um das tiefe Einauge eines stillen Sees spielen.

Andere starren in das Chaos aufeinandergehäuften Felsengeklüftes, das, von glühenden Sonnenbränden überschwellt, nie zu einer reinen Linie sich entwirrt.

Schluchten gibt es in den Tälern der Liebe, die nie zu einem Ausgang führen.

Abgründe, die, von geil wuchernder Schönheit umstellt, mit geheimnisvoller Lockung ihre Opfer zu sich heranholen, um an ihrem Rande nur noch Raum für einen einzigen Schritt, den Schritt des Todes, zu finden.

Nur auf den ragenden Gipfeln der Höhe blüht jene Reine der Liebe, die aus der Ewigkeit des Lebens flutet, die in der Unendlichkeit ihres Wellenganges, den tausendfachen Brechungen ihrer Flammen und ihres Lichtes aller Melodien Widerhalle in sich birgt und wandelt, die dem Urschoße des Seins entquellen.

In den schwärenden Niederungen aber wächst das ruchlose Gift, das, mit dem Blendglanz brünstiger Farben den Hauch des Todes überdeckt, jenes bitteren Todes, der die Seele, unerlöst von Leben und Liebe, zu den Schatten der Ewig-Wandernden verstößt. –

---

*   Aus „Erotische Novellen" (1919), siehe Quellenverzeichnis.
**   Dieser Text enthält Schilderungen, die belastend oder retraumatisierend auf Leser:innen wirken können!

Armer Fremdling, der du, von einem falschen Lichte geblendet, vom trüben Willen krank getönten Blutes zu diesen Niedrungen deine Lockung fühlst. –

Er war ein Fremdling.

Seltsam züngelte in ihm die Lust nach dem jungen, keuschen, heißen Erschrecken des ersten Aufflammens im Blut und Blick des Weibes.

Tage- und wochenlang konnte er eine der ganz Jungen verfolgen. Ihre sanfte Ahnungslosigkeit und spröde Herbheit reizten ihn zu einer wahnwitzigen Sucht. Er spielte und umwarb die schlafende Knospe mit raffinierter Zielsicherheit und schmeichelnder List. Und hatte er eine der flatternden bunten Lichtseelen grausam erhascht wie einen fliehenden Schmetterling – dann hatte seine fiebernde, kranke Spannung den höchsten Grad erreicht.

Denn nun galt es ihm, die endlich erhaschte Keuschheit mutwillig zu zerstören, alle ruhenden Impulse mit grausamer Wollust zu wecken, und wenn die gemarterte Natur endlich zu dem Schauer der Erkenntnis erwachte und die erste Süßigkeit des Verlangens und der Sehnsucht im trunken gewordenen Blute aufglomm –

Dann kam seine Sekunde krankhafter Erregung und Entspannung zugleich, – wenn er dieser jungen, keuschen, von seinem Gifte vorzeitig entbrannten Weibesseele den Dolch der Entsagung mitten in das auflohende Verlangen stoßen konnte.

– Ach – sagte er – in allen Pulsen bebend – geh, ich verachte dich – ich wollte dich nur prüfen, wie weit ich dich bringen konnte.

Und das Zusammenbrechen des in seiner Scham und Qual vergehenden Geschöpfes – das war ihm dann das Allerletzte, das er zu seinem aufgewühlten Leidenschaftsgenusse brauchte.

Mit vielen trieb er so sein rohes Weidwerk.

Immer lüsterner wurde seine Erwartung auf die neue Variante des kommenden Spieles.

Und eines Tages hatte er eine gefunden, die schlug ihn mitten ins Gesicht und stürzte mit einem wilden Fluch aus dem Zimmer hinaus.

Er lachte laut auf. Das war doch einmal etwas ganz Neues.

Was würde weiter noch möglich sein? Er harrte in krankhafter Spannung auf kommende Sensationen.

Da fand er sie.

Die ganz noch Unerblühte.

Auf dem Friedhof war es. Sie lehnte am Grabe der Mutter.

Aus der Dunkelheit des Gewandes leuchtete ihre sanfte Lieblichkeit wie eine Lilie auf.

Er stand wie gebannt. Diese aufgelöste Hingegebenheit an sich reißen, diese schwermütige Müdigkeit aufstacheln, diese im Schmerz erstarrten Augen aufglühen machen im Taumel des erwachenden Rausches –

Er nahm die Rose von seiner Brust, trat zu ihr hin und reichte sie ihr.

Spontan, wie im Traum griff sie danach.

Er hielt sanft ihre Hand und sah ihr in die Augen.

Dann ging er.

Sie legte die Rose auf das Grab, und sein Bild entfiel ihrer Seele.

– Sie sind allein – sagte er am nächsten Tage, und seine Worte hatten den weichen, bebenden Klang tiefer Ergriffenheit.

– Ganz allein – entgegnete sie mit leiser, verlöschender Stimme. Ihr Blick hing leer in dem seinen, und als er an ihr vorüber war, wußte sie nichts mehr von ihm.

Doch er kam täglich, und täglich fand er sie zerbrochen und hilflos unter der Qual der lastenden Einsamkeit.

Er grüßte sie tief und eindringlich. Sagte ein Wort der Frage, des Trostes, bis sie ihn allgemach wie den Schatten ihres Schmerzes empfand, der überall mit ihr war.

Da nahm er eines Tages ihren Arm, legte ihn in den seinen und führte sie von dem Altare ihres Leides weg, hinaus zu den blühenden Gärten des Lebens.

Langsam, ganz langsam, Schritt um Schritt gelang es ihm, Augen und Ohren wieder willig zu machen, anderes zu sehen als immer nur den Schmerz, anderes zu hören als nur die Klage.

Aber je länger es dauerte und je schwerer es ihm wurde, sie über die geweihte Schwelle des Todes hinweg zu überreden, um die Tore zu den Gefilden des Lebens so leise und unhörbar vor ihr zu öffnen, daß sie eines Tages, geblendet vom ungewohnten Licht, in tiefen Schauern erbebte, – desto straffer spannte sich seine kranke Lust, diese makellose Lilienreine an der Brandfackel der Leidenschaft aufglühen und ersterben zu sehen.

Immer enger umkreiste er sie mit den Lockungen und Verderbungen seines bösen Willens, und jeder Schritt, der sie näher zu dem Abgrunde heranführte, erfüllte seine lauernde Lust mit dämonischer Freude.

Und endlich hatte er sie so weit gebracht, daß die Schauer der Leidenschaft über sie hinflogen wie Sommerwinde über bebendes Espenlaub, und ihre kühle Stille an dem wilden Feuer seiner Lockungen zersprang wie feines, klirrendes Glas. Alle Türen der Erwartungen öffneten sich weit in ihr, um alle Holdheit der Liebe aufzunehmen, die sie zu dieser Schwelle gebracht. Konnte anderes als Liebe so führen wollen?

Und da stieß er auch ihr den scharfen Dolch der Verachtung mitten in die aufblühende Knospe ihres keuschen Weibtums.

Das jähe Erbleichen, das furchtbare Erschrecken, die hilflose Verwirrung, die über sie herfielen, und das eben noch in aller Süße der erwachenden Liebe wie von einem Mantel der Schönheit umhüllte, urplötzlich in ein Chaos widersprechendster Empfindungen verstrickte Geschöpf gab dem Versucher diesmal den wildesten Siegesrausch, und, von seinem perversen Triumphgefühl verzückt, überließ er die Einsame allen Qualen der Scham und Verzweiflung. –

Andern Tages las er in den Zeitungen, daß sie durch einen Sturz aus dem Fenster ihrem Leben ein Ende gemacht. Da zog es ihn, wie den Mörder, unwiderstehlich zu der Toten hin.

Von hohen Kerzen umstrahlt, von einem blühenden Garten umstellt, fand er sie in der Totenhalle.

Der zerbrochene Körper lag von zarten Spitzengeweben verhüllt. Das holde Angesicht war unversehrt und die keusche Lilienschönheit von einem tiefen inneren Leuchten durchstrahlt, als habe die fliehende Seele dem Körper für einen seligen Augenblick den Hauch ihrer Göttlichkeit zurückgelassen.

Der Fremdling schaute starr und finster in dieses königliche Antlitz, das, erlöst von dem Zwange seiner Erdhaftigkeit, in kristallener Reinheit erstrahlte.

Scharf wie ein Dolch stieß diese Reinheit in seine Finsternis. Und ein jähes Erkennen durchbrach die Schranken seiner entgöttlichten Welt.

Sein harter Wille brach zusammen, und wie ein wüster Trümmerhaufen überstürzten ihn die furchtbaren Erinnerungen seiner Tage und Nächte und schlugen ihm alle wilde Macht aus den zitternden Händen.

Sein Leben hatte plötzlich jeden Sinn verloren.

Und er gab sich den Tod.

Aber es war jener bittre Tod, der die Seele, unerlöst von Leben und Liebe, zu den Schatten der Ewig-Wandernden verstößt.

In der Dämmerung*

Hat nicht die Dämmerung etwas Auflösendes?
Die Grenzen der Wirklichkeit verschieben sich. Heute
und morgen sind nicht mehr; nur die Zeit, das große Reser-
voir allen Geschehens, umbraust die Ufer des Bewußtseins.
Doppelt aufgelöst zu sich selbst und uferlos im Empfinden
wird diese Zeitgleiche zwischen Tag und Nächten dem sich
ihr Hingebenden, wenn die goldnen Tropfen des Weines die
letzten Kreise des Zwanges sprengen, in den jedes Leben
durch die Wirklichkeit seines Berufes, seiner Stellung und
Wesensart eingekettet ist.

So aufgelöst zu sich selbst und gegeneinander saßen die
vier Männer in der Stunde des verebbenden Lichtes eines
Spätherbstabends in dem traulichen Raum eines honigbraun
getäfelten Trinkstübchens beisammen.

Der letzte Abendschein fiel durch die bunten Fenster
auf die dunkle Diele. Im Kamin knisterten die ersten Holz-
scheite und machten die uralten Zinnkrüge und hohen Glas-
römer auf den Paneelen förmlich jung und verführerisch.

Etwas stillos, aber bequem waren vier weiträumige Klub-
sessel um den runden Tisch geschoben, der aus dem Winkel
der an der einen Wand zusammenlaufenden, lederbezogenen
Bänke in die Mitte des Raumes gerückt war.

Denn die Vier, die da gemütlich und in wohliger Gelöst-
heit des Körpers und Geistes um Tisch und Weinhumpen
saßen, waren die Jüngsten nicht mehr und wußten die Stil-
losigkeit dieser geruhsamen Bequemlichkeit ihrer Niederlas-
sung aus dem vollgerüttelten Maß ihrer Abspannung und
Ermüdung heraus gründlich zu genießen.

---

* Aus „Erotische Novellen" (1919), siehe Quellenverzeichnis.

Das Lüsterweibchen an der Decke allerdings grinste ein wenig verächtlich aus sie herab, aber das genierte die alten Herren nicht weiter. Nach der großen Ferienpause saßen sie nun wie alljährlich wieder für Herbst und Winter um diese Abendstunde zusammen. Genossen die Dämmerung, so lang es irgend ging, denn sie wußten um den tiefen, süßen Zauber ihrer auflösenden und zugleich die Letztheiten der Seele aufregenden Macht. –

Der Hausherr schenkte die grüngoldnen Prunkrömer voll, und der köstliche Duft des sonnenschweren Weines ergoß sich wie eine feintönige Lust in den Raum und gab den erschlafften Nerven jene wohlige Spannung und sanfte Vibration, die in einem huschenden Augenblick das vom Tag und der Wirklichkeit zerquälte Ich zur Tiefe seines eigenen verschobenen Mittelpunktes zurückführt.

Die Vier ergriffen die Gläser und ließen sie mit den behutsamen Händen des Alters aneinanderklirren; in ihren Augen zitterte schon das leise Flimmern der Verträumtheit, die, aus dem Dufte des goldnen Trankes aufsteigend, in dem Sonne und Erde in glühenden Melodien zusammenschwingen, auch die verkümmerte Seele zu Rausch, Feuer und Jugend aufblühen läßt.

Und diese hier gehörten nicht zu den Verkümmerten.

An freien, weiten Horizonten lasen sie die Zeichen ihrer Lebensuhren ab und blickten auf ihren Weg zurück wie in einen Kelch voll tiefer, hinreißender Erinnerungen. Ihrer drei waren berühmte Koryphäen der Medizin, der vierte ein Künstler.

– Und nun, Freunde, was soll es diesmal sein – sagte der Hausherr. – Weißes, seidenweiches Haar hing ihm in schönen Locken silbern um das edle Apolloantlitz. Die Augen leuchteten in blitzendem Blau. Der Mund, in sinnlich geschwungenen großen Linien, sprach von dionysischen Festen, über denen aber die Weisheitsrunen der hohen, freien Stirn ihre sichere Zügelung ausstrahlten.

– Was soll es diesmal sein – fragte er mit der runden, festen Stimme bewußt zusammengehaltener Kraft.

Sie stellten sich immer ein Thema für diese, dem trunkenen Gotte geweihten Stunden.

– Eh – sagte der Zweitälteste – unsere Reisebilder sind abgenutzt.

– Unsere Jugenderinnerungen kennen wir so ziemlich auswendig – meinte schalkhaft lächelnd der dritte.

– Nun – sagte der Künstler – und was bleibt ewig jung neben Wein und Gesang?

– Ha – das ewige Lied vom Weibe – von der Liebe – der Leidenschaft.

– Nun wohl, Freunde. Es sei. Da Liebe, Weib und Leidenschaft unerschöpflich sind, ist dieser Dreiklang wie das Leben selbst. Das Weib zumal, wir können es von tausend Seiten anfassen. Es ist immer neu – entschlüpft unseren Händen und ist immer wieder da.

– Ob wir dem Weibe auch so interessant sind als es uns? – fragte der Geheimrat B., von dessen rot umhauchtem Kopf und Bartwuchs und ebenso rötlich angehauchtem frischem Altersgesicht eine seltsam vibrierende Beweglichkeit ausströmte, die jeden Augenblick zu gefährlicher Entladung kommen konnte.

– Das glaube ich nicht – entgegnete Hofrat von M., das Weib sieht uns nur aus dem einen Punkte, aus dem all sein Ach und Oh zu kurieren ist – während wir das ganze Spektrum seiner inneren und äußeren Strukturen überblicken und durchschauen. –

– Hm – durchschauen und überblicken. – Der Maler fuhr sich mit der weißen, sinnlich weichen, wohlgeformten Hand durch das dichte, immer noch schwarze Haar, schob die schwere, brutale Unterlippe vor, und in seinen dunkel aufglühenden Augen funkelte eine fast wilde Lebensgier.

– Durchschauen – er tat einen großen Zug aus dem Römer.

– Mag sein, für euch Männer der Wissenschaft – wir Künstler kennen sie anders – unseren Sinnen ein ewiger Durst – unserem Geiste ein ewiges Rätsel – Lust und Qual zugleich – Fluch und Segen – immer da und doch nie zu greifen, ein leerer Raum, in den wir unsere eigenen Sehnsüchte und Bejahungen hineinprojizieren. –

– Wohl – es sei das Weib – sagte der Hausherr, mit milder Stimme die Bitternis des andern vor sich hertreibend.

– Aber nicht unsere eigenen Erlebnisse – die wir wohl alle schon so ziemlich miteinander durchlebten – und an Neuem – meinte er mit bittersüßem Sarkasmus – wird wohl nicht viel Bedeutsames dazugekommen sein in Anbetracht unserer –

Der Künstler erhob das Glas – er konnte den Ton vom Altern nicht in seinen Ohren leiden, für ihn war die Zeit nichts, das Leben alles, und mit der Intensität seines Künstlerblutes fühlte er sich jenseits von Jugend und Alter in gleichem Rhythmus seiner selbst zu allem umher.

Die andern tranken und schmunzelten gütig und nachsichtig mit dem, was sie als seine Schwäche belächelten, im letzten Grunde indes als etwas sehr Starkes und Beneidenswertes empfanden.

– Also – nahm der Hausherr das Wort. Also vom Weibe, was wir Seltsames von ihm erfuhren durch das Medium des Andern – er sei Freund oder Feind. –

– Ihr Ärzte habt da leichtes Spiel. Ihr braucht nur hineinzugreifen ins volle Erfahren – nun, so beginne einer von euch. Aber etwas ganz Besonderes muß es sein, das unserem Rauschstündlein eine grause oder feine Würze gibt.

– Dann ist's an dir, zu beginnen – meinte der Hausherr und klang sein Glas an das des Rothaarigen an – du, der Hüter an den Toren des Wahnsinns, wirst wohl vom Besonderen das Besonderste zu sagen haben. –

Der Rothaarige erhob sich und ging zum Kamin. Er sprach am liebsten stehend. Mit seinen hageren, stark blau geäderten Händen spielte er einige Augenblicke im langen, wohlgepflegten Barte, in dessen Dickicht sich die schlängelnden Wellenspiele seines zynischen Lächelns unmerklich verloren.

Lag nicht vor ihm der ganze Wust und Abfall aus der ungeheuren Werkstatt des Lebens, dem gegenüber eine gewisse steinerne Brutalität der Anschauung die einzige Sicherung der eigenen Identität blieb, wenn auch den armen Opfern gegenüber ihm immer wieder die Quellen des wissenden Mitleids aufsprangen?

– Je nun – sagte er nach einer Weile. – Ihr wollt bei mir das Gruseln fühlen, jenes angenehme Gruseln, das kalt über den Rücken der andern läuft, während wir hübsch im Warmen sitzen. Ihr sollt es haben –

– Eh – warte ein wenig, fiel der Künstler ein. Der Geheimrat runzelte ärgerlich die Stirn.

– Laß deine Geschichte einen Namen haben –

– Wozu – fragte der Rothaar, und ein eigensinniger Zug zuckte um seinen Mund; er, der Alleinherrscher in seinem traurigen Reiche war es nicht gewohnt, unterbrochen zu werden, noch irgendeine Direktion anzunehmen.

– Der Name ist viel. Er ist gleichsam der embryonale Punkt, von dem das Geschehen ausgeht, und konzentriert die Aufmerksamkeit, die sonst in zu vielen Strahlen der Erwartung auseinanderläuft – für meine Bilder muß ich immer einen Namen nehmen, ehe ich anfange, –

– Na also – nun, so einfach ist's ja doch nicht – der Rote nagte einige Minuten an seiner vorgeschobenen Unterlippe. – Na – sagen wir meinetwegen – das rote Lachen –

– Ha – famos – sagte der Künstler und reckte sich in seinem Sessel zur weitreichendsten Bequemlichkeit aus.

– Nun aber – Mund halten – rief der Hausherr mit liebenswürdiger Stimme.

– Es ist also natürlich, daß uns Irrenhäuslern –

Alle lachten auf.

– Nun – stecken wir etwa nicht auch mit drin? – Also, daß uns der seltsamen Dinge seltsamste, der dunklen dunkelste zu Ohren, Augen und Händen kommen. – War da eine Familie, ehrbar bis zur Prüderie, normal bis zur Philisterhaftigkeit. Die hatte eine Tochter. Schön, voll Temperament – wo sie das her hatte, habe ich nie ergründet. Ich kannte den reichen Kommerzienrat von einer Reise her und war dadurch in eine lockere Beziehung zu seinem Hause gekommen. Die Tochter fiel auf. War viel umworben. Lebte das übliche Leben einer *filia domestica**, und alles ging scheinbar seinen vorschriftsmäßigen Gang. Man wartete gespannt auf den kommenden Mann. Der aber eben nicht kommen wollte. Trotz Geld – trotz Schönheit; es war schier unbegreiflich. Da bemerkte ich eines Tages, daß dem Mädchen etwas zur Erde fiel und sie es errötend aufhob und in größter Verlegenheit nicht wußte, wohin damit. Da wir gerade allein waren, sagte ich: „Aber Kata, vor einem Arzte braucht man nichts zu verbergen; was ist es denn, das Sie so erregt?" Und ich nahm ihre feine, weiße Hand, öffnete die widerstrebende kleine Faust, und was war es? – nichts als eine ganz kleine, zarte Flocke von rosaroter Watte. Da erschrak ich auch ein wenig. Schaute zu den hübschen, zierlichen Ohren und wußte genug. Ein schwerer Tropfen grünlichen Eiters quoll langsam darin hervor. Kata fing meinen Blick auf, steckte schnell das Wattebäuschchen hinein und ging tief errötend rasch aus dem Zimmer.

Da wurde mir ein wenig angst um das Mädchen. Feuer und Flamme im Blut und Rasse in den Nerven und dieses Übel, das auf schwere innere Störung schließen ließ und jederzeit bemerkbar werden konnte. Und ich verstand, wie dieses reizende, kleine Ohr den in alles übrige verliebten Mann stutzig und plötzlich abwendig machen konnte. Arme Kata – dachte ich. Vergaß sie aber dann über der Menge noch

---

*   Lat. Haustochter.

schwererer Fälle um so schneller, als die Familie für längere Zeit auf Reisen ging, weit in den Süden hinein, wohl in der Absicht und Hoffnung, dort eher zu dem Ziele zu gelangen, das sie für die einzige Erbtochter erstreben mußten.

So vergingen einige Jahre. Die Familie war mir völlig aus dem Sinn gekommen. – Da wurde ich eines Tages telephonisch angerufen und um schleunigstes Kommen gebeten.

Ich grübelte vergeblich auf der Hinfahrt, was dieser angstvolle Ruf zu bedeuten habe, wem in dieser normalen Dutzendfamilie Blut oder Geist so zu Kopf gestiegen sein mochte, daß sie meiner abseitigen Kunst bedurften.

Da kam mir plötzlich jene kleine Szene zurück. Aha – Kata – dachte ich.

Und so war es auch.

Ich fand das ganze Haus in wilder Verstörtheit.

Aus einem der Räume schrillte ein furchtbares Lachen her. Jenes hohe, kreischende, stiere, leere Lachen des Wahnsinns, das selbst uns noch an die Nerven greift.

Die gänzlich gebrochene Mutter lag in einer Ohnmacht in ihrem Zimmer.

Der Kommerzienrat führte mich mit zitternden Füßen zu der Tochter. Als ich über die Schwelle trat, riß sich Kata von der sie haltenden Krankenschwester los, flog mit plötzlich sonnig heiterem Gesicht auf mich zu.

– Bist du es endlich, Paolo – rief sie und stürzte mir an die Brust. –

– Um Gottes willen, sprechen Sie nicht – flüsterte mir der Vater zu –

Aber ich mußte endlich reden, um mich den rasenden Umarmungen zu entziehen. –

– Kata – liebes Kind – sagte ich voll Mitleid in Herz und Stimme. Aber kaum war mir der erste Ton entschlüpft, als die Kranke voll Abscheu mich von sich stieß. –

– Wo ist Paolo – was habt ihr mit ihm gemacht? – und wieder brach sie in gellende Lachkrämpfe aus. Ich sah in ein von Wut und Leidenschaft zerstörtes Gesicht, alle Schönheit war erloschen, die einst so feinen Linien ins Vulgäre und Rohe zerfallen.

Die Krankenschwester versuchte, die sich ihr immer wieder entwindende Gestalt zu fassen.

Mir war es ein leichtes, das zart gebaute Geschöpf in die Arme zu nehmen und in mein Auto zu tragen.

Der Vater stieg mit ein.

Ich nahm Kata mit einer Hand fest an meine Seite, mit der andern hielt ich ihre beiden Arme umfaßt. Eine Weile blieb sie so ganz still. Kaum aber lockerte ich ein wenig den festen Griff um sie, riß sie sich los, schlug gegen das Fenster, gellte ihr Lachen wieder auf, und zwischenhinein überschüttete sie mich mit einer Flut gemeinster Worte und lasziver Beschimpfungen.

Ich fing sie wieder ein.

Der arme Vater lag schluchzend in einen Winkel des Wagens gedrückt.

In der Anstalt empfing uns einer der Assistenzärzte und der Wärter. Kata riß sich jäh von mir los, flog dem Wärter in die Arme – Paolo, bist – du's – sprich, Paolo, –

– Kein Wort – raunte ich dem Manne zu –

So konnten wir sie, eng an den Wärter geschmiegt, schmeichelnde Liebesworte in sein Ohr flüsternd, zur Zelle bringen. –

In meinem Kabinett erzählte mir der Vater die traurige Geschichte.

Durch Italien und Spanien hatten sie die schöne Tochter geführt. Überall fand sie Bewunderer und Bewerber, die aber alle plötzlich, scheinbar ohne jeden Grund, wieder absprangen.

Kata wurde nervös. Unruhig, aufgeregt fing sie ihrerseits nun an, den Männern entgegenzukommen. Das sonst so zarte, scheue Geschöpf wurde kokett, herausfordernd, ja zudringlich. Verliebte sich dann bis zur Raserei in einen feurigen spanischen Sänger, der ihre Koketterien erwiderte und die erotisch aufs Äußerste gespannten Nerven mit raffiniertem Spiel so aufreizte, daß eine Entladung kommen mußte. Eines Nachts – sie lebten in einem Hotel – ging Kata zu ihm ins Zimmer und warf sich ihm an den Hals.

Der Rohling führte sie kaltlächelnd zur Tür. –

Daß da der Wahnsinn seinen Keim empfing, war nur zu begreiflich. –

Und so wurde sie einige Zeit meine Gefangene.

Schritt um Schritt verblich der letzte Rest ihrer Schönheit, blieb nur noch das menschliche Gerüst, aus dem ein tierisches Antlitz, in einem grauenvollen Lachen verzerrt, herausblickte. Dieses furchtbare Lachen des heißen, dürstenden, betrogenen Blutes – das rote Lachen des entfesselten Dämons der Leidenschaft – es gellt mir noch heute in den Ohren, doppelt furchtbar, da es aus dem Munde eines einst feinen, schönen und keuschen Weibes kam. – Dieser Furor raffte sie schnell dahin, noch ehe das andere Leiden sein tödliches Stadium erreicht hatte. –

Die Männer schwiegen.

– Da kann einem wirklich der Grusel kommen – sagte der Künstler. – Konnte das arme Wesen nicht früher gerettet werden – sich selbst retten?

– Als sie es versuchte, bekam es ihr schlecht – sagte der Hofrat mit einem schiefen Lächeln in den Mundwinkeln.

– Da war es zu spät, früher hätte es sich über Sitte und Gesellschaftsmoral hinwegsetzen, das Schicksal selbst in die Hand nehmen sollen. –

– Das Weib – sein Schicksal in die Hand nehmen, wäre das wünschbar? – warf der Hausherr ein.

– Nein – rief der Rote und schlug derb mit der Hand auf den Tisch. Das Weib ist durch seine besondere Physis absolut eine Schicksalsgebundene –

– Und muß es bleiben – sagte der Hausherr, muß es unerbittlich bleiben um des Kindes willen. –

– Ihr Ärzte seid die ewig Grausamen – rief der Künstler.

– Wehe der Menschheit, wenn wir es nicht mehr wären – antwortete der Rote, füllte seinen Römer und trank ihn in einem Zuge aus, und seine Augen, die in der Erinnerung seltsam weich geworden waren, hatten wieder ihren harten, herrischen Glanz. –

– Diese Grenzfragen zwischen den Geschlechtern werden wohl bis zum Weltuntergange der *circulus vitiosus*** blei-ben, aus dem es kein Entrinnen gibt – sagte der Hofrat – und es ist auch gut so. Eine zu glatte Rechnung höbe mit einem Male alle jene erotischen Konflikte auf, aus denen das Tragi-sche des Lebens erwächst, und wollten wir aus dem Leben wirklich lieber eine lieblich plätschernde Komödie mit obli-gatem Ja und Amen machen?

– Nee – das wäre denn doch zu öde – meinte der Künst-ler.

– Na also – lassen wir dem Weibe seine Rätsel und uns – die Lösungen.

– Du ewiger Zyniker mit den Lippen – wenn wir dich nicht anders im Handeln kennten.

– Aber nun deine Geschichte – die dir sicher schon auf der Zungenspitze liegt.

– Allerdings, mir kommt da eine Erinnerung, die eben hierher paßt – tragisch – grausam – gute Illustration zu dem Thema: soll das Weib sein Schicksal selbst in die Hand neh-men?

– Also los – rief der Künstler – wie soll sie heißen?

– Der Titel gibt sich ohne langes Besinnen – Rache um Rache.

– Das kann ja gut werden – meinte der Künstler und streckte sich, mit allen Fibern lauschend, wieder zu seiner vollen Länge aus. –

---

*   Lat. Teufelskreis.

– Die Geschichte ist kurz – aber dafür gibt es einen Pistolenschuß darin, so kommt ihr auf eure Rechnung. Der Hofrat grinste ein wenig boshaft zu dem Künstler hin, fuhr sich mit einer kreisförmigen Bewegung der Hand über die mächtige Glatze, als suche sie dort nach einst so schön Vorhandenem. Die Hand fiel enttäuscht herab, und der große, beredsame Mund trat in sein Recht.

– In der hellen, grünen Jugend war es. In der Zeit, wo gewisse Grenzfragen zwischen Ihm und Ihr uns vulkanisch zu bedrängen anfangen. Wo Elternhaus und Schule die stärksten Wälle gegen diese drohenden Explosionen um uns aufbauen in Form von scharfen Imperativen und drohenden Pönitenzen*, die wir natürlich mit um so listigeren Heimlichkeiten und gereizterer Zielsicherheit beantworteten – just wie sie selbst es taten – einst im Mai.

Nun – wir Schelme wissen es ja, wie es ging. Der nächtliche Fenstersprung, die frisch geölte Tür – die Stiefel in der Hand, und was so weiter zu dieser, wie es scheint, naturgewollten Problematik der grünen Zeit gehört.

Also, so saßen wir denn endlich glücklich in der Spelunke, einem kleinen, dunstigen Bierlokal. Der Rauch der verbotenen Zigarre lag dick und wohlig über unserem mehr oder weniger bedrückten Gewissen. In diesem blauen Dunst, den wir uns selbst vormachten, schien das Leben in herrlicher Endlosigkeit vor uns zu liegen. Die Tische waren an die Wand gerückt, in den Bänken darum hockten wir bierselig und furchtbar neugierig, denn heute abend sollte die blaue Dame kommen, mit deren Liebreiz und Holdseligkeit uns der älteste der Bande schon die ganze Woche her Kopf und Nerven aufgeregt hatte.

In der Mitte des Zimmers war Platz gemacht zum Tanze, und auf einem kleinen, fast am Plafond* klebenden Bal-

---

*   Strafen.
*   Franz. Zimmerdecke.

kon saßen einige Musikanten. Die Fenster waren dick verhangen, so daß nach außen nichts Verdächtiges zu vernehmen war.

Endlich tat sich die Tür auf, und die Blaue trat ein.

Hoch, schlank, von süßester Blondheit im knisternden, blauen Seidenkleid, das ihr den Namen gegeben.

Alle erhoben sich neugierig. Die Mutigsten gingen ihr entgegen, und mit übersprudelnder Liebenswürdigkeit erwiderte sie Händedruck und andrängende Gesten.

Ich saß voll Neid in meinem Winkel, viel zu schüchtern vor allem, was lange Haare hatte –

Ein etwas boshaftes Kichern unterbrach für einige Sekunden den Redner.

– Einst im Mai – ist längst vorbei – parierte er kühl die Anzüglichkeit.

– Also ich saß voll Neid und Sehnsucht in meinem Winkel und sah giftgeschwollenen Herzens, wie sich alles zu der blauen Schönheit drängte, wie sie allen eine Zusage für den Tanz gab und die anderen holden Mägdlein mit wutgefüllten Augen auf die Wallfahrt von ihnen weg blickten, dann aber süßsauren Antlitzes doch die Brosamen annahmen, die ihnen zufielen. Bald vergaßen sich alle im Tanz, Geplauder und Getränk, und die Stimmung stand ziemlich hoch, als sich wieder die Tür öffnete.

Alles sah verblüfft und erschreckt auf, da wir uns vollzählig wußten. Aber es war keine Gefahr. Ein flotter Student war es, der eintrat, einen schnellen Blick über die Anwesenden warf, sich an einen der Tische setzte und eine Flasche Wein bestellte.

Nun hatte die allgemeine Aufmerksamkeit zwei Schwerpunkte erhalten. Besonders als man merkte, daß zwischen der blauen Dame und dem Studenten eine Beziehung bestand. Sein suchendes Auge blieb an ihr haften. Sie erbleichte und warf ihm dann einen kalten, höhnischen Blick zu. Dann tanzte, lachte und schäkerte sie wieder wie vordem, und es

war ein Locken und Werben um sie her, das wie ein Rosen-
rausch den grünen Jungen zu Kopfe stieg.

Ich saß noch immer in meinem Winkel und entschädigte
mich für meine ungewollte und doch nicht zu durchbre-
chende Isolierung mit der scharfen Beobachtung des ringsum Vorgehenden.

Es war spät geworden. Die Atmosphäre von Rauch, Bier
und Tanzechauffement aufs äußerste gespannt. Die jungen
Männer, die ja meist noch Knaben waren, saßen mit auf-
gedunsenen Gesichtern, rauchend und trinkend in recht
aufgelösten Stellungen neben der jeweilig zur Kurzweil Er-
korenen, und viel Kluges wird damals wohl kaum über ihre
schon etwas angebarteten Lippen gekommen sein.

Der Student saß blaß und versonnen bei seinem Weine,
stützte den Kopf in die Hand und blickte unausgesetzt zu
der Blauen hinüber, die sich so gesetzt hatte, daß ein gefähr-
liches Augenspiel zwischen ihnen hin und her gehen konnte.
Sie kokettierte so wahl- und ziellos mit den Dreisten und
allzu Dreisten, die sie umkreisten, daß man deutlich die Absicht fühlte, dem Einen dort ein Ärgernis zu sein.

Der verwandte keinen Blick von ihr. Und dieser Blick,
der zuvor düster und drohend gegen sie stand, wurde allmählich voll so frechen Hohnes, daß das Mädchen unter ihm
errötete und erbleichte und schließlich, ihrer selbst nicht
mehr mächtig, aufsprang und zu ihm hinüberrief: – Was
willst du eigentlich von mir?

Als habe er nur auf diesen Anruf gewartet, erhob sich
der Student. Langsam und wuchtig, wie von der Schwere des
Weines und noch einer inneren ungeheuren Erregung beladen.

– Meine Rache will ich – schrie er ihr ins Gesicht – meine
Rache an den Sieben, die du verdorben hast.

Das Weib lachte gell auf.

– Deine Rache – schrie sie. – Ihr verdarbt erst mich – die
Sieben sind meine Rache an euch gewesen!

Mitten in ihr Lachen hinein krachte ein Schuß und riß die aufs höchste gespannte Erregung entzwei.

Blutüberströmt fiel das Weib gegen die Wand.

In dem Gedränge der herbeieilenden suchten wir das Weite. Zu Tode erschreckt und dennoch so seltsam befriedigt in unserer grünen Sensationslüsternheit. Für eine lange Weile aber von der gefährlichen Zone verscheucht. –

Es blieb wieder ein Schweigen im Raume.

Jenes tiefe, beredte Schweigen, das der Erzähler liebt, in dem man es in den Kratern der Empfindungen förmlich brausen und kochen fühlt, bis die aufgewühlte Lava zum Rande steigt und überquillt.

– Und solch tragisches Finale ist dem Weibe meist beschicken, wenn es an Hymens* sicherer Fackel vorbei zu Eros' wilden Feuern strebt – sagte der Hausherr.

– Ist doch Eros das Tragische an sich – alles dunkle Geschehen, alles geheimnisvolle Erleben, die grauenvolle Mystik unserer psychophysischen Verstricktheit ist unlöslich an dieses Element gebunden, das, aus unserem Leben genommen, dieses sofort in eine stumpfe Leere, eine weithin überschaubare, öde Ebene verwandeln würde. –

Der rote Geheimrat sprach das mehr zu sich selbst, fast in sein Glas hinein, aus dessen aufsteigendem Duft ihn eine feine Berauschung anhauchte.

– Ja – wahrlich, von tiefer Tragik umweht ist alles erotische Erfahren, und es gehört schon Ungeheures an Kräften dazu, lebend aus seinen Abgründen zurückzukehren – sagte der Künstler.

– Ihr Künstler seid da den wildesten Orkanen preisgegeben. –

– Dafür erfahren wir aber auch die unerhörtesten Verzückungen, mit denen wir euch anderen in unseren Werken überschütten.

---

* Jungfräulichkeit, von hymen, alt-griech.: Jungfernhäutchen.

– Bis Plutos den Eros überwindet und das Satyrspiel der Ehe alle Tragik auslöscht – rief der Hofrat ironisch, – teils mit ein wenig Anzüglichkeit zum Maler hin, teils um die etwas dunkle Stimmung wieder zu erleichtern.

– Was dieses Satyrspiel betrifft, mein Lieber – warf der Hausherr ein –, so sehen wir Wissenden doch wohl zur Genüge, daß auch da des Tragischen genug und übergenug zu finden ist – und wenn ihr wollt, soll mein Anteil am heutigen Dämmerungsopfer eine Geschichte aus dem Eheleben sein.

– Namen aber habe ich keinen für sie – vielmehr gebe ich ihn der Geschichte nicht, da er die ganze Lösung in sich zu deutlich enthüllen und mir den Effekt verderben würde. Ich überlasse es euch, ihn nachträglich dazu zu finden.

Zu meinem Patientenkreis gehörte vor Jahren auch eine liebenswürdige Generalin Exzellenz v. S. Sie hatte einen einzigen Sohn, den sie abgöttisch liebte und an dem sie mit besonderer Zärtlichkeit hing, da sie in ihrer Ehe mit dem trockenen, viele Jahre älteren Manne wohl alles entbehrt hatte, was sie als junges, schönes Weib zu erwarten berechtigt war.

Der Sohn war hochbegabt und hatte von der zwar trockenen, aber sehr starken Persönlichkeit des Vaters und dem weichen, beweglichen Temperament der Mutter die glückliche mittlere Linie empfangen, die ihm einen leichten und frohen Weg durchs Leben geben konnte. Selbst die etwas zu nachgiebige Erziehung der allzu gütigen Mutter hatte nichts an ihm verdorben, und als der Schaum der Brausejahre glücklich abgeebbt war, konnte auch diese anspruchsvolle Mutter ein stolzes Genügen an ihm finden. Wie er dann aber zu Amt und Würden des akademischen Berufes aufstieg, begann eine tiefe Sorge im Herzen der Mutter aufzukeimen. Es überfiel sie jener tragische Zwiespalt der Gefühle, mit welchem die Mutter dem Sohne die so nötige Gattin wünscht, während zugleich die tödliche Furcht sie quält, den geliebten

Menschen zu verlieren oder doch an ein Wesen gebunden zu sehen, das ihn nicht zu beglücken vermöchte.

Im stillen Kämmerlein ihres Herzens hatte sie, wie das liebende Mütter gerne tun, ihm längst eine Frau ausgesucht. In ihrem Hause lebte die Tochter einer verstorbenen Freundin, die ihr sehr ans Herz gewachsen war. Nora war eines jener Mädchen, deren gesunde und frische Natürlichkeit den Augen und Nerven unendlich wohltun. Sie fallen nicht auf, sind immer da, wo man sie braucht, wissen sich ein- und anzuschmiegen und der *symphonia domestica** das feine, zarte Leitmotiv zu geben. Aber sie gehen so ganz auf in dieser Melodie, daß man sie so sehr als ein selbstverständliches Element des Milieus hinnimmt, daß erst ihr Fehlen sie als etwas Positives empfinden läßt. So nahm sie wohl auch der Sohn des Hauses hin. Als etwas unendlich Wohltuendes, Unentbehrliches, aber ohne jenes erregende Agens**, das dem Manne den zündenden Funken in das Blut sprüht. Ohne diesen täglichen, alle Reize abschwächenden Kontakt wäre aber wohl auch in ihm die latente Sympathie zu stärkerer Wirkung gekommen.

Und gerade auf diese Stille in Nora's Wesen hatte die alte Exzellenz ihre süßeste Hoffnung gebaut. Diese würde nie den jähen, schmerzhaften, trennenden Sturm entfachen, den ihr bangendes Mutterherz wie den Tod fürchtete. Doppelt tief wurde dieser brennende Wunsch in ihr, als sie an kleinen, untrüglichen Zeichen erkannte, daß Nora's Herz sich ganz an den schönen, begabten, jungen Mann verloren hatte, dessen feine, vornehme Natur ihr offen wie ein täglich gelesenes Buch vor Augen lag.

Aber wie es in diesen Dingen meist anders kommt, als die Wünschenden denken, so kam es auch hier.

---

* Lat. häusliche Symphonie, gemeint ist das häusliche Zusammenleben.
** Lat. tun, treiben, hier Trieb, Antrieb.

Eines Tages brachte der Sohn seiner Mutter seine Braut ins Haus. Von vornehmer Geburt, königlicher Haltung, leuchtenden Geistes, wie sie war, brachte er sie voll Stolz und tief beglückter Erschütterung zu dem Herzen seiner so sehr geliebten Mutter.

Daß die Mutter tief erblaßte und nicht sofort die spontane Geste der beseligten Freude und Umarmung fand, daß auch Nora verwirrt und blaß sich hilflos aus dem Zimmer stahl, merkte der selbst so stark Bewegte nicht. Und später, als das erste schwere Erschrecken der Enttäuschung vorüber war, fanden beide Frauen in ihren wahrhaft adeligen Seelen die selbstlose Kraft, der an ihrem Schmerz so gänzlich Unschuldigen, die Liebe und Freude zu geben, die sie so vollkommen erwarten durfte.

Die Ehe wurde, wie es zu erwarten war, harmonisch und glücklich. Die Generalin hatte sich darein gefunden, nicht mehr das ganze Herz ihres Sohnes zu besitzen. Nora war in ein fremdes Haus gegangen, ihr verwundetes Gemüt war dem täglichen Anblick des Glückes, das sie selbst so glühend begehrte, nicht gewachsen.

So gingen einige Jahre. Dann wurde das Kind erwartet, das allem Wohllaut des Lebens die letzte, süßeste Vollendung geben sollte.

Indes wollte es das Geschick, daß die Geburt dem Kinde das Leben kostete und die Mutter nach dem schweren operativen Eingriff für die Intimität der Ehe verloren war.

Eine ganz seltsame Veränderung ging nun zwischen den beiden vor sich. Die Generalin brach noch nach Jahren in bittere Tränen aus, als sie mir davon erzählte.

Es war dieselbe Liebe, dieselbe feine Rücksichtnahme, dasselbe Lauschen auf jeden Wunsch und seine Erfüllung.

Einem fremden Auge und Ohr konnte noch immer diese Ehe als eine selten vollkommene erscheinen.

Aber das Herz der Mutter sah und hörte anders.

Es war ein behutsames Umeinanderherumgehen. Von des Mannes Seite eine fast übersteigerte Rücksichtnahme und Umsorgung. Während über der Frau eine quälende Unruhe und Unsicherheit lag, ein Gefühl der Verschuldung, ein immerwährendes Flehen in Blick und Bewegung, das um Verzeihung bat und dennoch wußte, daß nichts zu verzeihen war, daß es fortan endgültig immer so seltsam fern und leer und still zwischen ihnen bleiben würde.

Keines von beiden klagte mit dem leisesten Laut.

Die junge Frau suchte mit allen Kräften ihrer tiefen Liebe den leer gewordenen Raum der Leidenschaft mit dem Glanze ihres feinen, leuchtenden Geistes zu füllen. Musik und Bücher wurden ihre Welt, aus der sie immer neue Reize zu holen wußte, um dem Tage Leben und Bewegung zu geben.

Aber in den Nächten wußte sie, daß dies alles Schein und Lüge war. Der unabweisbaren Dualität der Natur fehlte der letzte Klang, der aus Tönen den Akkord gestaltet.

Ein Jahr ging so hin.

Die Exzellenz litt namenlos. Um so mehr, als sie die vornehme Natur des Sohnes kannte, der trotz der gegebenen Verhältnisse jede Untreue an dem geliebten Weibe als einen schweren Betrug an ihr empfunden hätte.

Allmählich verknäulte sich das Verhältnis der Ehegatten zu einem Grade, der kaum noch erträglich war. Es war, als müsse irgendwie etwas Gewaltsames geschehen, um diesem unhaltbaren Zustande ein Ende zu machen.

Zu einer Trennung hatte keines den Mut. Zu sehr waren sie mit den feinsten Fäden ihres Wesens aneinander gebunden.

Da faßte die Mutter einen starken Entschluß.

Sie ließ Nora kommen unter dem Vorgeben, gesundheitlich ihrer durchaus zu bedürfen.

Diese wußte nichts von dem Konflikt.

Nach all der Zeit des Vergessens glaubte sie sich nun stark genug, dem Manne ohne zu schwere Erschütterung begegnen zu können. Daß dem nicht so war, wußte die Generalin, sie kannte dieses Mädchen zu gut. Und gerade auf diese Unauslöschlichkeit einer langen, tiefen Leidenschaft stellte sie ihren Plan.

Sie ließ die beiden Gatten unvorbereitet ins Haus kommen. Und was sie erwartet, geschah.

Nora verlor ihre Haltung. Überstürzt von lange und tief getragenen Gefühlen, verriet sie sich den beiden bis zum letzten Grunde. Die junge Frau wußte mit einem einzigen Blick, wie es um jene stand.

Aber es geschah noch mehr, als die alte Exzellenz erwartet hatte. Ihr Sohn erblaßte ebenso tief als Nora. Was er damals im Taumel seines Glückes nicht sah oder sehen wollte, wurde ihm jäh erkennbar, und auch in ihm erwachten Erinnerungen an alles Nahe und Warme, was so lange zwischen ihnen gewesen, und die kraftvolle Gesundheit, die das Mädchen ausströmte, ließ plötzlich die ganze Bitterkeit seines Entbehrens in ihm aufbrechen.

Es war dies alles nur ein Augenblick, in dem dies alles in den vier Menschen vorging, aber es war einer jener Augenblicke, die voll Schicksal und Entladung sind.

Es kam, wie es die Exzellenz für sie alle gewollt.

Die junge Frau selbst nahm eines Tages Nora an ihr Herz, küßte sie mit schmerzlicher Güte und führte sie ihrem Manne in die Arme. –

Danach wurde die Atmosphäre des Hauses leichter und heller. Und allmählich leuchteten zwei Sterne auf dem Lebenswege des Mannes, Aphrodite und Urania teilten sich in seine Liebe.

Aber über allen blieben trotzalledem die dumpfen Schatten einer unauflösbaren Tragik. –

Der Hausherr seufzte leise.

– Dissonanz – wo man hingreift: Dissonanz.

– Ohne sie ist keine Harmonie zu denken – sagte der Künstler. – Wenn man die Geschichte der Musik die Geschichte der Dissonanz genannt hat, so kann man das auch von unserem Leben sagen.

– Und nun nachträglich den Namen für deine Erzählung; er liegt klar aus der Hand – Zwischen zwei Ehebetten – rief der Rote hinein, um wieder etwas Bewegung in die Nachdenklichkeit zu bringen.

– So ist es – sagte der Hausherr – als Finale ist dieser Titel selbstverständlich, als Präludium wäre er geschmacklos gewesen.

– Und wenn nun eine Frau in diesem seltsamen Doppelgleise gefahren wäre – sagte der Künstler mit einem großen Fragezeichen in seiner Stimme.

– Das ist dieselbe Frage, auf die es immer nur eine Antwort gibt: unmöglich.

– Zudem – nahm der Hofrat das Wort – *quod licet Jovi** –

– Nein – rief der Rote und schlug mit hartem Knöchel auf den Tisch – das geht zu weit, mein lieber Zyniker. –

Der Abend war schon weit vorgeschritten. Der Diener kam, um die Kerzen anzuzünden.

– Nein, nein – wehrte der Künstler ab, – ich kann nur in der Dämmerung erzählen – legt Holz in den Kamin, das ist Licht übergenug für das zarte Ding, das man Stimmung nennt, das verrinnt sofort, wenn es zu hell um uns wird. –

Und er schob seinen Sessel zum Feuer, kroch förmlich in die weite Runde desselben hinein und starrte in die knisternden Flammen. Seine dunklen, schwermütigen Augen hatten den Glanz von vielen und seltsamen Erinnerungen in der flackernden Unruhe ihres Hintergrundes.

Die andern tranken und warteten.

Zu allen Seltsamkeiten, die sie gegeben, hofften sie von ihm die allerseltsamste zu hören.

---

* Lat. Sprichwort, das hier nur zur Hälfte wiedergegeben ist: quod licet Jovi, non licet Bovi (was Jupiter erlaubt ist, ist (noch lange) dem Ochsen nicht erlaubt).

– Nun – hob er endlich an – meine Geschichte blüht in
den Gefilden des Natürlichen, des allzu Natürlichen vielleicht.
Ihren Kern möchte ich in die Formel fassen: Allzu nahe.

Unser Metier führt uns mit vielen Leben zusammen; nach
oben und unten lockt uns das äußerste Thule. Die Augen sind
unersättlich zum Sehen und Schauen, die ewig begehrlichen
Hände greifen unermüdlich nach Form und Gestalt. Wenn
wir die eigene Note gefunden, wird unser Name plötzlich ein
Sesam, der uns weit alle goldnen Tore öffnet. Wir dringen in
das Allerheiligste ein, in die Intimität der Familie.

In jener Zeit hatte ich die Einladung in die Villa des Gra-
fen J. auf Capri. Da ich die ganze Familie als Gruppe und jede
Person auch einzeln zu malen hatte, wurde es ein langer, und
wie ich gleich vorwegnehmen will, ein schöner Aufenthalt.

Der in Schlesien reich begüterte Graf lebte seit Jahren
auf dieser herrlichen Insel, da die zarte Gesundheit seiner
Gemahlin, einer spanischen Edeldame, dem rauhen nordischen Klima nicht gewachsen war.

Die weiße Villa mit dem italienischen flachen Dach, den
luftigen, blumenbehangenen Loggien, der herrlichen Freitreppe, weiten Aufgängen und hohen Räumen lag mitten in einem
Park, der die ganze reiche Flora der Insel zu umfassen schien,
und über ihn hinweg schaute man zum blauen Meere hin.

Il Paradiso stand in goldnen Lettern an der Eingangs-
pforte, und man hätte keinen andern Namen dafür finden
können. In diesem Idyll von Schönheit und Glanz lebten die
vier Menschen in vornehmer Harmonie. Fern von dem Lärm
und den Banalitäten, die den meisten Sterblichen Zeit und
Raum verderben, floß ihr Leben wie ein reiner, starker Strom
zwischen seligen Ufern dahin.

Eine Menge Bediensteter und Beamter war in Haus,
Garten, Stall und Remise tätig, und es war seltsam, zu sehen,
wie trotz feinster Liebenswürdigkeit und aller Wärme und
Güte, mit der die Untergebenen von den Herrschaften behandelt wurden, sie sich so stark und einzig von allen übri-

gen abhoben, daß auch nicht der Hauch des Atems mit dem der andern sich zu mischen schien.

Ich hatte meine Gemächer und meine Bedienung für mich, mein Reitpferd und das Auto zur Verfügung. Ich lebte die ganze unaussprechliche Wonne dieser Götterinsel in vollen Zügen aus, so daß sie, wie kaum eine andere Erinnerung, mit leuchtender Trunkenheit noch heute mein Blut durchbebt.

Aber das gehört ja eigentlich nicht zu dem, was ich erzählen will.

Diese vier Menschen zu sehen, war für meine Augen eine tägliche Lust, sie zu malen eine glühende Freude.

Der Graf und die Gräfin absolut diametral einander entgegengesetzt in ihrer äußeren und inneren Wesenheit, und dadurch gerade das vollkommenste Komplement zueinander. Beide hoch und schlank, war er der Typ des vornehmen, blonden Germanen, während sie den vibrierenden Elan der dunklen Rassenreize ausstrahlte, die indes durch die Schatten der Krankheit wie von zarten Schleiern überhaucht waren. In seltsamster Vertauschung hatten die beiden Kinder eine schier unheimliche Ähnlichkeit von den Eltern empfangen.

Robert, der Sohn, wirkte mit der verführerischen dunklen Glut der Mutter, die im Feuer seiner vollkommenen Gesundheit in doppelter Strahlung leuchtete. Während Korinne das Blond des Vaters in süßeste Weiblichkeit übersetzte, deren bestrickende Lieblichkeit von einer fast beängstigenden Zartheit umblüht war.

Es war ein fesselndes und nie ermüdendes Bild, die wunderbare Liebespracht dieser Ehe zu schauen. Es war wie ein stetes Tasten, Fühlen und Hinneigen zueinander. Die tiefe Glut des heiligen Feuers ihres Blutes brach durch die vollkommene Vornehmheit ihrer Haltung und Geste wie die tausend farbigen Strahlungen aus der diffusen Oberfläche des Opals hervor. Man wußte immerfort, daß es keinen Augenblick zwischen diesen beiden gab, in dem nicht ein jedes, erfüllt von dem andern, sich in Ruhe und Laut, im Strahl des Auges,

im Hauch des Mundes nahmen und gaben, und eine immer-
während Bewegung zwischen ihnen hinüber- und herüber-
glitt. Sie waren gleichsam von der hochgespannten Atmosphäre eines magnetischen Fluids umschlossen.

Ganz seltsam aber war es, in Robert und Korinne die
Spiegelung dieser Haltung und Gesten der Eltern in kind-
lich-spielerischer Nuance wiederzufinden. Eine zarte Aufein-
anderabgestimmtheit, ein Zueinanderneigen und Entgegen-
kommen und Warten, das lieblich und hold anzusehen war.

Der Knabe war damals wohl ungefähr im siebzehnten,
die Tochter im fünfzehnten Jahre. Ihre Erziehung war frei
und natürlich, die Eltern wünschten nicht, daß der Gouver-
neur und die Gouvernante sie fortdauernd im Zwange hielten. In Haus und Park und zu Pferd von einem Diener begleitet, konnten sie ihren Pflichten und Freuden ziemlich
unbegrenzt nach Wunsch und Willen nachgehen. Nur in der
Berührung mit der internationalen Gesellschaft draußen war
der Graf von unerbittlich strenger Abwehr, was ich bei spä-
terem Einblick in die damaligen Zustände jener Kreise sehr
begreiflich fand, zugleich aber diese gänzliche Abgeschlos-
senheit und dieses absolute nur aufeinander Angewiesensein
als nicht ganz normal empfand.

Ich blieb ungefähr ein halbes Jahr im Paradiso. Meine
Bilder mußten unter diesen wundervollen Voraussetzungen
das werden, was von mir erwartet wurde, und mit gegenseitig
aufrichtigem Abschiedsleid verließ ich diesen heimlichen
Hain der Liebe und Harmonie.

Ich konnte meine Augen lange nicht von dem seltsamen
Bilde wegnehmen, das in den letzten Momenten der Verab-
schiedung vor mir stand.

Die vornehme und zugleich so holde Gestalt der Gräfin
lehnte in lässig hingegebener Haltung an der Seite des Mannes, der einen Arm um sie geschlungen hatte, während die
andere Hand mir herzlich den letzten Gruß zuwinkte. – Und
einige Schritte davon, gegen ein blühendes Rosenspalier ste-

hend, die beiden Geschwister in fast genau gleicher Stellung, nur daß es hier das Mädchen war, die mir lieblich grüßend zuwinkte.

So im tönenden Akkord eines zu so seltener Vollendung gereiften Erlebnisses kehrte ich, beflügelt zu neuen Aufschwüngen, zu den Schatten und der Kühle meiner nordischen Heimat zurück.

Aber auch über diese Vollkommenheit ergossen sich allmählich die Wellen der Vergessenheit. –

Es war dann etwa zehn Jahre später, daß ich wieder einmal den geliebten Süden aufsuchte.

Diesmal war Florenz das Ziel. Dessen unausschöpfbare Schatzkammern der Kunst und Natur ihre ewige Lockung bewahren. Ich kletterte wieder einmal zwischen rosenbehangenen Mauern hinauf zu meinem Lieblingsplätzchen Fiesole, diesem seltsamen Nest, auf dessen winzigem Raume so viele historische Erinnerungen und interessante Dokumente verschiedenster Kulturepochen sich zusammendrängen. Wanderte weiter in den blauen Herbstabend hinein zur Badia, von dessen weithin mit schmalblätterigen Steineichen besetztem Hofe ich einen wundervollen Blick in die sanfte Stille des immergrünen Mugnonetales genoß.

Ich stand noch ganz hingenommen und versonnen an der breiten, steinernen Brüstung, als sich Türen öffneten und das Geräusch vieler Schritte hinter mir den Hof füllte. Ich wendete mich um und sah, daß es die Schüler des adligen Pädagogiums waren, die aus der Kapelle herausströmten. Die feingliederigen Knaben fesselten mein Auge, und ich konnte nicht loskommen von ihnen, obgleich ich die seltsam beklemmende Empfindung hatte, die von einer intensiv auf uns gerichteten Aufmerksamkeit auszugehen pflegt. Als die Knaben im Klostergebäude verschwunden waren, fiel mein Blick auf eine Gestalt, die auf der obersten Stufe der Kirche wie festgewurzelt stand, und von der jene magnetische Reizung auf mich ausgegangen war.

Es war eine hohe, vornehme Erscheinung im kleidsamen Jesuitenhabit, den flachen Hut in der Hand, das üppige, dunkle Lockenhaar vom Abendwinde leise durchspielt, schauten mich die machtvollen, bannenden Augen mit einem seltsam fragenden und suchenden Blicke an. Auch in mir begannen die Kreise der Erinnerungen zu schwingen, und plötzlich, mit einem kurzen Zusammenprall anklingender Assoziationen, stand mir der Name des Mannes auf den Lippen. Im selben Moment aber eilte auch er die Treppen herab mit beiden Händen mir entgegen und rief mir halb fragend, halb sicher erkennend meinen Namen zu. –

– Conte Roberto – sagte ich.

– Sì – sì – antwortete der junge Mann.

Als wir uns die Hände reichten, ging eine ganze Wallfahrt tragischer Erinnerungen über sein bleiches, tiefernstes, wunderbar ausdrucksvolles Gesicht.

In dem meinen mochte er wohl viele Fragen lesen. Sein fein geformter Rednermund preßte sich fest zusammen, als wolle er dem Ansturz innerer Bewegung herrisch Einhalt gebieten. Spontan wendeten wir unsere Schritte zu dem stillen Wege, der abseits vom Orte durch silberne Olivenwaldungen führt.

Da, wo es ganz einsam wurde, blieb der Graf stehen. Er atmete schwer, und sein Antlitz war bleich und herrlich schön, wie das Haupt des Praxitelischen Apoll.

– Nun fragen Sie, Signore –

– Oder ich will antworten ohne Ihre Fragen.

– Sie ist tot.

– Korinne? –

– Korinne – die Süße und Herrliche.

Auch meine Mutter lebt nicht mehr. Mein Vater ist auf seinen Gütern im Norden.

– Und Sie – Conte – sagte ich – meinen Blick mit erstaunter Frage von dem götterschönen Manne zu dem asketischen Gewände führend.

Er verstand sofort.

– Mir ist, als sei es gestern – fuhr er fort, und seine Stimme klang plötzlich wie aus weiter Ferne, sein Blick wurde weit und geisterhaft, als starre er in ein schreckvoll seliges Geheimnis.

– Sie sind Künstler – auch er ist Priester des Lebens, kennt seine Abgründe, und er darf sie lieben.

Mein Priestertum ist Sühne – Sühne für eine Schuld ohne Schuld.

Ich sprach noch nie davon. Aber die Erinnerungen, so jäh durch Sie aus langem Schlaf geweckt, sind stärker als ich, und es will ans Licht, was so lange im Dunkel blühte und welkte. Sie wissen jetzt schon alles, denn sie kannten und erkannten uns damals, so wie nur ein Künstler erkennt, ehe er es im Wissen hat.

Unser enges Zusammensein in dem heilig-schönen Liebeskreise der Eltern wies mich und sie so ganz aufeinander an, daß kein Raum fast für anderes zwischen uns blieb, zudem hatte die Natur uns so seltsam aus den gleichen Elementen gemischt, aus denen die Leidenschaft unserer Eltern ihre unlöschbaren Flammen nahm, daß wir schon lange untrennbar ineinander verbunden und verstrickt waren, ehe wir ahnen konnten, was der geheime Zauber bedeutete, der uns umfing.

Sie kennen die tiefsinnige Legende Ägyptens – da Isis und Osiris sich schon im Mutterschoße lieben und zeugend vereinigen.

So waren wohl auch die Wellen unseres Blutes einander schon im dunklen Schoße der Liebe begegnet, daß sie am Licht des Tages sich als Eins erklingen fühlen mußten.

Ein Augenblick gab uns die schreckvoll wehe und dennoch von tiefer Süße erfüllte Erkenntnis.

An einem weichen Sommerabend in der Rosenlaube war es. Meine Mutter war schon tot. Mein Vater, seit jener Zeit von einer quälenden Unruhe verzehrt, auf Reisen.

Ich war für einige Tage von der nordischen Universität heimgekehrt, da mich eine unwiderstehliche Sehnsucht nach diesem Paradiese zog.

Aber als ich Korinne nach einem Jahre der Trennung in ihrer aufblühenden Herrlichkeit vor mir sah, wußte ich, daß es mich mehr zur Schwester als zu dieser seligen Insel gezogen hatte. Auch sie flog mir mit einem Jubelschrei in die Arme, der voll einer fast wilden Sehnsucht war.

Aber noch ahnte uns nichts vom Abgrunde, an dem wir wandelten.

Doch an jenem weichen Sommerabend in der Rosenlaube war es. Wir lasen zusammen, wie wir es früher oft zu tun pflegten. Ich hatte die neuesten Dichtungen moderner französischer Lyriker mitgebracht. –

O noch weiß ich jenen Vers. –

Eingebrannt für ewig ist er in mein krankes Herz.

J'aime, j'aime, et je veux qu'on m'envie,
Ne me plaignez pas, si j'en meurs –
Et je vois mon amour
*Reflété dans tes yeux.**

Seine Stimme bebte wie eine Äolsharfe im Sommerwinde. Mir zitterten alle Nerven. –

– An jenem Abend lasen wir nicht weiter – sagte er. Sein Antlitz war bleich wie der Tod, und in seinen Augen stand die Dunkelheit unheilbarer Qualen.

Ich wagte kaum zu atmen.

Aber in meinen Blicken stand eine todesschwere Frage, deren Antwort keines Menschen Lippe wagen konnte, wenn sie ein Ja zu sagen hatten.

---

* Ich liebe, ich liebe, und ich will, dass man mich beneidet.
  Bedauert mich nicht, wenn ich daran sterbe –
  Und ich sehe meine Liebe
  In deinen Augen widergespiegelt.

Der Conte sagte: – Korinne ist einige Zeit später am Herzschlag gestorben – sie hatte das Übel der Mutter geerbt. –

Unmerklich waren wir rückkehrend bei der schönen Pforte der Residenz des Jesuitengenerals angekommen. Der Conte reichte mir die Hand. – Hier bin ich zu Hause. Mein hohes Amt und meine strengen Pflichten halten mich am Leben – sagte er. Tauchte noch einmal seinen schwermütigen Blick tief und suchend in den meinen, als trinke seine Seele das Bild meiner Erinnerungen, das sie von fernen Zeiten seliger Fülle von jener in sich trug, die ihm zu nahe gewesen, um ihm ganz nahe sein zu dürfen. –

Der Künstler schwieg.

Es war nun ganz dunkel im Raume.

Nur noch die Asche im Kamin glimmte leise. Mit dem Dunkel mischte sich das Schweigen der Lauschenden. Das schwere, lastende Schweigen, das die tragischen Schritte des Schicksals begleitet.

Endlich sagte der Künstler:

– Und ich kann mir nicht helfen, in den letzten Gründen meiner Seele steht der Glaube, daß das Leben letzten Endes mit solch außergewöhnlichen Wirkungen dennoch seine tiefen Absichten hat; wenn der naturentfremdete Mensch sie gewähren ließe, wer weiß, welche Wunder wir schauen dürften. –

Da wachten die drei aus ihrer Versunkenheit auf.

– Ein Sakrileg, dessen nur ein Künstler sich schuldig machen kann – rief der Hofrat.

– Und dennoch –

Ihr kennt das Wort des großen Franzosen: *L'artiste a toujours raison – même quand il a tort.* * –

Der Hausherr läutete und ließ die Lichter anzünden.

---

* Der Künstler hat immer Recht – auch wenn er Unrecht hat.

Drei ganz junge Mädchen[*]

Der See war sehr blau.

Schneeweiße Schwäne schwammen sanft und leise wie junge Träume über ihn hin.

Die drei saßen im Kahn und glitten langsam und versonnen in den vielfarbigen Sommerabend hinein.

Vom Ufer fiel das schwanke Weidengezweig über das Wasser und baute grüngoldne Tore über sie hin. Der singende Abendwind flog über den rauschenden Wald die Höhen hinan und schüttete die zarten, heimlichen Düfte seines sonnendurchhauchten Laubes auf sie hinab.

Hoch in den Tannen verstrickt flammte der purpurne Abendschein und legte der jungen Holdseligkeit goldne Strahlenkränze auf Haar und Antlitz. Ein Hauch von Reinheit und Stille war um sie her. Ihre Augen leuchteten wie Sterne, die nichts von dem Himmel wissen, aus dem sie erblühen. Ihre zarten Seelen ruhten wie kostbare Edelsteine in der goldnen Schale ihrer unberührten Jugend. Ein Dreiklang von unendlicher Süße und Schöne schwebte mit ihnen über die abendstillen Wasser.

Die an den Rudern saß, war schwarzhaarig. In den dunklen Augen sprühten kleine, goldne Funken auf, die samtzarte Haut hatte die Farbe neu erblühter Rosen, ihre kraftvollen Glieder dehnten und spannten sich in wallendem Rhythmus des reifenden Blutes. Sie spielte lässig mit den Rudern im Wasser, der leichte Kahn ließ sich willig treiben.

Am Steuer lehnte Bella, träumerisch versunken. Ihr Goldhaar funkelte und glitzerte im Abendrot, in dem strahlenden Blau der Augen lag eine Welt von jener ziellosen Zärt-

---

[*] Aus „Erotische Novellen" (1919), siehe Quellenverzeichnis.

lichkeit und Sehnsucht, die so entzückend zu schauen ist und doch so traurig macht. Ihre Haltung hatte die schlaffe Lässigkeit, die das plötzliche Wachstum letzter Entfaltungen zu begleiten pflegt. Ihre Arme hingen nachgiebig über den Rand des Bootes, und die bleichen, schlanken Finger überließen sich wohlig dem gleitenden Spiele der Wellen.

Auf einer roten Seidendecke, in der Mitte des Kahnes am Boden hingestreckt, lag die dritte. Ihre Augen waren geschlossen. Das zarte Mädchenangesicht und die feingliedrige Gestalt, von dem dreifachen Rot der Seide, des Abendlichtes und der in diesem Lichte aufglühenden Farbe märchenhaft umhüllt, war von jener unirdischen Süße, wie sie Fra Angelicos holdseliger Kunst entstrahlt.

Die beiden anderen sahen diese Schönheit nicht.

Von sich selbst erfüllt und dennoch ihrer selbst noch unbewußt, blickten ihre Seelen gleichsam ins Leere, an aller Unendlichkeit der Fülle des Lebens vorüber, von dessen dunklen und glühenden Geheimnissen die Wurzeln ihres Wesens noch unberührt waren.

Von der Kapelle am Ufer fielen sieben Schläge in die Luft, die wie runde Perlen in das Wasser hinglitten.

Jetta öffnete die Augen, schaute ein wenig verstört um sich.

– Wie schön habe ich geträumt – lauter Farben – eine rote Wiese voller bunter Blumen – ein Engel flog darüber hin und küßte mich.

– Heute habe ich Else's Kleine gesehen – sagte Bella. O so etwas Wundersüßes – die Füßchen und Händchen – das Mündchen und die feinen Härlein – o so wundersüß – ich möchte einmal viele, viele Kinder haben.

– Wißt ihr schon, daß Paul kommt – sagte Erda – morgen schon – der ist jetzt Student – wie er wohl aussieht?

– So sprachen sie zueinander und doch nur zu sich selbst. Noch waren ihre Seelen unfrei und nur an sich selbst gebunden.

– Gib acht – Bella, wir müssen anlegen.

Sie waren an der kleinen Insel angelangt, wo sie im Sommer ihren Abend verbrachten.

Wie sie diese Insel liebten. Geheimnisvoll raunte es da in den üppigen Bäumen, deren Geäst in dunklem, schwerem Gewirr vor der verglühenden Abendsonne stand. Im hohen, schwanken Schilf plätscherten die kleinen Wellen, im hellen Grase leuchteten noch späte Sommerblumen. Hier fühlten sie sich seltsam frei und geborgen vor so vielem, das draußen sie so fremd und herrisch und drohend in seiner Unverständlichkeit umgab.

Sie hatten sich einen zarten Gottesdienst für diese Abendstunde ersonnen, den sie täglich in kindlich geheimnisvoller Weise begingen.

– Wir wollen unsere Bäume grüßen – sagte Bella –

Und die Drei faßten sich an den Händen und schritten in schönem Reigentakt zur Mitte der Insel, wo drei hohe, schlanke Birken im eigenen Silberlichte leuchteten.

– Ich grüße dich – rief jede und eilte zu dem Baume, den sie sich erwählt.

– Mein lieber, schöner, schöner Baum – sagte Erda und streichelte mit zärtlichen Händen den schlanken, feinen Stamm.

Bella erhob die Arme zur Höhe des Baumes, schaute mit sehnsüchtigen Blicken in sein Geäst – ich grüße dich, mein Baum – sagte sie mit leiser, sehnsüchtiger Stimme.

Jetta ging ganz nahe zu ihrer Birke, legte beide weichen Arme um ihn, drückte das süße Madonnengesicht an seine feine Silberhaut und küßte ihn mit ihrem warmen, sanften Munde.

Der große Franziskus würde diese Drei mit seinem tiefsten Segen gesegnet haben.

Dann faßten sie sich bei den Händen und sangen einen leisen, stillen, heimlichen Sang, den sie sich selbst gedichtet;

sangen und tanzten vor ihren Bäumen wie einst der fromme Tänzer vor seiner lieben Frau.

So von dem Überschwang ihrer pochenden, aufblühenden Jugend entlastet, fanden sie sich wieder zur Wirklichkeit zurück.

Eine sammelte Holz zum Feuer. Die andere holte die mitgebrachten Vorräte aus dem Kahn. Jetta stand verträumt an ihrer Birke und lauschte. Über ihrer reinen, hohen Stirn huschten flüchtige Schatten, die gleichsam wie der Flügelschlag ihres erwachenden Geistes waren, der sie überhauchte.

Die andern ließen sie. Sie wußten es, daß sie immer etwas abseits blieb und nie rechtzeitig in den Rhythmus des praktischen Augenblicks einfallen konnte.

Sie bereiteten sich ihr Mahl.

Aßen, sangen und plauderten. –

Und mittenhinein hörte man plötzlich das leise Plätschern und Glucksen von nahendem Ruderschlag.

– Was ist das – sagte Bella – was kann das sein?

Sie waren noch nie gestört worden und erschraken.

Sie sprangen auf und lauschten gespannt.

Jetzt legte leise und vorsichtig ein Boot an.

– Gut Freund – rief eine laute, helle Männerstimme – und mit drei, vier weiten Sätzen sprang der Rufende zu ihnen her.

– Paul! riefen die Drei wie aus einem Munde und stürzten ihm entgegen. Mittwegs aber stockten ihre Schritte.

Das war ein anderer, als den sie bisher gekannt, der da vor ihnen stand, zu dem die alte Zutunlichkeit nicht recht passen wollte.

Sie schauten einander an.

– Nun, was ist's mit euch – Mädels – kennt ihr den Paul nicht mehr? Er lächelte sehr freundlich und gütig, aber ein klein wenig herablassend.

Die Mädchen waren alle seltsam verlegen und erröteten. Erda, die mutigste, ärgerte sich über sich selbst, sprang zu ihm hin und tippte mit der Fingerspitze an seine bunte Studentenmütze, an sein feines, zierliches, junges Bärtchen.

– Das ist's, Herr Paul – das macht dich plötzlich so anders.

Paul lachte amüsiert und etwas geschmeichelt auf, ergriff Erda's Hand und küßte sie.

Da war sie dunkelrot und hilflos, und die Goldfunken in ihren Augen sprühten und glitzerten.

– Kommt, setzen wir uns gemütlich wie einst – sagte er, und warf sich in das Gras.

– Wo kommst du so spät noch her? fragte Bella.

– Die Sehnsucht nach euch – kam mittags an; telephonierte zu euch – hörte, daß ihr zur Insel wolltet, und da überraschte ich euch – reizend von mir, was?

So brachte er sie mit seiner burschikosen Art, die ihnen neu war, wieder langsam ins Geleise. Und als er dann aus seiner Tasche drei wunderfeine Schachteln mit süßen Dingen herausbrachte und ihnen zusteckte, war der Bann gebrochen.

In voller Selbstvergessenheit lösten sie sich in die Wonne der süßen, schmelzenden Dinge auf, von denen es ihnen so schmeichelnd über die Nerven ging. Sie warfen Paul die bunten Hülsen in die Haare, steckten ihm eine Süßigkeit in den Mund und vergaßen ganz, daß es spät wurde.

– Himmel, eure Eltern werden sich ängstigen – kommt, ich rudere euch schnell heim – sagte plötzlich Paul.

Und mit seinem kräftigen Tempo brachte er sie in einem Drittel der Zeit heim, die sie vorher gebraucht hatten.

Nun trabten sie die mondhelle Straße zu ihren Landhäusern zurück.

Bella schob sich zu Paul hin.

Erda und Jetta gingen Arm in Arm hinter ihnen.

– Welch wunderschönes Haar er hat – sagte Erda und sah verzückt in die Fülle des dunklen Gekräusels, das unter der bunten Mütze hervorquoll – ich möchte gern einmal hineinfassen.

– Wie seltsam heut das Mondlicht leuchtet, ist es nicht wie ein Märchen? flüsterte Jetta, und ihre sanften Taubenaugen waren voll Traum und Geheimnis.

– Ich war heute bei deiner Schwester – sagte Bella zu Paul.

– Und hast das Baby gesehen?

– Oh – ja – das Baby – ein schwerer Seufzer aufgeregter Freude kam über ihre Lippen.

– So etwas Süßes – diese Füßchen und Händchen und Fingerchen – dieses kleine, liebe Mündchen und Näschen – es ist zu schön. In ihrer Erregung hängte sie sich an Pauls Arm und drängte sich nahe an ihn – ach, so etwas Reizendes und Entzückendes – o ich will einmal viele, viele Kinder haben – drei, – vier, – fünf – ach nein, zwölf müssen es sein.

– Ja, da mußt du aber erst heiraten, liebe Bella.

– Das schadet nichts – sagte sie – aber denk' nur – vierundzwanzig kleine, süße Füßchen und Händchen.

Pauls Lachmuskeln hatten schon zu einer gewaltigen Explosion angesetzt, und es flog ihm durch den Sinn, welch ein famoser Witz das für seine Tafelrunde wäre.

Aber da regte sich in den fernen, etwas verstaubten Winkeln seiner Seele jenes heilige Reine, das jede gute Mutter ihrem Kinde mitgibt, und er legte sanft und behutsam seine Hand auf Bella's bewegliche Finger.

– Ja, das wird reizend, liebe, kleine Bella, und ich freue mich schon jetzt darauf.

Dann trennten sie sich. Und die drei kehrten zu den weißen Träumen ihrer zarten Seelen zurück, Träume, die aus den tiefen Brunnen des Lebens steigen und das schlafende Blut mit ahnenden Bildern umspielen.

Mögen die Götter euch segnen – ihr holden, süßen, ganz jungen Mädchen.

Euer reiner Atem entsühnt die von Schuld und Reue schwere Luft umher. Eure tanzenden Schritte machen die Erde leicht und jung, und eurer Augen holde Lauterkeit ban-

nen die Dämonen der Finsternis, die alles Menschliche um-
schleichen.

Mögen die Götter euch segnen – ihr goldnen Schalen
der Unschuld, aus der die Hände der Zukunft ihre tiefsten
Hoffnungen und ihren seligsten Glauben schöpfen.

Der arme Garten[*]

Der arme Garten.

Doch nein, ein Garten ist immer reich.

Schaut nur hinein in sein Blühen in allen Winkeln und die goldene Sonne auf allen Büschen und Bäumen.

Nein, der Garten ist nicht arm, aber der, dem er gehört, ist es.

Doch nein. Wer je einen Garten zu eigen hat, ist nicht arm, denn er hat viel und überviel an jedem lichten Schein, an Blühen und Duften, am Spiel der Schatten und Flattern der Vögel.

So kann ich ihn nicht arm nennen.

Und doch ist es kein Garten des Reichen.

So will ich doch lieber der arme Garten sagen, denn er ist immer noch reich genug, um es mir zu verzeihen. –

In diesem kleinen grünen Raum ist's gar lauschig und froh. Alles steht bunt und dicht beieinander, es ist gar wenig Platz, und nichts kann sich so recht breit machen. Nur der Apfelbaum steht mitten im Raum wie ein König und breitet seine Äste weit über das blühende Wiesenstücklein, auf dem das allerlei Blühende ihm zu Füßen liegt wie die Untertanen dem Könige, und sie senden ihren Duft und ihre Schönheit zu ihm auf und winden und wenden sich im spielenden Sommerwinde, daß er seine Freude an ihrem Wiegen und Wehen hat.

Ja, der schöne Apfelbaum ist der König dieses Gartens.

Wie sind seine Äste voll roter, lachender Früchte, Ast auf Ast ab sitzen sie einander gegenüber, vorsichtig sich gegenseitig Platz machend, daß keiner den andern stört, immer

---

[*]   Aus „Von den Gärten der Erde" (1917), siehe Quellenverzeichnis.

größer und schöner zu werden in dem heißen Sonnenbade. Und wenn der Wind kommt, ducken sie sich zusammen, daß ja keiner vorzeitig abfalle, damit die gütige Frau, die sich ihrer so freut, nicht traurig wird um sie, wenn sie zu früh im Grase liegen.

Man kann sie fast zählen, so deutlich sitzen sie an den Zweigen, und ich glaube, die gute Frau hat sie auch gezählt und die Äpfel machen ihr diese Freude so recht bequem.

Da sind auch noch einige Büsche am Zaun entlang. Rote Beeren leuchten im grünen Laub, und auch diese sieht man so deutlich, weil der Raum so klein und der Büsche so wenige sind; so sieht es aber viel reicher und üppiger aus als im stolzen Garten nebenan, wo man vor lauter Gebüsch kaum zu den Beeren schaut.

Und all die vielen kleinen Beete, reinlich und von guter Hand liebevoll behandelt, stehen sie da und halten die schönsten Dinge feil, daß einem ganz leckerhaft zu Sinne wird.

Salat und Möhren, Zwiebeln und Lauch, duftende Kräuter die Menge, alles eilt sich und wächst und gedeiht und steht voll fröhlichem Lachen im Sonnenblust und freut sich auf den Augenblick, da die gute Frau herein kommt; und dann lachen sie sich gegenseitig an, die gute Frau und all das Grünzeug umher, sie kennen einander gut, hat sie doch täglich bei ihnen an der Erde gekniet und sie sorgsam und linde gehütet vor allen Übeln, die Unkraut und feindliches Getier ihnen zufügen wollten. Und am Zaun entlang laufen geschäftig die roten Blüten der Bohnen und die weißen der Erbsen, hinauf und hinunter, daß der Zaun fast wachsen möchte, um ihnen Raum zu machen und der guten Frau eine reiche Ernte zu bringen. Auf und ab laufen sie und fangen einander und spielen miteinander, so daß kaum mehr eines der Gewinde weiß, ob dies seine eigenen Blüten sind oder die des andern. Und in den vier Winkeln des Gartens stehen hoch und stolz vier Sonnenblumenstöcke; mit ihren großen, tiefen Sammetaugen blicken sie über den Zaun hinaus in die Welt umher und träumen von der Ferne und der Sehnsucht und erzählen denen unten, die ihnen kaum an die Knie reichen, die Märchen, die sie da draußen erlauschen.

Und so sauber und fein die gute Frau ihren Garten hält, etliche Ecklein stehen doch voll süßen Unkrauts. Sie tut, als sähe sie es nicht und freut sich im stillen seiner Angst, wenn sie an ihm vorübergeht und es verstohlen zu ihr hinblickt, ob sie ihm wohl noch einen Tag des fröhlichen Lebens im sonnenwarmen Garten lassen wird. Aber es braucht keine Angst zu haben, all dies unordentliche bunte Geblüh ist der guten Frau allerheimlichste Lust. Sie darf es all das andere liebe Gezeug ja nicht merken lassen, das da so treu und fromm wächst und gedeiht zu ihrem täglichen Gebrauch – aber diese Winkel voll unnützer Buntheit liebt sie mit einer ganz besonderen Liebe; und ich glaube, wenn es nicht von selbst so üppig immer wieder heranwüchse aus der lachenden Erde, würde sie heimlich einigen Samen der Wildlinge ausstreuen, aber ganz heimlich, daß es der Apfelbaum und all die übrigen braven Dinge nicht wissen würden, denn sie könnten ihr böse werden, und plötzlich aufhören, für sie zu wachsen und Früchte zu tragen.

Ach da ist ja auch noch ein kleines, ganz kleines Kartoffelbeet mit leuchtenden Lilablüten und kleinen gelben Flämmchen darin, und über den Zaun hängt ein schwerer Vorhang blühenden Goldregens aus dem Nachbargarten herein. Und es ist ein Gesumm und Gebrumm von Bienen und Hummeln zwischen all dem Grünen und Blühen.

Die schwebenden Farben der Schmetterlinge spielen über dem blühenden Gewirr und sehen selbst aus wie Blüten, die sich vom Stengel lösten. Der sanfte Hauch ihrer wundersam leichten Bewegungen ist wie das letzte Ausatmen der sommerlichen Schönheitslust. Ringsum zwitschert es und flattert es von jungen Vogelstimmen und schnellen Vogelflügeln.

Und in der Dämmerung sitzt eine Nachtigall im Nebengarten in den hohen Bäumen und singt über all die Gärten hin ihre göttlichen Gesänge, und da wird es überall still, und ein tiefes, seliges Schweigen liegt auf Baum und Strauch und allem Blühen, und der kleine Garten hat seinen Teil an diesem Feste wie all die andern umher.

Und dieser Garten sollte arm sein. –

Nein, nein. Eine Last von Schönheit trägt er.

Eine Welt von Stille, Frieden und Lust lebt und atmet in ihm.

Des seligen Segens voll ist dieser enge Raum. –

Und die kleine Türe knarrt.

Die gute Frau tritt ein.

Es ist Abend. Die Arbeit ruht.

Das Feierliche in ihr will seinen Sabbat haben.

Und so tritt sie in ihren Garten. Ihr Eigentum. Ihre Freude, ihre tiefe Lust, ihr Dank, ihr Glück, ihr Gebet.

Sie weiß das alles nicht so mit Namen zu nennen.

Aber wenn sie nun hinsinkt auf das enge Bänklein unter dem abenddunklen Apfelbaum, müde von des Tages Last und Lebens Schwere, da löst sich etwas auf in ihr, und es wird frei und leicht und schwebend in ihrer Seele, und es ist wie ein Lied in ihr, ein Lied, das zum Himmel reicht und die Erde küßt und wie ein Licht mit ihr geht, wenn sie zu ihrem ärmlichen Heim zurückkehrt. –

Nein, die gute Frau ist nicht arm.

Und der kleine Garten auch nicht.

Wem ein Garten gegeben ist, ist immer reich.

Denn der kleinste Garten kann voll des schwersten Segens sein – je nach dem Herzen, der sein hütet.

Der vornehme Garten[*]

Eine breite Freitreppe führt vom Hause zum Garten. Wie der goldene Kies der Fußwege glänzt und schimmert im Sonnenlicht.

Die Blumenbeete sind Ströme von Farben. Aber sie stehen so mathematisch abgezirkelt im Raume, daß man mehr ihn fühlt als sie. Die Linie herrscht über die Schönheit und vergewaltigt sie, so daß sie scheu und gedrückt gleichsam in sich selbst zurückkehrt.

Die Rosen stehen kerzengerade an den Wegen entlang, als müßten sie vor irgend jemand im Hintergrunde salutieren. Man vergißt ganz, daß sie göttliche Farben haben und einen übersinnlich kostbaren Duft. Aber Duft und Farbe verlieren sich an die Leere umher, es ist als ob sie in die Irre gingen, da ihre Wellen an keine nehmende Seele dringen.

Ein Springbrunnen wirft blitzenden Schaum in das Licht hinauf, und das steinerne Becken im leuchtenden Grase ist ein wundervolles Oktav, in dem spielende Putten pausbackig das rinnende Wasser dem vierköpfigen Delphin in den weit offenen Rachen zurücksprudeln.

Ein weißes Lusthäuschen aus zierlichem Stabwerk, von dunkelroten Rosenbüschen umklettert, liegt breit und wartend im Sonnenglanz – Sessel und Tische umher darin, reiche Decken und Kissen warten auf jemand.

Eine kleine rundbogige Brücke springt keck über ein plätscherndes, künstliches Gewässer.

Ein langer Laubgang von den weißen Hochzeitsblüten üppiger Clematis umhangen, wirft feines Schattenrieseln über halbdunkle, lauschige Wege. Das dämmernde Licht hat

---

[*]   Aus „Von den Gärten der Erde" (1917), siehe Quellenverzeichnis.

tausend Geheimnisse zu verschenken und tausend Erkenntnisse aus der Seele, die hier denken und träumen wollte, zu erlösen.

Die Parkwege führen fern ab vom Hause zu tiefen, lauschenden Hintergründen, wo an alten Mauern, von schweren Efeubetten umhangen, singende Melancholien ihre kreisenden Lieder klingen. Bäume, ernst und hoch und feierlich stehen in leiser Zwiesprache beisammen, aber eine bange Scheue ist um sie her, als fürchteten sie, jeden Augenblick von etwas Lautem und Kaltem erschreckt zu werden.

Grüngoldene Moospolster laden zum Ruhen und Flüstern, zu kosendem Erwarten.

Aber es ruht niemand hier. Auch die breit ausladenden Steinbänke, deren Sitze und Lehnen sich in runde Muscheln zusammenrollen, bleiben leer, hier müßte der Diener erst Kissen breiten, um Lust und Ladung zum Ruhen zu schaffen. So bleiben die Sitze einsam, und Licht und Schatten, wehendes Blätterspiel, alle Sehnsucht und Ferne welken in der Leere umher, und tausend selige Geheimnisse sterben ungeliebt und ungenommen. –

An den Taxushecken, welche die Freitreppe zum Hause hin abschließen, hantiert der Gärtner mit einer großen, hartzuschnappenden Schere und schneidet unbarmherzig jedes zarte, junggrünende Zweiglein weg, daß nur ja die schnurgerade Linie nicht die lindeste Abweichung zeige.

Hier, so nahe dem Hause, ist die strenge Linie eisernes Gesetz. Vornehmheit ist Haltung und Linie, die ebensogut Inhalt und Tiefe verbirgt, als Leere und Kälte verdeckt.

Die Villa selbst steht kühl und gelassen, fremdstilig und einsam mitten im Garten, zu dem sie nicht die leiseste Fühlung, noch irgend eine Bindung hat.

Der Garten ist da, um dem Hause den Villencharakter zu geben.

Wozu sonst wohl könnte er auch noch da sein. –

Die Türe zur Freitreppe öffnet sich.

Die Diener halten die weiten Flügel offen.

Die alten Exzellenzen treten heraus.

Junges Gevölk kommt plaudernd und lachend nach. Ein schwarzweißer Terrier drängt sich ungestüm und rücksichtslos zwischen den Herrschaften durch, er weiß, daß er sich alles erlauben darf. Mit kurzen belfernden Tönen stürmt er allen voran, als müsse er die Stille des Gartens verbellen und mit seinem Getöse erst das Element schaffen, in das sich der leere Lärm der lachenden geschwätzigen Gesellschaft richtig einfügen kann.

Die alten Exzellenzen gehen mit ein paar Schritten durch den Garten, schauen durch das Lorgnett* zu den Rosen hin, die stramm stehen und salutieren – o sie haben etwas gelernt hier so nahe am vornehmen Hause.

Die jungen Damen und Herren sehen sich kaum um, sie haben alle Blicke und Bewegungen, Stimme und Lächeln zu nötig, um sich untereinander zu fesseln, zu verwirren, zu lieben und zu hassen, sie haben weder Zeit noch Kraft übrig für das Glück der reinen Liebe, das im Garten blüht. Nur eines der jungen Mädchen bleibt zurück und scheint verlangend nach den Rosen zu blicken.

Der Sohn des Hauses winkt dem Gärtner. Der schneidet hastig die schönste La France vom Stock – die allerschönste, der Stolz des Bäumchens und eben in der heutigen Sonne erblüht. Aber es zuckt mit keinem Blättchen, es lächelt, wie vornehme Leute lächeln, wenn ihnen ein Weh geschieht. –

Vor der Türe draußen kurbelt das Auto, es stampft und quirlt und zischt, der Hund bellt, die Jungen lachen und plaudern. Der blaue Qualm schwirrt gegen den Sonnenglanz, Staub fliegt auf. –

Und so sausen diese Menschen, von Unruhe, Laune, Lachen, Geschwätz umgeben, durch die Straßen hin, fort, weit weg zum nächsten Badeort, zu Souper und Konzert.

---

* Stielbrille.

Fort, weit weg von der sanften Stille ihres Gartens, dessen heilige Geheimnisse sie nicht verstehen. Da ihre Seele ohne Traum und Ahnen ist.

Gedichte

Aus „Von den Gärten der Erde" (1917),
siehe Quellenverzeichnis.

Mein Garten

Tu ich die Türe auf zu meinem Garten,
Verschwindet hinter mir die Welt.
Ich trete bei mir selber ein und finde
Mich selbst und alles, was mein Ich zusammenhält,
All feine Fäden, die wie Brücken binden,
Was draußen täglich neu zerrissen wird.
Und tiefe Quellen heil'ger Träume rauschen
Hier selig auf, wo sie kein Wort beirrt –
Wo nur die Stille zwischen Erd und Wolken
In leisen Farben warm die Welt durchtönt,
Die fruchtbar reiche Stille, die mein Wesen
Mit seiner eigenen Tiefe immer neu versöhnt.

So bleib verschlossen, kleiner, schwacher Riegel –
Mit einem Finger schiebe ich dich auf –
Laß mich in meinem Paradiese weilen,
Indes das Draußen gehet seinen wirren Lauf.

Sommertag

Schatten im Grase, spielendes Laub,
Huschender Flug im Gezweige,
Tanzendes Gold auf den Wegen,
Überall Reife und Segen.
Wärme brütet auf Baum und Haus,
Schleierzart ziehet die Wolke,
Leben streckt segnende Hände
Über Mensch, Tier und Gelände.

Ein Meer der Stille bist du

Ein Meer der Stille bist du –
Ein tiefes, tiefes Meer.
Und meine Seele gleitet in sel'ger Ruh
Den letzten Heimlichkeiten deiner Tiefe zu.
Ein unerschöpflich Bronnen
Aus deiner Tiefe quillt,
Und in des Lebens Weben ganz versonnen,
Fühl ich mich reich und warm mit ihm versponnen.

Von Freuden ein tanzender Reigen

Mein Garten ist eine Welt für sich,
Rings steht wie Mauern das Schweigen,
Und trennt meine Welt von all den andern.
Ewiger Sonntag erwartet mich,
Von Freuden ein tanzender Reigen.
In Seligkeiten kann ich hier wandern,
Welt eine Welt zwischen mir und den andern.

Mein Tag

Der Abend verglimmt im silbernen Schein,
Mein Tag, du vergehst –
Doch du warst mein.

Warst mein mit all deinem reichen Sinn,
Mit der heiligen Kraft,
In der ich bin.

Du lösest dich auf im Abendglühn,
Doch du warst mein –
Still laß ich dich ziehn.

Jahreszeiten

Wie ein Lied mit vier Zeilen
Mit Auf und mit Ab,
Mit lässigem Weilen
Und fliegendem Trab,
So ab und so auf
In stetigem Lauf,
Ohne Ruh und Rast,
Doch ohn' jede Hast,
Singt mir meine Erde
Das Lied Jahr um Jahr
Von dem, was ist und ewig war.

Abend

Tief Gold und heißer Purpur liegt vor des Abend Tor,
Und königlich schreitet er über die Schwelle.
Des Tages Kraft verebbt leis Well um Welle.
Aus tiefen Dämmerungen lugt sanft der Traum hervor.
Der Abend trägt eine goldene Schale in seiner Hand,
Streut d'raus des Friedens weiße Perlen weit über das Land.

Mein Garten ist mein Königreich

Mein Garten ist mein Königreich,
Drin blühen mir tausend Kronen,
Hier sind mir alle Götter nah,
Die in der Einsamkeit wohnen.
Hier sprechen die fernsten Dinge zu mir,
Ich fühle ein tiefstes Erleben.
Hier wird zum eignen Geheimnis in mir
Mir der goldene Schlüssel gegeben.

Zu allen Zeiten lieb ich
dein wechselnd Angesicht

Zu allen Zeiten lieb ich dein wechselnd Angesicht,
Das unter Tränen lächelt wie die Menschenseele
Und unter Finsternissen so jäh zusammenbricht.
Das von der Sonne Flammen in wilder Glut umliebt,
In allen seinen Tiefen eigne Gluten zündet
Und unerschöpflich schaffend all seine Fülle gibt.

Im leisen Frühlingswehen, in Licht und Dunkelheit,
Im Ernst der stummen Tage und farbenloser Zeit,
Im Traum der kalten Leere, die deinen Schlaf umflicht –
Zu allen Zeiten lieb ich dein wechselnd Angesicht.

Abschied

So schließ ich denn mit armen Händen
Das sel'ge Reich, das wir so froh geteilt.
Mit müden Schritten und mit leeren Augen
Bin über seine Schwelle ich geeilt.
Du bist gestorben mir für heut und morgen,
Und all mein Fragen kehrt mir leer von dir.
Doch all der glühende Rausch der Seligkeiten,
Den du mir gabst – er geht mit mir.

Totentag

Sind sie tot, die in den Gräbern ruhn –
ausgetilgt aus allem Lebenskreis,
weggenommen aus dem Spiel der Zeiten
ohne Fluch und Segen unserm Tun –
Kann ihres Wesens Strahlung weiter leiten
die Werke ihrer Kraft, um die sie weiß?

Fühlst du nicht, wie aus der Gräber Raum
ferne Kräfte um dein Leben stehn,
die dir deuten deines Wesens Zeichen
und dich binden an verwehten Traum, –
die mit dir selbst und deinem Willen gehen
und dir dein Schicksal aus den Gräbern reichen.

An Mozart

Jauchzender Dankeschor
steigt hell zu dir empor,
Göttlicher Spender.

Öffnest die Hände du,
rauschen uns Wellen
jubelnder Freude zu,
die uns umschwellen.

Wirbelnder Vogelsang,
blauende Lüfte,
seliger Frühlingsklang,
wonnige Düfte.

Alles wird Spiel und Tanz
glücklicher Horen –
nimm du den Siegerkranz –
du – uns geboren.

Jauchzender Dankeschor
steigt hell zu dir empor
göttlicher Sieger.[1]

---

[1] Hymne vertont von Prof. Zilcher und beim Mozartfest 1928, 1929 und 1933 zur Nachtmusik aufgeführt. Siehe biographisches Nachwort.

Märchen

Das Zauberauge[*]

Es war einmal – – – – –

Ja, was war denn schnell? –

Richtig! Ein kleiner Knabe und ein kleines Mädchen lebten hoch oben im Norden. Sie hießen Ola und Fretta, und sie hatten sich sehr lieb.

Es waren nicht Schwester und Bruder, denn den kleinen Ola hatte Frettas arme Mutter einmal im kalten Winter halb erfroren im Walde gefunden und ihn mit nach Haus genommen, und nun spielten die beiden zusammen und hatten sich sehr lieb.

Im Sommer liefen sie im Walde umher und sammelten Beeren und Moos, machten Kränze und Sträuße von den schönen Waldblumen, die ihre Mutter dann in die Stadt trug, um sie zu verkaufen. Sie suchten Futter für ihre Ziege und sammelten im Herbst Holz und trockenes Laub für den Winter. Sie lagen im Schatten der Bäume und erzählten sich schöne Märchen oder legten sich auf den Rücken mitten in der Waldwiese und sahen hinauf in den hohen blauen Himmel, der immer höher wurde, je länger sie hinaufsahen. Und wenn die Wolken dort schwer dahinzogen oder wie kleine weiße Lämmer feststanden, sehnten sie sich zusammen hinauf, um von dort die ganze große Welt sehen zu können und mit den Wolken fliegen zu können – weit, weit weg.

Aber sie wollten immer zusammen sein, denn sie hatten sich sehr lieb.

„Aber wenn wir uns einmal verlieren, Ola?"

„Ach, dich finde ich immer wieder, du hast ja dein hübsches schwarzes Fleckchen am Ohr, und dein goldenes Haar leuchtet in der Sonne, dich finde ich schon wieder."

---

[*] Aus „Die Märchenwiese" (1912), siehe Quellenverzeichnis.

Und eines Tags waren sie sehr weit in den Wald hineingegangen. Da kamen sie an ein kleines Haus mit einem kleinen Garten daran. In dem Garten standen so wunderschöne Blumen, wie sie solche noch nie zuvor gesehen hatten. In allen Farben sprühte und glühte es darin wie lauter Edelsteine. Die beiden standen still und staunten all die Schönheit an.

Da hörten sie eine Stimme sagen: „Kommt doch herein, Kinder! Wollt ihr die schönen Blumen haben?"

Und als sie aufsahen, stand am Fenster des Häuschens ein häßlicher alter Mann mit langen grauen schmutzigen Haaren, und in der Mitte der Stirn hatte er nur ein Auge, und das war blutrot und funkelte wild.

Da erfaßte sie eine große Angst, und sie liefen, so schnell sie nur konnten, nach Hause und erzählten der Mutter, was sie gesehen.

„Da dürft ihr nie wieder hingehen, Kinder, das ist der böse Zauberer, wenn der ein Kind ansieht mit seinem bösen Auge, wird es krank im Herzen und kann sich an nichts mehr freuen und stirbt bald. Also geht mir nie wieder so tief in den Wald, hört ihr?"

Aber Ola dachte Tag und Nacht an die wunderschönen Blumen und wollte so gern welche für Fretta haben.

„Wenn ich nun schnell hineingehe und hole mir ein paar und sehe dem bösen Mann gar nicht ins Auge, dann kann es doch nicht schaden. Die Blumen sind wie Edelsteine; wenn wir die in der Stadt verkaufen, werden wir reiche Leute, dann kann ich für Mutter und Fretta schöne Kleider kaufen, und ich kann in die weite Welt hinaus und sehen, wie es da aussieht, und wenn ich wiederkomme, dann heirate ich Fretta."

So dachte er jeden Tag und jede Nacht an nichts andres mehr als an den Zaubergarten, und endlich konnte er es nicht mehr aushalten, er wollte wenigstens einmal hingehen und sehen, ob er nicht zwischen dem Gitter durch eine Blume abreißen konnte.

Es war ein schöner Sommerabend. Fretta saß auf ihrem Schemel und melkte die Ziege. Da rief Ola ihr zu: „Ich gehe in den Wald, Futter zu holen, es ist fast keins mehr im Stall, ich bin bald wieder zurück."

Fretta wunderte sich, da Ola sonst nie allein in den Wald ging, aber sie konnte nicht fort von ihrer Arbeit, und so ließ sie ihn gehen.

Ola ging mit klopfendem Herzen tief in den Wald hinein. Es war so unheimlich still um ihn her, da er seine Fretta zum Plaudern nicht bei sich hatte. Nach langem Laufen wurde ihm doch so bange ums Herz, und er wollte schon umkehren, da sah er von weitem ein Funkeln und Leuchten – das kam von den schönen Blumen – so nahe war er schon – nein, da wollte er doch einmal versuchen, ob er eine bekommen könne.

Und ganz leise schlich er sich an den Garten heran – rings umher war alles still, ganz still, er sah keinen Menschen im Garten, auch am Fenster des Häuschens war niemand zu sehen.

Und da, ganz nahe am Gitter, wuchs eine herrliche rote Blume, die glitzerte und funkelte und strahlte so wunderschön – die mußte er haben.

Und er kniete am Boden nieder, zwängte seine Hand durchs Gitter und ergriff die Blume. Da er aber den Stengel hatte, war's, als ob er in ein scharfes Messer griff, und sein rotes warmes Blut troff auf die Erde, und die Hand war fest an der Blume, und er konnte sie nicht mehr losmachen. Da stieß er vor Schreck und Schmerz einen lauten Schrei aus – und dann hörte er, wie eilig schwere Schritte aus dem Hause kamen, und eine derbe Hand packte ihn hinten am Kragen und hob ihn über das Gitter in den Garten hinein.

„So, da hab' ich dich ja, du Bürschchen. Haben dich meine Blumen gelockt? Nun, so ist's recht, jetzt kannst du bei mir bleiben. – So – sieh mich einmal an!"

Und Ola, zitternd an Händen und Füßen, mußte dem Zauberer in sein böses Auge sehen.

Da war's ihm, als ob sein Herz zusammenschrumpfte, als ob es kalte schwarze Nacht in ihm würde.

Und der Zauberer führte ihn ins Haus. Da lagen auf dem Tische viele hübsche runde Dinger, blau und braun und schwarz.

„Das sind Kinderaugen," sagte der Mann, „die pflanzen wir draußen im Garten, und das werden dann Edelsteine. Von den letzten Gedanken, die das Kind hatte, nehmen sie dann die Farben an. Das Kindesauge, das gerade an seine Eltern dachte, als es herausgerissen wurde, gibt die schönen blauen Blumen, die Sehnsuchtstränen werden Diamanten, und wenn ein kleines Mädchen oder ein Knabe eine stille warme Liebe im Herzen hat, das werden die schönsten Blumen, die feuerroten mit den heißen goldenen Strahlen.

Deine Augen würden solche Strahlenblumen geben, wenn ich dich getötet hätte, ehe ich dich angeschaut, denn du liebst das kleine Mädchen, das neulich mit dir hier war –"

„Nein, ich liebe es nicht," sagte Ola, „das häßliche Ding mit dem schwarzen Fleck am Ohr und dem gelben Haar –"

„Aha – der Zauber hat schon gewirkt," murmelte der Alte. „Fürchte dich nicht, ich werde dich nicht töten, denn du sollst mir helfen bei meiner Arbeit; diese Augen müssen alle im Garten gepflanzt werden, und ich werde alt und kann mich nicht mehr so bücken. Wenn du mir ordentlich hilfst, werde ich dir mein Zauberauge vermachen, dann kannst du an meiner Stelle hierbleiben und die Kinder locken, die Blumen pflanzen und die Edelsteine verkaufen."

„Kommen denn viele Kinder her?"

„O ja, oder ich suche sie mir auch draußen; wenn ich ihnen meine Steine zeige kommen sie alle mit. Wenn ich hinausgehe, sie zu fangen, nehme ich einen großen Schirm vor das Auge, dann fürchten sie sich nicht; so mußt du es später auch einmal machen."

„O ja," sagte Ola, „das wird schön."

„Und das kleine Mädchen müssen wir auch haben, denn das liebt dich, und das gibt die schönen Blumen, die roten, die sind die gesuchtesten und werden teuer bezahlt."

„Ja," sagte Ola, „das müssen wir auch haben."

Fretta aber saß mit Angst und Sorge zu Hause, denn es war sehr spät am Abend geworden, und Ola war noch nicht zurück.

„Ach, Mutter! Er ist gewiß bei dem bösen Zauberer; er hat mir wohl eine von den schönen Blumen holen wollen, weil ich sagte, sie gefallen mir so gut? Ach, Mutter, was soll ich tun, um ihn wieder herzubekommen? Ich sterbe ohne ihn!"

„Sei doch nicht so dumm," sagte die Mutter, „laß ihn doch, ich habe ihn gewarnt; und er ist ja gar nicht dein wirklicher Bruder, da brauchst du ihn gar nicht liebzuhaben, und zu sterben brauchst du schon gar nicht deshalb. Gehe lieber morgen in den Wald und hole Blumen, daß ich sie wieder in der Stadt verkaufen kann, denn sonst müssen wir hungern, und die Ziege muß auch Futter haben."

Fretta aber weinte die ganze Nacht. Andern Tags ging sie in den Wald. Wie öde und still war es da ohne Ola! Sie fürchtete sich, riß schnell so viel Blumen als möglich ab und lief nach Hause. Und so weinte sie viele Tage und Nächte und wurde blaß und aß und trank nicht.

Sie hatte nur noch den einen Gedanken: Wie kann ich Ola retten? Ach, ich muß einmal hingehen, ob ich ihn wenigstens einmal wiedersehe.

Und den andern Tag ging sie durch den stillen Wald, lange, lange – bis auch sie die schönen Blumen wieder sah – und sie ging leise ganz nahe heran; aber die Blumen wollte sie gar nicht, sie wollte nur Ola sehen.

Und richtig, da lag er an der Erde und grub mit den Händen Löcher hinein, und dann legte er etwas in die Löcher hinein und deckte die Erde wieder drüber.

„Ola, Ola, was machst du da?" schrie sie.

Er aber kannte seinen Namen nicht mehr und hörte sie nicht.

Da fing sie bitterlich zu weinen an.

Erst als Ola mit seiner Arbeit fertig war, stand er auf, und da sah er sie und kam an das Gitter.

Und sie streckte die Arme nach ihm aus.

Aber er sah sie mit einem bösen stechenden Blick an und hielt ihr eine Blume hin und sagte: „Willst du sie, so komm doch herein, ich gebe dir alle Blumen, die du willst."

„Aber Ola, lieber guter Ola, kennst du mich denn nicht mehr, ich bin ja deine Fretta, die du immer so liebhattest? Ach, sieh mich doch wieder freundlich an!"

Aber der Zauberer hatte Olas Herz ganz böse gemacht, daß er nicht mehr wußte, wie lieb er Fretta hatte.

„Ich kenne dich nicht," sagte er, „du mit dem häßlichen schwarzen Fleck am Ohr und den gelben Haaren, aber du hast schöne Augen, und die können wir brauchen." Und er streckte die Hand nach ihr aus, um sie hereinzuholen.

Doch sein wilder, böser Blick erschreckte die arme kleine Fretta so sehr, daß sie voll Todesangst davonlief und heiß und mit Fieber in den Adern nach Hause kam. Aber ihre Mutter war nicht zu Hause; sie war von der Stadt noch nicht zurückgekommen. Sie war schon früher manchmal erst am andern Tage heimgekehrt, und die beiden Kinder hatten sich nicht gefürchtet.

Doch heute zitterte Fretta vor Angst. Sie konnte Olas fürchterliche Augen nicht vergessen. Der arme Ola, das hatte ihm der böse Zauberer angetan.

Sie mußte ihn retten, sie hatte ihn ja so lieb.

Aber was sollte sie tun?

Das Auge war's – hatte die Mutter gesagt –, das Zauberauge, damit hatte der Alte Olas Herz vergiftet, und nun war er krank und mußte bald sterben.

Bald sterben! – Fretta fuhr von ihrem Lager auf. Ola sterben, nein, nein, das darf nicht geschehen. Ich muß ihn retten.

Es war eine schöne stille Sommernacht. Dort im Norden sind die Nächte so hell wie der Tag.

Fretta stand auf, sie wußte mit einem Male, was sie wollte. Sie holte sich aus der Küche ein scharfes, spitzes Messer, und dann ging sie hinaus in den schlafenden Wald. Ihre nackten Füße machten kein Geräusch, und so war es totenstill um sie her. Die Vögel und die Bäume und die Blumen schliefen, und nur der Atem des Waldes strich wie ein leichter weicher Wind über Frettas Wangen.

Fretta fürchtete sich in dieser großen Stille so ganz allein. Wenn doch nur ein einziger Vogel gesungen hätte!

Das Herz wollte ihr springen vor Angst, aber da dachte sie an Ola und rief seinen Namen leise, ganz leise – aber immer: Ola – Ola – Ola – –

Und so kam sie endlich an das Haus des Zauberers.

Da war es auch totenstill. Die Blumen lagen müde im Grase und hatten allen Glanz verloren. Fretta kletterte über das Gitter, dann auf die Bank, die am Fenster stand, und sah hinein. Sie zitterte am ganzen Körper, aber sie nahm den letzten Mut zusammen und sah den großen häßlichen Mann im Bette liegen. Das eine große schreckliche Auge war geschlossen. Und neben ihm lag Ola und schlief auch.

Leise stieg sie durchs offene Fenster in die Stube – es war so hell darin wie am Tage.

Sie schlich ans Bett – er schlief ganz fest, der böse Mann, und hörte nichts; da stieg sie auf einen Stuhl, von da in sein Bett ihm zu Häupten, und mit beiden kleinen schwachen zitternden Händen bohrte sie das Messer gerade in sein böses Auge hinein.

Er stieß einen so gräßlichen Schrei aus, daß Ola erwachte und sie greifen wollte, aber sie sprang schnell von ihm weg zum Fenster hin.

„Komm, Ola – mein Ola, deine Fretta ist's – komm mit mir!"

„Ach, bist du's, meine kleine süße Fretta?" sagte Ola und rieb sich die Augen und sah sie wieder so gut und lieb an wie früher. „Ja wir wollen laufen, nach Hause – ich habe dich so lange nicht gesehen – ich habe wohl geträumt –"

Aber der Zauberer schrie in seinem Schmerz so laut, daß Ola bald wieder wußte, wo er war. Da drängte er Fretta hinaus durchs Fenster in den Garten und dem Walde zu.

„Nun können wir aber ein paar Blumen mitnehmen, der tut uns nichts mehr. Siehst du diese rote und diese blauen – ach, die weißen und gelben noch?"

„Nein, nein," schrie Fretta, „dort steht er am Fenster, er kommt uns noch nach." Und sie liefen schnell hinaus in den sommerschlafenden stillen Wald.

Aber sie fürchteten sich nicht mehr, denn sie waren zu zweien, und sie hatten sich sehr lieb.

„Und aus den roten und blauen Steinen lass' ich dir ein schönes Geschmeide machen, wenn du einmal meine kleine Frau bist," sagte Ola.

Und sie küßten sich und liefen froh und glücklich im Walde umher und dachten nichts andres, als daß sie sich nun wieder bei den Händen halten und zusammen spielen und träumen konnten.

Von dem bösen Zauberauge sprachen sie nie wieder.

Ein Wiedersehen
Eine lustige Puppengeschichte[*]

Nun standen sie schon drei Tage nebeneinander, die feine Dame im rosa Ballkleid und der elegante Herr im Frack und Zylinder. Sie genierten sich noch immer ein wenig, so im hellen elektrischen Licht in dem großen Schaufenster zu stehen vor all den tausend Augen dieser Menschen, die immerfort kamen und gingen und sie anstarrten. Und es wurden immer mehr Menschen da draußen, denn nun kam bald die Stunde, da sie beide tanzen würden, und das war zu hübsch, das wollten alle sehen. –

Sie standen zierlich auf einer glänzenden Spiegelscheibe, die Füßchen in anmutiger Tanzstellung, hinter ihnen ein N[**] mit einem silbernen Tablett, auf dem er ihnen zwei niedliche Champagnergläser hinhielt.

„Ach, Baron," seufzte die Dame, „nun geht es wieder los."

„Tanzen Sie nicht gern, gnädige Gräfin?" fragte der Herr im Frack.

„Ja, wenn wir zwei allein wären, aber so, oder wenn es nur Berlin W[***] wäre, das uns da zusähe, aber sehen Sie nur diese vielen schmutzigen Kinder, die sich die Nasen breit drücken am Fenster."

„Das ist ja gerade lustig, Gnädigste. So voll Innigkeit und Liebe schauen uns nur *diese* Kinder an, die andern klugen Berlin-W-Kinder haben immer ein so spöttisches Lä-

---

[*] Aus „Märchen von heute" (1920), siehe Quellenverzeichnis.

[**] Hier verwendet Elisabeth Dauthendey den kolonial-rassistischen Begriff für Schwarze Menschen.

[***] Berlin W ist die Bezeichnung für den Berliner Postbezirk West, benutzt zwischen 1862 und 1920.

cheln, als wollten sie sagen: Tanzt nur, tanzt, wir wissen schon, wie das gemacht ist."

„Und die Großen erst, die mag ich gar nicht."

„Ja, die sehen immer überall hin, ob sie nicht den Preis finden. Was kost's? ist doch immer ihre erste Frage."

„So materiell!" seufzte die Gräfin.

„Aber nun aufgepaßt, bitte, daß wir uns nicht blamieren, Gräfin. Nehmen Sie das Kleid etwas höher, daß man Ihre reizenden Füßchen sieht; so – so – das ist entzückend."

„Und Sie, Baron, klemmen Sie Ihr Monokel fester, daß es Ihnen nicht herunterfällt beim *Pas bréton*."

„Ach, der gräßliche Moment," sagte der Baron, als es plötzlich in ihnen und unter ihnen zu schnurren und zu surren anfing. „Das macht mich ganz nervös."

„Ja, wir tanzen auf einem Vulkan."

Und nun tönte aus einem kleinen Grammophon eine ganz reizende Tanzmelodie.

Der Baron verbeugte sich graziös vor der Dame, und diese machte einen tiefen Hofknix.

„Auf diesen Augenblick freue ich mich immer," flüsterte er ihr zu.

„Warum?" fragte sie kokett und drehte sich um sich selbst.

„Sie wissen schon," sagte er schelmisch.

„Ja so –" Sie lächelte ihm zu und reichte ihm die Hand und drehte sich um ihn und er um sie, und sie standen auf den Fußspitzen und verschränkten die Arme, wendeten sich voneinander ab und einander wieder zu. Kurz, es war ganz reizend anzusehen, und die Menschen standen in schwarzen Haufen vor dem Schaufenster, und die Kinder drängten und stießen sich, und die nicht nahe herankommen konnten, weinten laut.

„Beaucoup de bruit pour une danse[*]," sagte die Gräfin.

„Ja, wir sind die große Attraktion, alles andre umher verschwindet neben uns."

„Wir sind Ausnahmewesen, wir können uns den ganzen Tag bewegen, die andern müssen warten, bis es Mitternacht wird, da haben sie ihr Gnadenstündlein."

„Wir brauchen keine Gnade, wir leben. – Kommen Sie, Gräfin, nun unsern Schlußeffekt!"

Und sie verbeugten sich wieder voreinander. Dann nahm sie fein und zierlich seinen Arm, der Diener schnurrte ein wenig, gab sich einen Ruck und hielt den beiden die Champagnergläser hin.

Der Baron und die Gräfin nahmen die Gläser, stießen zusammen an und führten sie zum Munde, und dann stellten sie die Gläser wieder auf das Brett zurück.

Das war der Schluß.

Man hörte plötzlich viele Hände klatschen.

Die Gräfin und der Baron lächelten geschmeichelt und verbeugten sich immer wieder zu den Menschen vor dem Fenster hin, denn obschon sie genau wußten, daß dieser Beifallssturm aus dem Grammophon kam, stellten sie sich immer, als glaubten sie, es seien die Leute draußen, die so laut Bravo riefen und sich die Handschuhe kaput klatschten, vor lauter Freude an ihnen. –

Und dann strömten viele Menschen herein.

Und viele fragten nach dem Preis der beiden Tänzer.

Aber die Verkäuferin sagte eine so hohe Zahl, daß sie alle sehr kleinlaut wurden und aus lauter Verlegenheit schnell etwas andres kauften, was sie gar nicht brauchten.

„Toujours la même chose[**]," lispelte die Gräfin. „Wir sind eben unbezahlbar."

---

[*]   Viel Lärm um einen Tanz. Anspielung auf Shakespeares „Viel Lärm um nichts".

[**]   Immer das Gleiche.

„Freue mich, freue mich immer riesig, wenn ich diese hohe Zahl höre. Die hält uns zusammen, Gnädigste. Wenn die Mamsell einmal den unglücklichen Einfall hätte, die Hälfte zu sagen, das wäre unser Unglück, dann wären wir getrennt."

„Getrennt?" schrie die Gräfin.

„Ja, Sie können doch auch allein tanzen – ich auch; wir waren auch nicht immer zusammen – komme eben von London."

„Ich aus Paris, aber dort tanzte ich mit den sechs Schwestern Barrès, und wir wurden auch einzeln verkauft, weil wir so unbezahlbar waren, und ich blieb allein übrig – das war schlimm."

„Und nun würde Ihnen eine Trennung noch härter werden, denn Sie wissen, ich liebe Sie – vom ersten Augenblick, da in der mechanischen Werkstätte unsre Seelen zusammen gestimmt wurden. – Ich liebe Sie, Chausette. Lassen Sie uns heute noch Hochzeit feiern, morgen ist Weihnacht, und wer weiß, wer weiß, vielleicht werden wir doch getrennt."

„Das wäre gräßlich," hauchte Chausette, und da es nun finster und still im Laden war, legte sie ihre Arme um den Hals des Barons und küßte ihn und flüsterte zärtlich: „Ich liebe Sie, Charley."

Er nahm ihren Arm in den seinen, führte sie in den großen Salon der Puppenstube, drehte das elektrische Licht an und setzte sich an das Klavier und sang schöne Liebeslieder, und dazwischen küßten sie sich und waren lustig und froher Dinge. –

Plötzlich rief es „Bravo! *Da capo!*" von allen Seiten, und es wurde laut in die Hände geklatscht.

Es hatte Mitternacht geschlagen, und da waren all die andern Puppenmenschlein aufgewacht. Bei diesen bekannten Tönen nahmen sich die beiden bei der Hand und verbeugten sich graziös und lächelnd nach allen Seiten.

In der Küche prasselte das Herdfeuer, und die hübsche, rosige Köchin in weißer Schürze und zierlichem Häubchen lief geschäftig hin und her, und es briet und brodelte und roch gut. Der Koch, schneeweiß von Kopf bis zu den Füßen, half ihr bei der Arbeit, schielte aber immerfort hinüber zu der schönen Gräfin, die so vornehm auf dem goldweißen Sofa saß.

Ein Drehorgelmann fing zu spielen an: Ach, du lieber Augustin – Augustin –

Den Bauernmädeln zuckte es in den Gliedern, sie winkten den Soldaten und Matrosen, und die kamen rasch herbei und fingen an zu tanzen, laut und wild.

In der Ferne zog ein Haufen italienischer Soldaten auf, die schwenkten die Fahne und schrien: „Nach Tripolis – nach Tripolis – *evviva Italia!*"

Preußisches und bayrisches Militär trappte daher, rechts, links, rechts, links – die Trommeln wirbelten – Kinder lachten und schrien, und auch die Tiere wurden lebendig, Hunde bellten, Kätzchen miauten, der Kanarienvogel im goldenen Käfig des Salons zwitscherte, kurz, es war ein Lärm und Getöse, gerade wie draußen am Tage in der großen Stadt Berlin.

„Es ist furchtbar," lispelte die Gräfin. „Jede Nacht der Lärm, aber heute ist's schlimmer denn je. Es muß viel neues Publikum dazugekommen sein."

„Ja, *chérie*, es ist gräßlich, und wir wollen doch Hochzeit feiern."

„Darf ich den gnädigen Herrschaften eine ganz zarte Austerpastete anbieten?" fragte der Oberkellner vom Restaurant nebenan und schlug vornehm die Absätze zusammen, denn er hatte früher bei der Garde gedient.

„Danke, danke bestens, ja, das könnte gerade das Rechte sein," sagte die Gräfin und lächelte den hübschen Oberkellner lieblich an.

Aber das ärgerte den Baron. Er machte eine gebieterische Handbewegung zur Tür, und da ging der arme Oberkellner schnell rückwärts mit vielen Bücklingen hinaus.

Der Baron drückte auf die elektrische Glocke, und da kam der N* herein und servierte den Champagner, und dann zog der Baron alle Vorhänge zu, und nun konnten Chausette und der Baron Hochzeit feiern. – –

Am andern Tag war Weihnachten.

Da fuhr eilig pustend und schnurrend ein Auto an dem großen Spiegelfenster vorüber, hinter dem der Baron und seine Frau eben tanzten, denn heute mußten sie es auch am Tage tun.

Sie tanzten heute besonders schön, denn sie waren jetzt noch verliebter als vorher, und da rief eine Stimme aus dem Auto: „Da schau, da ist ja ein Mann für Lillis Puppe, den sie sich so sehr wünscht."

Und ein feiner Herr stieg rasch aus und lief in den Laden, denn er hatte es sehr eilig und fragte: „Kann ich den Herrn da haben?"

Chausette war einer Ohnmacht nahe.

Die Verkäuferin suchte sie beide anzubringen und pries die herrlichen Eigenschaften des Paares aufs höchste, daß sie beide ganz rot und verlegen wurden.

„Nein," sagte der Herr, „beide brauch' ich nicht, ich brauche einen Mann für Lillis Puppe Amaranth, und die wird eifersüchtig, wenn ich gleich noch eine Dame mitbringe."

„Aber wir sind verheiratet, mein Herr," schrie der Baron.

„Es ist mein Mann!" rief Chausette, „ich kann nicht mehr ohne ihn leben."

„Das ist Polygamie! Polizei her!" rief zornig der Baron, als die Verkäuferin ihn beim Kopf nahm.

Aber leider verstehen die Menschen nicht die Puppensprache.

„Sehen Sie, so," sagte die Verkäuferin zu dem Herrn und zeigte ihm, wie man den Schlüssel einsetzen und drehen müßte, wenn der Baron tanzen sollte. „Man kann ihn aber auch so – sehen Sie, so – aus dem Räderwerk nehmen, dann ist er wie eine andre Puppe."

„Dummes Mensch," brummte der Baron, „ich bin etwas ganz andres."

Da steckte ihn die Verkäuferin in einen finstern Kasten und packte ihn zu dem Grammophon. Der Herr legte viele Goldstücke auf den Tisch und stieg vergnügt zu der Frau wieder in das Auto hinein. Chausette war ganz steif vor Schrecken und Aufregung. Die Verkäuferin zog sie nun von einer andern Seite auf, stellte ein neues Grammophon in das Fenster, und nun sollte sie allein weitertanzen. Aber das konnte sie nicht, es tat einen lauten Knax in ihrem Innern. Sie fiel in eine tiefe Ohnmacht.

„O wie dumm," sagte die Verkäuferin.

„Nun müssen wir sie so verkaufen und eine neue Tänzerin auf die Maschine setzen," meinte der Herr des Ladens und nahm Chausette mit seinen großen, groben Händen mitten um den Leib und legte sie auf den Ladentisch neben viel andre Puppen. Aber sie war die schönste und feinste, und deshalb dauerte es nicht lange, daß eine feine alte Dame sie zart und behutsam in die Hand nahm, ihr einen freundlichen Blick zuwarf und sagte: „Die nehme ich." Und dann wurde sie in ein weiches Bett von rosa Watte gelegt und in den Wagen gebracht. Aber sie wußte von all dem nichts, denn sie war noch immer ohnmächtig.

∗∗∗

Als sie wieder zu sich kam, saß sie auf einem weichen, roten Samtstuhl in einem großen Saal, der voll Licht und Menschen war. Eine reiche Tafel stand in der Mitte, darauf blitzte es von Silber und Kristall, und kleine bunte Lampen standen da, und Blumen lagen zwischen dem herrlichen Porzellan. Es duftete nach tausend guten Dingen, und Diener in goldbetreßten Livreen gingen hin und her und reichten herrliche Gerichte auf silbernen Schüsseln umher und füllten die vielen Gläser mit goldenem und purpurrotem Wein.

Um den Tisch saßen viele schöne, geschmückte Frauen und Herren im Frack, und es blitzte und leuchtete und flimmerte von dem Geschmeide der Damen. Nebenan, an einem kleinen Tischchen, saßen mehrere Kinder, die lachten laut und fröhlich und ließen sich die guten Sachen schmekken, die die Zofe ihnen auf den Teller legte, und aus ganz kleinen Gläsern tranken sie den schäumenden Wein.

„Ach, Champagner," seufzte die Baronin. Ach, Charley!"

Und da hörte sie hinter sich eine feine Stimme: „Chausette – Chausette, ich bin hier."

Chausette sah sich um, aber der Stuhl war so groß wie ein Haus, und sie konnte nichts sehen. Sie dehnte und streckte sich nach allen Seiten, denn immer wieder hörte sie ihren Namen rufen, und trotzdem die Stimme ganz leise, wie aus weiter, weiter Ferne kam, wußte sie doch, daß es der Baron war, der sie rief. Und ihre Sehnsucht nach ihm wurde immer größer, und mit aller Anstrengung suchte sie von ihrem Stuhl zu springen, aber der war zu hoch für sie, und so fiel sie plumps herunter auf den glatten Parkettboden.

Bei dem Plumps sprangen alle Kinder von ihren Stühlen auf, und ein kleines, reizendes Mädchen hob Madame Chausette auf und wischte ihr eine Träne aus den Augen.

„Nicht weinen, Bibi, nun kommst du mit zu Amaranth, da hast du Gesellschaft. Du warst so allein, deshalb weinst du wohl, ich bin auch nicht gern allein."

„Ich heiße doch nicht Bibi, wie oft habe ich das schon gesagt!" sagte die Baronin, zitternd vor Aufregung, denn der Name Amaranth erinnerte sie an etwas Schreckliches.

„Kommt, nun sollt ihr auch unsern Christbaum sehen," sagte Irene, das Haustöchterchen, und die Zofe führte sie in das andre Zimmer, aus dem der goldene Lichtstrom kam, und alle riefen „ah" und „oh", und es war ein Wundern und Entzücken, und jedes zeigte dem andern sein Spielzeug.

„Aber nun kommt das Schönste," sagte Irene. „Amaranth hat einen Mann bekommen, der kann tanzen."

„Siehst du, Bibi, das ist Amaranth," sagte Lilli zu der Baronin und zeigte auf eine wunderschöne Puppendame, die ein weißseidenes Hochzeitskleid anhatte und einen Myrtenkranz im Haar und einen kleinen goldenen Ring am Finger.

Amaranth warf der Baronin einen bösen Blick zu, denn sie sah sofort, daß diese viel schöner war als sie selbst.

Da fing das Grammophon an zu spielen, und es schnurrte im Kasten, und die Zofe schob ein Tischchen herbei, und da sah Chausette ihren geliebten Mann.

„Charley, Charley!" rief sie, und Charley tanzte und verneigte sich und sah sie an so verliebt wie damals, als sie den *Pas bréton* mit ihm getanzt hatte.

Amaranth wurde rot vor Zorn und versuchte, sich aus Irenes Arm loszumachen, und dabei fiel sie auf die Erde.

„Ach, du möchtest wohl zu Rikki, zu deinem Mann?" sagte Irene und wollte sie zu dem Baron führen.

„Aber das ist ja mein Mann," schrie die Baronin, „und Rikki heißt er ja gar nicht." Und in der großen Aufregung gab sie sich einen Schwung und flog aus Lillis Arm weg gerade auf den Baron zu und fiel ihm um den Hals. Und sie faßten sich an den Händen und küßten sich, und dann verneigten sie sich wie damals, als sie noch beieinander waren, und dann tanzten sie zusammen, und ganz plötzlich konnten die Kinder auch verstehen, was die Puppen sagten.

„Ach, die sind Mann und Frau!" riefen sie und jauchzten und lachten und sprangen herum und wußten sich vor Lust und Jubel nicht zu fassen. Sie klatschten in die Hände und trieben es toll und laut, denn nebenan die Großen waren auch sehr vergnügt und hatten sie ganz vergessen, und die Zofe war in die Küche gehuscht, um schnell einmal mit

Hans, dem Diener, zu liebäugeln, denn sie waren heimlich Brautleute.

„Sie sind Mann und Frau, und sie heißt Chausette und er Charley!" riefen sie wild durcheinander und stürzten zu den Großen hin. „Mama, Papa – Großmutti – hört, hört, sie sind Mann und Frau, und sie flog aus meinem Arm zu dem Herrn im Frack, und nun tanzen sie beide zusammen, wie damals im großen Fenster."

Die Großen lachten, und Mama sagte: „Aber nun schnell zu Bett, ihr habt euch wohl ein Schwipschen angetrunken?"

Und sie klingelte der Zofe und schalt sie ein wenig, daß sie die Kinder allein gelassen hatte, aber nur ein ganz klein wenig, denn es war ja Weihnachten.

Drinnen im Christbaumzimmer aber hing die Baronin am Halse ihres Liebsten und lachte und weinte vor Freude. „Hast du sie je geliebt?" frug sie leise.

„Nie, nicht einen Augenblick," sagte der Baron und küßte Chausette.

Amaranth war vor innerem Gram vom Tisch gefallen und hatte sich die Nase gebrochen.

Der gute Freund[*]

Du und ich und er – wir sind immer beisammen," sagte der große Lips zur kleinen Mila.

Mila war Lips' kleine Freundin, mit der er täglich zur Schule ging, und in den Freistunden spielten sie zusammen. Oft waren noch viele andre Kinder dabei, aber Mila und Lips gehörten so zusammen, daß, wenn man den einen sah, man gleich an die andre denken mußte. Sie waren aber auch Nachbarskinder, wohnten Tür an Tür und konnten sich vom Fenster über die schmale Gasse, die zwischen den niederen Dorfhäuschen aufs Feld hinausführte, die Hände reichen.

Mila war gar zierlich gewachsen, und der Lips kam sich sehr groß neben ihr vor und schaute etwas gnädig auf sie herab; aber er liebte sie sehr und nahm sie gegen jeden in Schutz, der ihr etwas zuleide tun wollte.

„Wen meinst du?" fragte Mila, als sie so des Weges zusammen hinschlenderten, jedes mit einem Korb in der Hand, um die süßen Himbeeren im Walde zu pflücken.

„Schau nur, jetzt ist er auf unsrer rechten Seite, und pass' auf, wenn wir um diese Ecke gehen – schau, wie er flugs auf die andre Seite springt, und nun ist er mitten zwischen uns."

Mila sah sich um. Oben am Himmel schien die Sonne still und heiß, die Bäume standen reglos mitten in der grünen Wiese, die Leute arbeiteten auf dem Felde, aber auf der Landstraße waren sie beide eben ganz allein.

Aber dann sah sie den Lips an, der lachte und zeigte auf den Weg vor ihnen, und da mußte auch Mila lachen.

---

[*]   Aus „Märchen von heute" (1920), siehe Quellenverzeichnis.

„Ach, den schwarzen Kerl meinst du, der so drollige Sprünge macht und manchmal ganz klein wird und manchmal ganz lang und dünn."

Und da meinten sie den Schatten, der tapfer neben ihnen herschritt, und der Lips hatte ganz recht, daß er als Dritter immer bei ihnen war.

„Aber ich habe auch einen allein für mich," sagte Mila und ließ Lips' Hand los und tanzte mitten auf der Straße wie im Kreisel um sich herum, und das sah gar drollig aus, wie ihr Schatten rund um mit ihr herumsprang. Und da machte sich auch Lips' Schatten breit und legte sich lang und grau neben ihn hin.

„So, nun ist's wieder nur einer," sagte Lips, als Mila wieder Hand in Hand mit ihm weiterging.

„Ja, das ist unser treuester Freund," meinte der Lehrer, der hinter den Kindern herkam und ihr Lachen und Reden gehört hatte. „Der verläßt uns nie, es mag uns gut oder schlecht gehen. Er steht morgens mit uns auf und begleitet uns überall hin, auch wenn wir ihn nicht immer sehen. Er weiß alles, was wir denken, denn er ist immer ganz nahe bei uns, und oftmals spricht er auch mit uns und gibt uns einen guten Rat und hilft uns, wenn wir mal faul und müde sind. Morgens zum Beispiel, sagt er da nicht oft zu euch: Steh auf, Lips, es ist Zeit, hör' doch, die Glocke schlägt, du kommst zu spät zur Schule –? Oder: Mila, Mila, mach' deine Aufgaben, sonst mußt du dich morgen schämen in der Schule –? Habt ihr das nicht schon gehört und noch vieles andre?"

„Ja," sagten die Kinder, „das haben wir schon gehört."

„Aber als unser bester Freund ist er nicht nur ernst und warnend, er macht uns auch fröhlich und kann uns oft stundenlang so gut unterhalten, und das ohne selbst ein Wort zu sagen oder mitzulachen, wie es die Menschen meistens tun, und ist doch ihr Witz oft gar nicht so viel Worte und Lachen wert. Stellt euch nur mal gegen eine helle Wand. Schaut, so!" sagte der Lehrer und blieb an der weißen Mauer des Schulgartens stehen, und dann machte er mit seinen Händen allerlei Bewegungen, und da sprang sein Schatten gleich hin und malte die schönsten Bilder an die Mauer, die drolligsten Dinge, sage ich euch, daß die beiden Kinder laut lachen mußten.

Da kam ein Hase mit langen Ohren, der bewegte seine Lippen gar drollig; eine Katze lief einem Mäuschen nach; ein grunzendes Schweinchen lief auf seinen vier kurzen Beinchen daher und drehte das kleine Schwänzchen hoch in die Luft; ein Eichhörnchen nagte an einer Nuß, und eine alte Frau mit einem Tuch um die geschwollene Backe, die es von der Sonne mit dem Niesen bekam, machte die komischsten Verneigungen an der Wand.

„Das müßt ihr euch von eurem Schatten auch zeigen lassen, versucht es nur einmal, er ist ein gar geduldiger Lehrer und macht es euch hundertmal nacheinander vor, ohne daß er müde oder unwirsch wird. – Dort ist nun der Wald. Eure Körbchen sehnen sich wohl schon sehr nach den roten saftigen Beeren und eure Leckermäulchen auch, so müßt ihr nun wohl Lebewohl sagen, wie? Sonst hätte ich euch noch ein Märchen von unserm Freund, dem Schatten, erzählt."

„Ach, eine Geschichte!" sagte Mila.

„Ach, eine Geschichte!" wiederholte der Lips.

Aber beide blickten dabei doch gar sehnsüchtig nach dem Walde hin.

Da lachte der Lehrer, denn er war ein guter Mann und verstand die Gedanken der Kinderherzen zu lesen. „So geht nur, morgen ist auch noch ein Tag, da erzähle ich euch das Märchen von dem Schatten und dem Knaben."

Da liefen Lips und Mila ganz schnell und flink in den grünen duftenden Wald hinein und füllten ihre Körbchen und ihren Magen mit den süßen Beeren. Aber als sie satt waren, hätten sie auch gar so gern die schöne Geschichte gehört. Nun mußten sie aber bis zum andern Tage warten. –

Der Lehrer hatte sein Versprechen nicht vergessen; in der letzten Viertelstunde vor Schluß der Schule erzählte er ihnen die Geschichte:

Da gab es einmal einen Knaben, sagte er, der hieß Anse. Anse war ein wilder Bub und oft ungehorsam gegen seine alte Ohme, die ihn aufzog, denn er war ein Waisenkind. Und so hatte sein guter Freund, der immer bei ihm war, oft viel mit ihm zu schelten und zu ermahnen. „Steh auf, steh auf, es ist Zeit zur Schule!" mußte er schon des Morgens, besonders im kalten Winter, mahnen.

„Ach, laß mich doch," sage Anse unwillig und drehte sich auf die andre Seite. Aber der Schatten zupfte ihn am Ohr und am großen Zeh, bis er endlich aus den Federn sprang, und er zog sich eilig an und lief ohne die Morgensuppe fort, die ihm die Ohme hinstellte, denn sonst wäre er zu spät gekommen.

Der Schatten lief mit ihm. „Siehst du, siehst du, so geht's, wenn du mir nicht folgst," sagte er.

Während der Schulzeit konnte sich der Schatten unter die Bank legen und ausruhen, da paßte der Lehrer schon selber auf, daß Anse brav und fleißig war.

Aber nun, wenn die Schule aus war, da ging's holterdipolter hinaus auf die Eisbahn zu Schneeballen und andern Spielen – das war eine wilde Jagd unter den Buben. Der gute Schatten rannte immer mit und warnte den Anse: „Geh nicht über den See, er ist noch nicht fest!" Aber die Wintersonne lachte so einladend auf das Eis hin, und Anse hörte nicht auf die Stimme des guten Freundes und tanzte auf seinen Eisschuhen im Kreis umher, und sein guter Schatten immer um ihn herum.

„Ei, gar lustig schaust du aus, wenn du so mittanzt!" rief Anse und fuhr immer schneller und wilder dahin.

„Halt still, halt ein!" rief Freund Schatten.

„Gerad jetzt ist's am schönsten, laß mich in Ruh!" sagte Anse.

Aber da fiel er auch schon in das kalte Winterwasser, denn das Eis hatte von der Sonne einen großen Spalt bekommen.

„So, jetzt müssen wir sterben," sagte der Schatten.

„Oh!" schrie Anse. „Nein, nein, nein, ich will noch nicht sterben."

Und er schrie so laut und so lange, bis der alte Schiffersknecht herbeikam und ihn mit langen Stricken herausholte. Aber der Anse wurde sehr krank und lag lange zu Bett, und die alte Ohme sorgte sich sehr um ihn und weinte bittere Tränen.

„Wenn du auf mich gehört hättest!" sagte der Schatten.

„Sei still, was geht es dich an! Ich will laufen und springen und auf dem Eis tanzen, ich will ins Wasser fallen. Ei, wie ist es so schön kalt da! Und die vielen Fische, blaue und grüne – sei du nur still – ich tu', was ich will."

„Ach, er ist im Fieber und wird sterben," meinte die Ohme.

Aber Anse starb nicht. Er wurde wieder gesund, und kaum war er gesund, so fing das wilde Leben wieder an.

Im Winter an den gefährlichsten Stellen mit dem Schlitten herabsausen, sommers im See baden, wo er am tiefsten war, die kleinen Mädel necken, daß sie zu weinen anfingen – kurz, er war ein rechter böser Schlingel.

„Nein, mit dir ist es nicht auszuhalten; wenn du es so weiter treibst, geh' ich fort von dir, und dann kannst du sehen, wie einsam du bist ohne mich," sagte der gute Freund zu ihm.

„Ach, du kannst ja gar nicht fort von mir," sagte Anse lachend, „wir sind ja zusammengewachsen."

„Wollen sehen, wollen sehen!" antwortete der Schatten.

Und einmal war es, da ging Anse wieder der kleinen Linde nach und hatte Böses im Sinne.

„Wenn du das tust, bleib' ich nicht bei dir!" sagte der Schatten, der Anses Gedanken sehen konnte.

„Ho – ho – wollen sehen! Du mußt schon bei mir bleiben, ob du willst oder nicht."

Und Anse ging leise der Linde nach, versteckte sich hinter einem Baum, und als sie ganz nahe war, stürzte er mit
lautem Geheul hinter dem Baum hervor, daß sie laut auf-
schrie, ihren Topf mit Milch fallen ließ und ganz blaß vor
Schrecken zitternd am Wege stand.

Anse lachte laut auf, die kleine Linde sah so komisch aus
in ihrer Angst.

Da aber fühlte Anse einen harten Ruck vom Kopf bis zu
den Füßen, und als er aufsah, flog eine feine graue Wolke in
die Sonne hinauf, immer höher und höher, bis nichts mehr
davon zu sehen war.

Anse wurde ganz still. Sollte sein Schatten wirklich fort
sein? Er stellte sich in die Sonne, hierhin und dorthin, so und
so und anders – aber es half nichts, kein Schatten war mehr
zu sehen.

Wie schämte sich nun der Anse! Er lief spornstreichs
heim, aber kein lustiger Schatten lief neben ihm her.

„Ja, wo ist denn dein Schatten?" fragten die Leute.

„Der ist schon da," sagte Anse, „ich will ihn euch nur
nicht zeigen."

Da lachten die Leute. Und die Kinder riefen: „Ei, ei,
seht nur den Anse, der hat keinen Schatten."

So ging nun Anse immer an der Seite der Straße, wo
auch die andern Leute keinen Schatten hatten, und blieb viel
daheim, weil er sich so schämte, daß er seinen Schatten verloren hatte.

„Sei nur recht brav, vielleicht kommt er dann wieder,"
sagte die Ohme.

Aber Anse glaube es nicht. Wie war es doch schwer ohne
den guten Freund! Er mußte jetzt selbst an alles denken, es
war nun keiner mehr immer neben ihm, der ihn erinnerte,
ihn weckte und mahnte. „Ach, wenn du doch wieder da
wärst, ich wollte dir schon folgen. Wie bin ich nun allein, dir

konnte ich alles sagen, du warst immer neben mir, und manchmal hast du mich doch von bösen Dingen abgehalten." Aber der Schatten kam nicht.

Nun nahte der Tag, wo Anse feierlich mit all den andern Kindern in der Kirche eingesegnet werden sollte, er war nun ein großer Junge und sollte dann die Schule verlassen.

Er fürchtete sich sehr vor dem Tage, da alle Leute öffentlich seine Schande sehen würden, wenn der lange Zug über den sonnigen Platz in die sonnenhelle Kirche ging und alle ihren treuen Freund neben sich hatten – nur er allein würde nackt und leer und arm daherkommen. So ging Anse in traurigen Gedanken auf der Landstraße hin, er blieb auf der Seite, wo man sein Übel nicht sah.

„Warum bist du so traurig?" fragte plötzlich die kleine Linde hinter ihm.

„Ach, du machst auch kein fröhliches Gesicht," entgegnete Anse unwirsch, denn er war böse auf Linde, weil er um ihretwillen seinen Schatten verloren hatte.

„Meine Mutter ist krank," sagte Linde, „und ich soll das Labkraut für sie im Walde suchen, aber man findet es nur um Mitternacht, und da fürchte ich mich zu sehr – deshalb bin ich so traurig."

„Ich will dir suchen helfen," sagte Anse schnell.

„Du – ach nein, du willst mich nur foppen, ich glaube dir nicht," und sie lief ihm fort.

Das tat dem Anse sehr weh. Wußte die Linde nicht, daß er in all der Zeit, da er so allein ohne seinen lustigen Schatten gewesen, ganz anders geworden war? Er hatte alle guten Lehren seines Freundes aus der Erinnerung geholt und versuchte, danach zu handeln. Vielleicht, daß er doch wieder zu ihm käme. Und so tat es ihm im Herzen weh, daß da die Linde fortlief und sich vor ihm fürchtete. Aber es sollte sich niemand mehr vor ihm fürchten, das konnte er nicht mehr ertragen.

Als es dann um Mitternacht vom Kirchlein läutete, machte sich Anse auf und lief in den Wald. Er wollte für die Linde das Heilkraut suchen, daß ihre Mutter wieder gesund würde, da würde auch sie selbst wieder lachen und guter Dinge sein.

Der Mond stand ganz groß und silbern im Walde und schaute gütig auf Anse herunter. Der ging tapfer durch den Wald, der finster und einsam weit und breit umher sich ausbreitete. Anse zitterte ein wenig, denn so allein des Nachts im tiefen Walde, da zittert jedes Menschen Herz, denn da ist Gott so nahe, und man fühlt seine Größe und Allmacht.

Der Mond sah die Angst in Anses Herzen und die Tapferkeit, mit der er sie bekämpfte, und da half er ihm und leuchtete ihm mit seinen weißen Strahlen, daß er gar bald ein Büschlein Labekraut auf dem Wege fand.

Voll Freude kniete Anse nieder und pflückte rasch das kostbare Kräutlein.

„Wie wird sich die Linde freuen! sagte er ganz laut und sah zum lieben Mond hinauf.

Und plötzlich sah er, wie eine leichte graue Gestalt an den silbernen Mondstrahlen herabkletterte.

Und als sie herunterkam, war es sein Freund, der Schatten.

„Ach, bist du wieder da, und willst du nun bei mir bleiben?" rief Anse voll Freude.

„Ja," sagte der Schatten, „nun werden wir uns gut vertragen. Hoppla, komm, laufen wir zusammen im Mondenschein. Sieh, sieh, wie gut wir es noch können!"

Anse sah glücklich auf die lustigen Sprünge des Schattens neben ihm, und plötzlich fürchtete er sich gar nicht mehr.

Der Mond lächelte milde und gütig zu den beiden herab. Und die Engel Gottes freuten sich über sie. –

„So war's," sagte der Lehrer. – „Nun seht zu, daß mir keines von euch seinen Schatten verliert.

Haselstrauch und Weihnachtsbaum[*]

„Du träumst wieder einmal," sagte der Haselstrauch und schaute ärgerlich zum Tannenbaum hinauf.

„Warum soll ich nicht träumen?" antwortete die Tanne. „Sieh, wie blau der Himmel ist, und die schwarzen Krähen hängen wie eine Perlenschnur oben im lichten Blau, und der weiße weiche Schnee, wie sanft liegt er dahingebreitet über Land und Berge!"

„Ach was!" brummte der Haselstrauch ärgerlich, „guck' nicht immer in den Himmel, auf der Erde ist es nötiger, Umschau zu halten. Sieh dort, wie der Jörg und der Hans und die Liese ihre Bücherranzen in den Schnee werfen, die neuen Ranzen, und wollen nun über den See gleiten, und der Herr Lehrer hat es doch verboten."

„Laß sie doch gleiten, sie werden schon vorsichtig sein."

„Ach, dir ist es freilich einerlei, was um dich her vorgeht, hast nicht für einen Pfennig Pädagogik in dir."

„Was ist das?" fragte die Tanne.

Der Haselstrauch stockte; das war eine schwierige Frage, und er wußte es selbst nicht, was dies schwere Wort eigentlich bedeutete, aber er hatte es vom Lehrer oft gehört, und so prunkte er mit diesem großen Worte.

Er durfte aber nun dem Tannenbaum nicht zeigen, daß er selbst keine rechte Antwort wußte, und so sagte er wichtig: „Pädagogik ist, wenn der Herr Lehrer seine Ruten von meinen Ästen schneidet."

„Oh," sagte die Tanne, „bin ich froh, daß man mir meine Äste nicht abschneidet, noch dazu um Kinder damit zu schlagen!"

---

[*] Aus „Märchen von heute" (1920), siehe Quellenverzeichnis.

„Du verstehst eben kein Opfer zu bringen zum Besten der Menschheit."

„Meinst du?" sagte der Tannenbaum leise. „Morgen ist Weihnacht. Da geht der Christengel umher und sucht sich die schönsten unter uns aus und nimmt uns mit in die Häuser der Menschen. Er setzt uns goldene Lichtlein und viel süße Dinge in die Zweige, und die Kinder jubeln und freuen sich an diesem Abend wie sonst nie im ganzen Jahr."

„Kinder sollen keine Süßigkeiten haben, werden nur naschhaft davon und krank," sagte der Haselstrauch streng.

„Und drei Tage lang zünden sie jeden Abend in der Dämmerung die goldenen Lichtlein an, und in diesem Glanze erzähle ich ihnen dann viele schöne Märchen, und deshalb muß ich träumen und in den Himmel schauen und alles Schöne erspähen ringsumher. Kinderaugen brauchen viel Schönheit und Liebe. Und wenn sie sich an mir gefreut haben drei Tage lang, dann sind meine Zweige trocken und krank, und ich muß sterben – sterben, damit die Kinder sich freuen."

„Oh – oh," sagte der Haselstrauch, „das ist hart und bitter, und die ungezogenen Kinder sind es gar nicht wert, daß man für sie stirbt."

„Ach, sieh! Dort sehe ich schon von fern den Christengel kommen mit seinem goldenen Wägelein und dem grauen Eselein mit silbernen Ohren davor."

„Duck' dich, duck' dich!" rief der Haselstrauch. „Stell' dich hinter die hohe dunkle Fichte dort, daß der Engel dich nicht sieht!"

Die Tanne antwortete nicht.

Und als der Christengel mit seinem Wägelein nahe herankam, knisterte sie leise mit ihren grünen Nadeln und rief: „Nimm mich mit – nimm mich mit!"

„Oh," sagte der Engel, „du bist herrlich gewachsen, und wundervoll müssen meine Lichtlein auf deinen schönen Zweigen sitzen. Aber du bist noch so jung, willst du nicht lieber noch ein weiteres Jahr im stillen Walde träumen?"

„Nimm mich mit – nimm mich mit!" sagte die Tanne.

„So will ich dich denn schmücken, liebe Tanne," sagte der Engel und nahm von seinem goldenen Wägelein hundert Lichtlein und viele bunte Dinge, die wie Edelsteine blitzten, und hängte sie in die Zweige des Tannenbaumes, und dann schüttete er einen ganzen Sack voll süßer Sachen über ihn hin, und zuletzt fiel ein goldenes Sternlein vom Himmel auf den Tannenbaum, und der strahlte nun in Gold und Silber wie ein Königskind.

Der Haselstrauch sah voll Staunen hin.

„Nun bist du schön," sagte der Engel. „Noch aber kann ich alles wieder von dir nehmen und dich hier lassen im Walde. Wie willst du es? Willst du drei Tage lang ein Haus voll Menschen froh und glücklich machen? Du weißt aber, daß du dann sterben wirst."

„Nimm mich mit – nimm mich mit! Die Menschen brauchen Freude. Ich kenne ihren Kummer. Sie kommen immer her zum Walde, wenn ihnen das Herz schwer ist. Diese drei Tage geben ihnen Kraft für ein langes Jahr der Sorge und Plage."

„Groß und klein wird dich lieben und unter deinen Zweigen jubeln. Groß und klein sind Kinder, frohe Kinder in diesen drei heiligen Tagen. So komm denn, und ich danke dir, daß du dies Opfer der Liebe bringen willst."

Da hob das Tannenbäumchen seine Wurzelfüßlein aus dem weichen Waldboden und ging ganz langsam unter seinem schweren Schmucke zum goldenen Wagen hin.

„Pst – pst!" rief der Haselstrauch. „Der Herr Lehrer kommt. Macht Platz, macht Platz!"

Der Engel lächelte und schritt dem Lehrer entgegen und sah ihm ins Gesicht.

Da wurde sein strenges Angesicht plötzlich hell und gütig, und er zog den Hut tief vor dem Engel der Liebe und lächelte zu dem strahlenden Tannenbaum hin.

Den Haselstrauch sah er gar nicht an, den hatte er ganz vergessen.

Dreimal an der Tür[*]

Wer da ein König. Der lebte mit seinem einzigen Töchterlein in seinem weiten Königreich. Gar sehr liebte er das Töchterlein, denn es war schön und klug und trug seine Krone gar stolz und vornehm auf den goldenen Locken.

Wenn sie zusammen durch das Land fuhren im goldenen Prunkwagen mit zwanzig Vorreitern und zwanzig Nachreitern in scharlachfarbenen Wamsen, auf silbergezäumten Rappen, war das ein herrlicher Anblick, und alle Leute blieben voll Ehrfurcht am Wege stehen und neigten sich tief vor ihnen zur Erde. Die Männer hatten strahlende Augen und konnten nicht genug Worte finden, die Schönheit der Prinzessin zu loben.

Aber die Frauen seufzten leise und sagten: „Aber sie hat kein Herz. Noch nie hat sie ein gutes Lächeln für uns gehabt, und noch kein freundlich Wort kam je zu uns von ihren Lippen."

„Ach was," sagten die Männer, „Schönheit ist gar viel, da braucht's nicht auch noch ein Herz."

„O nein, nein," riefen die Frauen, „ohne Herz kann sie niemand lieben, und wie soll sie da einst Königin werden und eigne Kindlein haben!"

„Ja," sagte ein alter Mann, „ihre Mutter, die gute Königin, ist zu früh gestorben, und nur die Mutter kann dem Kinde das Herz erwecken, das Herz braucht gute Frauenhände, gerade wie die Rosengärtlein, wenn sie lind und warm erblühen sollen." –

„Schön und stolz," sagte der König, „so lieb' ich dich, mein Kind."

---

[*] Aus „Märchen von heute" (1920), siehe Quellenverzeichnis.

Und er führte sie im Lande umher, daß alle Edlen und Hochgeborenen ihre Herrlichkeit erschauten. Und es war, als ob sie alle, Fürsten und Prinzen, schäumenden Wein tranken, wenn sie diese Schönheit sahen. Wie die Bienen um die Blumen drängen, so kamen sie herzu, neigten sich vor dem Königskinde, und jeder hoffte, der Glückliche zu sein, der den Saum ihres Gewandes küssen durfte.

Aber wer ihr so nahe kam, daß er ihr Goldkleid fassen konnte, erschrak plötzlich vor dem Blick ihrer Augen, der kalt und hart wie ein Schwertblitz ihnen ins Herz fiel. Und keiner von den vielen hatte den Mut, das Gewand zu erfassen, so nahe es auch seiner Hand lag und so heiß auch der Wunsch in seinem Herzen brannte.

Die Prinzessin aber freute sich ihrer Macht, und es gefiel ihr gar wohl, so mit dem König, der sie auf Händen trug, durch die Lande zu fahren und auf allen Wegen leuchtende Augen und brennende Herzen zu sehen, Männer und Frauen, die ihre Schönheit bewunderten und vor ihr die stolzen Knie beugten.

Aber da geschah es, daß der König sich eine neue Königin nahm, damit ihm für sein weites Reich ein Söhnlein geschenkt würde. Und da die Königin auch jung und schön war, liebte sie die Prinzessin nicht und verdrängte sie von ihrem Platze im Herzen und im Wagen des Königs.

Und als sie nun dem König einen Prinzen geschenkt hatte, konnte sie seinen Sinn wie an einem seidenen Faden lenken, und so wußte sie den König allgemach so für sich einzunehmen, daß er nur noch sie sah und ihre Schönheit schöner fand als die der Prinzessin. Und zuletzt ließ er der Prinzessin ein eigen Schloß bauen, in dem sie mit ihren Dienern und Wagen und Pferden fern vom Hofe des Königs leben mußte.

Da wurde die Prinzessin sehr traurig, denn sie hatte ihren Vater sehr lieb, und das Leben an seinem Hofe war so reich und lustig für sie gewesen, und nun saß sie allein im eignen

Schloß, wo es zwar sehr schön war, aber auch sehr einsam, und sie langweilte sich und wußte nicht, was sie mit ihren Tagen machen sollte.

„Das geschieht dir ganz recht," sagte die böse Königin, „warum hast du alle deine Freier so schlecht behandelt! Wärest du nicht so stolz und kalt gewesen, könntest du längst selbst Königin sein und ein Kindlein in der Wiege haben."

Da die Prinzessin nun so allein war und niemand mehr ihr schmeichelte, fing sie an über sich selbst nachzudenken, und sie sah sich selbst, wie sie im goldenen Wagen neben dem König stolz und hochmütig und eitel an all den Leuten vorüberfuhr und wie sie lächelnd auf all die Königssöhne herabschaute, die ihre Knie vor ihr beugten und ihr das Beste, was sie hatten, ihr Herz, schenken wollten. Ach, wie gern hätte sie jetzt einen der vielen da gehabt, um mit ihm zu plaudern und ihre Tage froh zu machen!

Aber kein Königssohn ließ sich hinfort mehr sehen weit und breit. –

Eines Tags nun, als die Prinzessin traurig in ihrem blühenden Sommergarten wandelte, erblickte sie in einem grünen Busch ein seltsames Vöglein, das sie noch nie gesehen hatte.

Es war goldgelb am Gefieder, und auf dem Stirnlein hatte es ein silbernes Sternlein.

„Ei," sagte die Prinzessin, „wo kommst denn du her?"

„Aus dem Wunschland.
Mein König hat mich hergesandt."

„Oh, du sollst mir wohl einen Wunsch erfüllen?"

„Kiwitt – kiwitt –
So it – so it –"

sang das Vöglein.

Da atmete die Prinzessin tief auf. Oh, nun konnte sie sich alles wünschen, und die traurigen einsamen Tage würden nun ein Ende haben.

„So schick' mir einen Freiersmann – einen Königssohn, der mich im goldenen Wagen in ein schönes Land holt, daß ich die böse Königin und ihr Knäblein, die mir das Herz des Königs gestohlen haben, nie mehr sehen muß."

„Werd's dem Wunschkönig sagen,
Dir morgen Antwort tragen"

sang das Vöglein und flog davon.

Andern Tags war die Prinzessin schon gar früh im Garten und wartete mit klopfendem Herzen auf das goldene Vöglein aus dem Wunschland.

Plötzlich hörte sie es:

„Kiwitt – kiwitt
Komm mit – komm mit!"

„Was singst du, Vöglein? Ich soll mitkommen? Ist das die Antwort, die du mir bringst?"

„Kiwitt – kiwitt –
So it – so it –"

„Nein, das ist ja schrecklich! Niemals werde ich zu einem Freiersmann gehen, der soll nur schön in einem goldenen Wagen zu mir kommen und mich abholen mit hundert Reitern und silbernen Dienern."

„Kiweit – kiweit,
Sei nur gescheit,
Drei Tage Zeit,
Dann sei bereit –"

sang das Vöglein und flog davon.

Drei Tage ging die Prinzessin umher und besann sich, was sie tun solle.

„Nein, nein," sagte sie zuletzt, „ich gehe nicht, eine Prinzessin läuft dem Freiersmann nicht nach." Aber sie schaute sehnsüchtig nach dem Vöglein aus, denn es war gar so einsam und langweilig um sie her. Vielleicht brachte es doch noch eine bessere Nachricht mit.

„Kiwitt – kiwitt –
Kommst mit – kommst mit?"

sang's da im Busch.

„Nein – nein – nein – niemals!" rief die Prinzessin und warf den Kopf hochmütig in den Nacken.

Da hob das Goldvöglein die Flügel und wollte fortfliegen.

„Ach nein – bleib, bleib!" rief die Prinzessin.

„Kiwitt – kiwitt –
Kommst mit – kommst mit?"

Ach, ich kann ja mal mitgehen und sehen, wohin es mich führt, es ist wenigstens einmal etwas andres als alle Tage, dachte die Prinzessin, und wenn es mir nicht gefällt, laufe ich schnell davon.

So streckte sie ihr Fingerlein dem Vöglein hin, das setzte sich darauf, und sie gingen mitsammen aus dem Garten auf die Landstraße hinaus. Das Vöglein flog dann auf und rief immerfort: „Kiwitt – komm mit"! Die Prinzessin hob ihre goldene Schleppe auf, ihre Goldschühchen wateten durch den Staub, und die Sonne brannte heiß auf ihre Stirn, denn sie hatte den Sonnenschirm vergessen. So etwas war sie nicht gewöhnt, und es gefiel ihr gar nicht. Aber nun wollte sie doch einmal sehen, wohin das Vöglein fliegen würde, und so ging sie ihm nach, immer weiter in einen schönen grünen Wald hinein, da war es gar kühl und so wunderschön, daß es der Prinzessin ganz wohl ums Herz wurde.

Immer tiefer ging es in den Wald, die Prinzessin konnte kaum weiter.

„Ich kann nicht mehr," seufzte sie und hielt sich an einem Baume, um nicht umzufallen.

„Kiwitt – kiwitt
Dort it – dort it."

Verwundert sah die Prinzessin sich um, sie konnte nichts Besonderes sehen, das irgendwie einen Freiersmann für eine Königstochter erwarten ließ. Da flog das Vöglein an die Tür eines kleinen Hüttleins, setzte sich auf das Dach und sang:

„Kiwitt – hier it,
Kiwein – tritt ein!"

Da lachte die Prinzessin laut auf. „Dahinein soll ich, ich, das Königskind, in diese alte schmutzige Hütte, da soll mein Freiersmann wohnen? – Pfui!" sagte sie, hob ihr goldenes Gewand auf und wandte sich, um wieder heimzugehen.

„Kiwitt – kiweit,
Drei Tage Zeit,
Dann ist's vertan,
Kannst einsam gahn"

rief das Vöglein, indem es vor der Prinzessin herflog und ihr den Weg zu ihrem Schlosse zeigte.

Müde und sehr böse kam sie in ihre schönen Zimmer. Die ganze Nacht konnte sie nicht schlafen, immer mußte sie an das ärmliche Häuslein mitten im Walde denken, wo ein Freiersmann für sie wohnen sollte. „Drei Tage – drei Tage" summte es ihr am andern Tag in den Ohren. Und es plagte sie eine arge Neugierde, wie der Freier wohl aussähe, der in jener kleinen Hütte wohnte. Endlich konnte sie es nicht länger aushalten.

Ich kann mir ihn ja mal ansehen, dachte sie. Ließ sich von ihrer Ankleidefrau schön anputzen, setzte ihr güldenes Krönlein auf und ließ sich in ihrem gläsernen Wagen bis zum

Walde fahren. Dort stieg sie aus und schickte den Wagen wieder heim.

Ob ich den Weg finde? dachte sie. Da raschelte es am Wege und ein grünes Fröschlein hüpfte auf und quakte so laut und beflissen, daß sie merkte, es wolle etwas von ihr.

„Willst mir den Weg zeigen, Fröschlein?"

„Quak – quak," sagte es und hüpfte in den Wald hinein.

Und richtig, nach einer Weile sah sie das Hüttlein zwischen den Bäumen, ein feiner blauer Rauch flog aus dem kleinen dünnen Schornstein zu den rosigen Abendwolken hinauf.

Das Fröschlein sagte noch einmal „quak – quak" und sprang in das Brünnlein, das vor dem Häuschen plätscherte.

Da stand die Prinzessin nun wieder vor dem ärmlichen Hüttlein, und sie wurde ganz rot vor Ärger. Hier sollte sie eintreten, hier sollte ihr Freier auf sie warten – schrecklich! Und sie wollte schon wieder umkehren, da hörte sie die Stimme des Vögleins: „Drei Tage Zeit – dann ist's vertan – kannst einsam gahn."

Einsam – das war bitter.

So ging sie denn langsam zur Tür und nahm allen Mut zusammen und klopfte an.

Innen hörte man es rascheln und schlürfen, und dann öffnete sich die Tür, und eine alte krumme Frau schaute die Prinzessin an.

Die Königstochter stand stolz da und blickte der Alten hochmütig ins Gesicht. Nun wird sie sich fürchten und mich demütig einladen, einzutreten, dachte sie.

Aber die alte Frau sah sie ernst und streng an und sagte:

> „Was willst du hier
> In Staat und Zier,
> Willst du ins arme Haus,
> Laß deinen Hochmut drauß'."

Damit schloß sie die Tür, und die Prinzeß mußte wieder umkehren zu ihrem Schloß.

Sie war wütend vor Zorn und konnte die ganze Nacht nicht schlafen. „Niemals gehe ich wieder hin," sagte sie die ganze Nacht und weinte vor Ärger und Zorn.

Aber als der andre Tag fast zu Ende war, ruckte und zuckte es ihr in den Füßen und Händen. Nur noch zwei Tage, dann war die Frist um, und sie würde nie erfahren, wie es in der Hütte aussah, und wer darin noch wohnte außer der bösen alten Frau. Das konnte sie doch nicht aushalten.

Und so ging sie heimlich in die Kammer der Dienstleute, suchte sich den einfachsten Anzug heraus, flocht ihr goldenes Haar in zwei Zöpfe, wie die Dorfmädchen es tun, und machte sich auf den Weg.

Diesmal fand sie ihn ganz allein. Und nun stand sie vor der Tür.

Ihr Herz klopfe, und sie pochte leise an. In dem armen Kleide fühlte sie sich gar nicht wohl, und sie senkte den Kopf und frage ganz bescheiden: „Darf ich hereinkommen?"

„Ja, ja," sagte die Alte ganz freundlich, „tritt ein, tritt ein!"

Sie setzte die Füße über die Schwelle.

Wie dunkel ist's da!

„Mach' Licht!" sagte die Alte und gab ihr ein Feuerzeug in die Hand.

Die Prinzessin hatte noch nie ein Licht angezündet, ihre Hand zitterte, und sie brauchte lange Zeit, bis endlich das Licht brannte, das auf einem hölzernen Tische stand.

Uh, wie ärmlich und kahl war die kleine Stube, und der Boden war mit Moos und alten Blättern bedeckt.

Die Prinzessin wollte ihr Kleid aufheben, denn sie hatte ganz vergessen, daß sie nicht ihr Königsgewand anhatte.

„Wie schmutzig es ist!" sagte sie.

„Kehr' aus!" sagte die Alte und reichte ihr einen Besen.

Da aber wurde die Prinzessin böse.

„Pfui," sagte sie, „nein, nein, das tue ich nicht!" und lief hinaus und lief und lief, bis sie todmüde im Schlosse ankam. Sie mußte heimlich durch die Hintertür schleichen, denn sie hätte sich zu Tode geschämt, wenn man sie in dem ärmlichen Kleide gesehen hätte.

Und sie weinte die ganze Nacht und schwor, daß sie nie mehr an diese Tür gehen würde.

Andern Tags ließ sie sich schön putzen und bestieg ihr goldgezäumtes Pferd und ritt weit weg vom Walde, damit ihr ja nicht einfallen sollte, diesen Weg zu gehen.

Sie ritt finster und schweigsam dahin und sah nichts von dem schönen Sommertag umher. Die Wiesen blühten und dufteten, die Sonne lachte, Vöglein sangen, die Menschen arbeiteten vergnügt auf dem Felde. Alles war froh und heiter, nur in ihrem Herzen sah es dunkel und traurig aus.

„Weil ich so allein, so allein bin," sagte sie und dachte an den Freiersmann, der ihr verheißen war, und zu dem sie doch nicht hinkonnte. „Nein, erst das schlechte Kleid anziehen, dann auch noch Licht anzünden und dann gar –"

Nein, sie konnte es gar nicht ausdenken und wurde ganz rot im Gesicht vor Zorn und Scham.

Da läutete es die Abendstunde ein.

Noch eine kurze Stunde, dann war alles vorbei. Dann sollte sie all die vielen Jahre so einsam in ihrem Schlosse leben.

Aber das war ja fürchterlich – nein, nein – dann lieber schon. Und sie wendete ihr Pferd und gab ihm die Sporen und ritt wie der Wind dem Wege zu, der in den Wald führte. Immer schneller ritt sie, je dunkler der Abend wurde, und endlich sah sie das Hüttlein von fern, ihr schien, als leuchte ein goldener Schimmer drüber hin.

Da aber fiel ihr plötzlich ein, daß sie ja hoch zu Roß und in goldenen Gewändern war, da würde die Alte sie gar nicht hereinlassen.

Was sollte sie tun, zum Heimreiten und Umziehen war keine Zeit mehr.

Es schlug halb sieben, der Tag war gleich zu Ende.

Der Angstschweiß stand ihr auf der Stirn, jetzt wollte sie um jeden Preis doch noch einmal an der Tür sein.

Ohne sich lange zu besinnen, sprang sie vom Pferde, band es an einen Baum, warf ihre Krone ins Gras, riß sich die goldenen Kleider ab und die Goldschuhe von den Füßen, und so, im schlichten Unterkleid und barfuß, lief sie, so schnell sie konnte, zum Hüttlein hin.

Der letzte Schlag der Abendstunde hatte gerade angeschlagen, als die Prinzessin leise an die Tür klopfte.

Da kam die Alte heraus und machte ein gar freundlich Gesicht. „Schön, daß du kommst," sagte sie, „hier, zünde an!"

Diesmal ging's schneller damit. Und als die Alte ihr den Besen gab, nahm die Prinzessin ihn ganz willig und fing an, Blätter und Moos aus der Stube zu kehren.

Je länger sie aber kehrte, desto größer wurde das Zimmer, und sie kehrte und kehre, und das Zimmer nahm kein Ende.

Endlich konnte sie nicht mehr, setzte sich auf eine Bank und weinte.

Da hörte sie das Vöglein rufen:

„Kiwitt, kiwitt –
Schau auf, wein' nit!"

Als sie aufsah, war die dunkle Stube verschwunden. Ringsumher strahlte alles in Gold und Silber, sie saß herrlich gekleidet auf einem goldenen Throne, mitten in einem Prunkgemach, alles war festlich mit Blumen und Bändern geschmückt, viele geputzte Herren und Damen saßen in hohen Stühlen an den Wänden. Musikanten bliesen und geigten oben auf den Balkonen, und alles schien feierlich auf etwas sehr Schönes zu warten.

Da tat sich die große Flügeltür auf, und von zwei Rittern geführt trat der Königssohn herein; er kam ganz nahe zu der Prinzessin hin, beugte das Knie, nahm seine Krone vom Haupt und legte sie in ihre Hände.

„Willst du Königin sein in meinem Reich und mir helfen, mein Volk zu regieren mit Liebe und Güte?"

Und die Prinzessin vergaß all ihren Hochmut und antwortete gar sanft und lieblich: „Ja, das will ich gern tun."

Denn sie war ja so glücklich, nicht mehr zu ihrem einsamen Schloß zurückkehren zu müssen.

Und so gereute es sie nicht eine Stunde, daß sie schweren Herzens dreimal an die Tür des armen Hüttleins gepocht hatte.

Die Zauberflöte[*]

In grauer Vorzeit regierten in Wald und Flur die Naturgeister. Im Laufe der Jahrhunderte aber wurden sie von den Menschen aus ihren Tälern vertrieben. Nur einer von ihnen hatte sich auf einen hohen Berg gerettet, der uralte Waldgeist Pan mit seiner erdbraunen Flöte. Die hatte er sich aus der Rinde der Weltesche gemacht, die in der Mitte der Erde wächst und deren Wurzeln sich von der Weisheit und Süßigkeit der Erde nähren. Und Pan sang den Menschen das tiefe Waldlied, in dem alle Weisheit und Süßigkeit der Erde war und das die Herzen der Menschen glücklich machte. Er konnte aber auch drollige und schalkhafte Liedlein flöten. Dann lachten die Menschen, und die ganze Erde lachte mit.

Da er nun sie alle so lachen und weinen machen konnte vor Glück und Lust, liebten sie Pan noch immer und stellten ihm nicht nach wie den anderen Geistern, und obschon sie ihn auf dem höchsten Berge sitzen sahen, taten sie, als sähen sie ihn nicht, und ließen ihn in Ruhe. In die Ebene aber durfte er sich nicht wagen, denn es gab auch viele Menschen, die nicht lachen und nicht weinen konnten, und die waren ihm ob seiner ewigen Fröhlichkeit gram und hätten ihm gern ein Leids getan.

So saß nun Pan hoch oben auf einem eiskalten Gletscherberg und war zum erstenmal in seinem langen Leben trübselig in seinem Herzen. Da unten lagen die schönen, grünen Wälder, die er so liebte, und die lustig blühenden Wiesen und Felder. Dort flogen durch die blaue, lachende Luft die tausend Flügelein von Schmetterlingen und kleinen Vögeln, die alle seine Lieder so sehr geliebt hatten. Ach nun

---

[*] Aus „Märchen" (1976), siehe Quellenverzeichnis.

war er einsam und konnte nicht mehr wie sonst mit den Bäumen und Wiesen, mit dem Wind und der warmen Erde plaudern, wie er es sonst so fröhlich getan hatte.

Traurig griff er nach seiner erdfarbenen Flöte und dachte, vielleicht könne er sich einmal selbst fröhlich machen mit seinen Liedern, wie er sonst tausend andere froh gemacht hatte.

Aber die Flöte blieb stumm. Ihre Stimme war gestorben in der eisigen Kälte ringsumher. Da schrie Pan laut auf vor Schreck und Schmerz. Und da der hohe Berg ganz nahe am blauen Himmel lag, hörte Sankt Petrus, der Himmelspförtner, den gewaltigen Schrei und sah zum Himmelsfenster hinaus.

„Was ist mit dir, Wichtlein", rief er, „warum schreist du so, daß meine Engelsschar vor Schrecken zittert?"

„Ach ich armer Wicht! Tausend Jahre habe ich die Menschen mit meiner Flöte glücklich gemacht, und nun sind sie meiner müde geworden und haben mich verjagt."

„Ja, ja, so machen's die Menschen", sagte Petrus; „aber kannst du wirklich so schöne Lieder? Dann können wir dich vielleicht im Himmelssaal brauchen. Laß einmal hören!"

„Aber das ist ja gerade das Schreckliche, weshalb ich so laut geschrieen habe vor lauter Heimweh, meine Flöte – meine Flöte – die liebe Flöte hat ihre Stimme verloren in der bitteren Kälte hier oben", klagte Pan, und heiße Tränen fielen aus seinen Augen.

„Tröste dich, Männlein! Da wollen wir dir schon helfen in deiner bitteren Not."

Sankt Petrus öffnete die Sonnenkammer, nahm ein brennendes Strahlenbündel heraus und reichte es Pan hinunter. „Da halt deine Flöte einen Augenblick daran, und sie wird ihre Stimme wieder haben."

„Ei – oh – ach – herrlich!" rief Pan, lachte und nahm die Flöte an die Lippen, spielte und blies und konnte gar nicht aufhören vor Glück und Seligkeit.

Aber auch Petrus spitzte die Ohren. „Das ist schön, das ist bezaubernd", meinte er und strich sich den langen, grauen Bart, wie er immer tat, wenn er sehr zufrieden war.

Denn obgleich er nun schon tausend Jahre die schönen Engelsharfen gehört und deshalb ganz feine Ohren bekommen hatte, wollte ihm dies Musizieren gar herrlich erscheinen. In der Flöte sang ja die ganze Erde, Wald und Feld, Blumen und Blüten. Es sang auch der Wind und das Wasser, der Regen und der Sturm, und jede Kreatur hatte ihre Stimme in dem Lied. Es sang alle Weisheit und Süße der Erde, und es war etwas gar Liebliches und Schreckliches zugleich.

„Das würde auch allen Heiligen und Engeln gefallen, die vom langen Harfenlied vielleicht doch ein wenig müde geworden waren", dachte Petrus im stillen. Er nickte gar freundlich und schmunzelte zustimmend in seinen langen, dichten Bart hinein.

Das machte den Pan ganz höllisch froh. Nun durfte er wohl gar in den Himmel hinein und den Engeln etwas vorspielen. Darüber wurde er ganz wild vor Freude und fing plötzlich an, kleine Schelmenlieder zu flöten, mit denen er die Menschen so oft zum Lachen gebracht hatte. Was er jetzt auf einmal spielte, wurde immer bunter und geriet in wachsende Ausgelassenheit hinein. Es jodelte und purzelte, quiekte und piepste. Das hüpfte und sprang, tanzte und lachte, schimpfte und zankte aus der Flöte heraus, daß selbst Petrus laut auflachen mußte. Er hielt sich den Bauch, schluckte und gluckste und schämte sich gar arg, daß ihm die Schelmerei so gut gefiel.

„Ei", sagte er nach einer Weile leicht erzürnt, „was ist denn das? Wo kommt das her? Wohin bin ich denn geraten?"

„Das kommt von der Erde", antwortete Pan voll Übermut, „und will in den Himmel." Während des Spiels hatte er ganz vergessen, daß er ein armer verjagter Geist war.

„So, so, das will in den Himmel", wiederholte Petrus und nickte bedenklich, bevor er sich plötzlich straff aufrichtete. „Nimmermehr!" donnerte er und wollte böse das Himmelsfenster zuschlagen.

Da änderte Pan mitten im Atemzug die Tonart und blies schnell sein süßestes Lied von der Liebe und Freude, voll Unschuld und Reinheit. Und Petrus stand wieder still, lauschte und bekam beinahe Tränen in den Augen. Ringsum rauschte es wie von weichem Gefieder um ihn her, und tausend kleine Engel beugten sich herab und fragten: „Was ist das, Vater Petrus? Oh, was ist das? So schön und doch so fremd, so wundervoll! Laß es herein zu uns!"

„Ja, wenn es euch so gefällt, da ihr doch selbst so herrlich singen könnt, dann muß es wirklich etwas Schönes sein. – So komm' denn herein, du Wichtlein mit deiner Zauberflöte", sagte er schließlich, streckte den Arm aus dem Himmelsfenster und hob Pan herauf in den Himmelssaal. „Aber das sage ich dir", flüsterte er ihm ernst ins Ohr, „daß du dir nicht einfallen läßt, deine Schelmenstücke vor heiligen Ohren zu spielen, sonst ..."

„Jaja, gewiß nicht", fiel er dem Heiligen ins Wort, setzte aber leise hinzu: „Fein und lustig war es doch, wie?" Dabei blinzelte er Sankt Petrus listig und vielsagend an, daß dieser jäh ganz rot wurde bis in seinen grauen Bart hinein.

Da saß nun der alte Pan im Himmelssaal mitten unter den Engelsscharen. Er sah sie am Tage herumwandeln unter den blauen Palmen und hörte ihr seliges Singen und ihr süßes Harfenspiel, sah, wie sie mit weißen Händen die goldenen Lilien pflegten, die zu Ehren Gottes in seinem Tempel blühten. Des Abends durfte er sie in Schlummer singen auf seiner erdbraunen Flöte. Seine Lieder erzählten von der Schönheit und Weisheit der Schöpfung. Er sang das Lied des Frühlings und das Erwachen der Erde. Er sang vom Duft der Blumen und der Felder, vom Rauschen der Wälder, vom Wellenspiel in Bach und Fluß. In seinen Liedern flogen wie Vögel die frohen Gedanken der guten Menschen auf, die Stimmen der Tiere lockten und riefen aus dieser Zauberflöte,

die der lustige und listige Pan mit vollendeter Kunstfertigkeit
spielte.

Die Engel alle liebten ihn und sein Spiel. Oh, wie sie ihn
liebten! „Ach, singe mehr – mehr!" sagten sie und blickten
ihn liebend und sehnsüchtig an. „Laß uns die Erde sehen und
hören! Wie schön muß es da sein! Ach, könnten wir nur
einen Tag dorthin!" Mit diesem Wunsch im Herzen schliefen
sie hinter vielen Türen ein und träumten von der Erde und
ihrer Herrlichkeit.

Allmählich wurde Pan müde, immer nur sanfte Weisen
zu singen, da es auf der Erde nicht immer nur sanft und lieblich war und auf lieblichen Tag oft gar böser Sturm und Flut
und auf hellen Sonnenschein viel dunkler Alltag folgte. Eines
Tages konnte er es plötzlich nicht mehr aushalten, fing das
dunkle Erdlied an und blies mit aller Kraft. Die Flöte sang
von Schwert und Blut, von Sturm und Wetter, von bitterem
Leid und heißen Tränen. Und zuletzt gar fiel er in die tollen
Weisen eines seiner Schelmenlieder.

Die Engel erschraken. „Was war das? Was ist das?" riefen sie. Sie flogen von ihren goldenen Sitzen auf und irrten
wirr und verängstigt im Himmelssaal umher.

Da stürzte Sankt Petrus herein.

„Was tust du, böser Wicht? Hatte ich dir nicht verboten,
von den Übeln der Erde oder gar noch deine Schelmenlieder
im Hause des Lichtes und des Friedens zu singen? Fort mit
dir! Bist noch halb ein Tier! Fort von hier!"

In seinem gerechten Zorn packte er den Pan an seinen
Ohren und warf ihn über den Rand des Himmels auf die
Erde hinunter, mitten in den dunkelsten Wald. „Deine Strafe
wirst du da unten finden", zürnte er ihm nach und warf das
Tor mit Krachen zu.

Der Fall aus so großer Höhe zur Erde war sehr unsanft.
Pan rieb sich die Ohren und die Schenkel. Aber was war
denn das? Die Ohren hatte ihm Petrus ganz spitz gezogen,
und an den Schenkeln fühlte er ein haariges Fell, und die

Füße, du lieber Gott, das waren ja Bocksfüße. Er hinkte, so schnell er konnte, zum nahen Waldsee hin und beschaute sich im Spiegel des Wassers. Du mei! Wie sah er aus? Halb ein Mensch, halb ein Böcklein! Die spitzigen Ohren standen ihm gar frech und listig oben auf dem Kopf, und an der Stirne quollen ihm zwei braune Hörnlein hervor.

„O weh, jetzt werden sich die Menschen und die Tiere vor mir fürchten", jammerte Pan. „Was soll ich tun? Nur meine Flöte kann mich noch trösten." Er nahm die Flöte zur Hand, die er während des Sturzes noch festgehalten hatte, setzte sie in den dunkelsten Winkel seines Mundes und blies eine leise, wehmütige Weise. Es war ein Lied voll Schmerz und Klage.

Da ging es wie ein Zittern durch die Erde.

Die Menschen hörten es und lauschten. „Der alte Pan lebt noch", flüsterten die Alten, die sich seiner noch erinnerten, einander zu. Sie drangen in den Wald, um ihn zu suchen. Aber als sie ihn sahen mit den wilden Bocksbeinen, den listigen Spitzohren und den Hörnern am Kopfe, erschraken sie. „Er ist es nicht", sagten sie, „es ist ein böser Geist." Und sie flohen vor ihm eilends nach Hause. Auch die Stierlein kamen leise heran, denn auch sie lockte das feine Lied. Aber auch sie erschraken. Da er weder Tier noch Mensch war, überfiel sie große Furcht, und sie flohen in ihre Höhlen. Da weinte Pan bitterlich.

„Nun fürchten sie mich wirklich alle", klagte er, „es liebt mich niemand mehr wie einst, als sie in Scharen zu mir kamen, meinen Liedern lauschten und mir Brot und Wein in Fülle schenkten. Da mich nun keiner mehr mag, muß ich sterben, und ich sterbe gern, da mich keiner mehr mag. Aber was mache ich mit dir, liebe kleine Flöte? Deine Herrlichkeit soll mit mir nicht sterben. Ich will einen Menschen suchen, dem ich dich vermachen kann." Und Pan setzte sich an den Rand des Waldes, um auf einen Menschen zu warten, dem er seine Flöte schenken könne.

Bald kam auch ein Mensch des Weges daher. „Fürchte dich nicht!" sagte Pan zu ihm, „ich tue dir nichts zuleide. Ich will dir nur meine Flöte schenken, da ich sterben muß. Höre, wie schön sie klingt!" Und Pan spielte ein so liebliches Lied, daß selbst die Sonne still stand und lauschte.

„Ei, gar schön", sagte der Mann, „aber was soll ich damit? Ich muß arbeiten und mein Land bebauen. Da habe ich keine Zeit für Spiel und Lust."

„Oder willst du lieber eine fröhliche Weise hören?" sagte Pan und spielte eines seiner losen Lieder, die er im Himmel nicht spielen durfte.

„O, ich habe keine Zeit zum Lachen", erwiderte der Mann unfreundlich und ging seines Weges.

Da kam ein zweiter vorüber.

„Höre", sagte Pan, „ich muß dir meine Flöte schenken." Und wieder spielte er ein feines Lied, daß alle Vögel im Walde einstimmten und laut mitsangen.

„Wohl, wohl, gar fein", nickte der Mann ihm zu. „Aber was soll ich damit? Ich muß rechnen, mein Geld zählen und Handel treiben. Da bleibt mir keine Zeit zu Spiel und Freud."

Auch er entfernte sich ungerührt.

Nach einem Weilchen kam ein dritter gegangen. Wieder fragte Pan, und wieder spielte er ein süßes Lied, daß alle Blumen die Köpfe hoben und ihre Farben aufleuchteten vor Glück.

„Ei süß, gar süß ist deine Flöte", lächelte er Pan zu. „Aber was soll ich damit? Stecke den ganzen Tag in meinen Büchern. Tag und Nacht in tausend Büchern. O, es ist so viel geschrieben worden, worüber ich nachdenken muß. Da ist keine Zeit für Spiel und Lied." Auch er hatte keine Stunde übrig zum Lachen und Weinen.

Pan seufzte schwer. Sein kleines Herz war voll Weh. „So soll ich dich doch, meine liebe kleine Flöte, mitnehmen in die Nacht und das Schweigen. Weh den Menschen, wenn sie deine Stimme nicht mehr hören werden! Wie sind sie schon verändert, seit ich von ihnen fliehen mußte! Aber ach, da kommt wieder ein Mensch. Auch der wird wohl eine finstere Arbeit haben, keine Zeit für Freud und Leid. Aber ich will noch einmal fragen – noch einmal nur."

„Sag, Freund, was tust du in deinen Tagen?" fragte Pan den fremden Menschen, der da vorüberging.

„Ich", sagte der Mann, „ich lebe, ich träume, ich singe."

„O!" rief Pan froh, „arbeitest du nicht?"

„Doch, doch! – Aber in meiner Arbeit freue ich mich auf mein Leben, auf mein Lied, auf meine Träume."

„So hast du Zeit für Spiel und Lied und Freude – und Schmerzen. So höre die Stimme meiner Flöte!"

Pan spielte. Die Flöte sang. Die ganze Welt stand einen Augenblick still und lauschte.

Des Mannes Herz erbebte vor tiefem Glück. Er sank in die Knie und weinte vor Seligkeit.

„Hab Dank!" sprach er, als Pan geendet hatte. „Sieh, so habe ich geträumt, und nun höre ich meinen Traum, und Himmelsfreude fällt in mein Herz." „Dir kann ich meine Flöte schenken und ruhig sterben", sagte Pan, „du wirst sie spielen können."

„Mir willst du sie geben! Oh!" und er griff mit zitternden Händen danach, legte die Flöte sanft an die Lippen. Was er spielte, wurde ein wunderliebes Lied, daß selbst Pan vor Freude weinte. „Hab Dank", sagte er und starb. Aus seinem Munde flog ein kleines, graues Vöglein in die Luft und sang dasselbe Lied, das eben die Flöte gespielt hatte. Nun stand der Träumer auf und zog mit der Flöte über die Erde hin, und die Erde wurde wieder voll Lust und Lied und Freude und Glück.

„Ein neuer Pan ist zu uns gekommen", klang es durch Wald und Feld und Hain. Tierlein und Vöglein riefen und sangen es einander zu.

„Uns ist ein Dichter geboren", sagten die Menschen. „Er singt uns seine Träume und seine Sehnsucht. Seine Lieder sind wie Grüße von Gott."

Die Menschen fanden wieder Zeit für Spiel und Freude. In ihren Herzen erblühten aufs neue das heilige Lachen und die glücklichen Tränen.

Vom Schneiderlein Lustig[*]

Mutz, das Schneiderlein, saß auf seinem Schemel oben auf dem großen Tisch, recht wie ein König auf seinem Thron. Vergnügt schaute er in die kleine Welt, die um ihn war. Vor dem Fenster lag weicher Winterschnee. Im Garten tropfte es von den Bäumen herunter, tip – tap; denn die Mittagssonne lugte sanft über den Himmelsrand.

Im engen Zimmer prasselte es lieblich warm vom Ofen her, und ein süßer Duft von gebratenen Äpfeln kribbelte dem hageren Mutz um die dünne, weiße Nase.

„Bin ich nicht ein König in meinem Reich?" rief er fidel und fädelte einen langen Faden in die große Nadel.

„Lumpenkönig!" piepste eine feine Stimme.

„Hahaha! Hast recht, über Lappen und Lumpen, Schere und Nadel herrsche ich königlich. Sie müssen mir alle gehorchen. – Schere her! (kommandierte er) Fingerhut, Nadel und Faden herbei!" und alle hüpften und sprangen und taten nach seinem Befehl.

„Tischkönig!" spöttelte die feine Stimme, „aber dann, wenn die Türe aufgeht!"

„Hahaha!" lachte der Schneider, „laß sie nur aufgehen! Fürchte mich nicht, wenn du bei mir bist."

„Na, na!" beschwichtigte die feine Stimme.

Da ging auch schon die Türe auf, und hereinkam groß und dunkel die stattliche Frau Meisterin.

„Mit wem schwätzt du denn wieder und lachst und gluckst vor Vergnügen?"

„Schwätze und lache mit mir selbst", sagte der Mutz.

---

[*]   Aus „Märchen" (1976), siehe Quellenverzeichnis.

„Was gibt's denn zu lachen? Sind schlechte Zeiten! Arbeite lieber, daß mehr Geld hereinkommt! Für den Sonntagsbraten ist meine Pfanne ein viel zu großer Anzug."

„Zu lachen gibt's immer was, wenn man genug Humor hat! Horch, wie der Schnee tropft! Lus* doch, wie langsam der faule Jörg durch den Schnee stapft! Und riechst du auch, wie saftig mein Apfel in der Ofenröhre prutzelt?"

„Ist das vielleicht zum Lachen?" sagte die Meisterin mit süß-sauerm Gesicht und kam einen Schritt näher.

„Schau doch einmal in den Spiegel, dort hinten in der Ecke!" suchte der Mutz abzulenken, „deine Haube sitzt ganz schief, und deine Löcklein wollen dich treulos verlassen. Das sieht schnurrig aus. Hahaha!" Da trat die stramme Meisterin noch einen Schritt näher und faßte die Elle ins Auge, die neben dem Schneider auf dem Tisch lag.

Da wurde das Meisterlein ein wenig kleiner, aber nur ein ganz klein wenig auf seinem Thron, hielt sich aber tapfer und murmelte vor sich hin: „Eins, zwei, drei – Kobold herbei!"

An der Wand klappte ein Deckel auf und heraussprang ein buntes Männlein, grün, blau und gelb angetan, hüpfte und tanzte auf dem Tisch herum; Schere, Elle und Nadel tanzten mit, schneller, immer schneller, daß es der Meisterin grün und gelb vor den Augen wurde.

„Oooh", jammerte sie, „mir wird ganz übel, muß mich einen Augenblick hinsetzen – aber, aber, ich komm wieder und schau nach, was du geschafft hast."

Als sie weg war, triumphierte das Schneiderlein und wurde gleich um eine Handbreit größer: „Das hast du wieder gut gemacht, Tuck, du hast halt einen Verstand."

„Jaja"! bestätigte die feine Stimme Tucks, „auf mich kannst du dich verlassen; bist ja auch gut zu mir und teilst jeden Bissen und Schluck mit mir. Da freue ich mich auch, dir aus deinen Nöten zu helfen. – Aber bring' mich wieder

---

* Lusen, süddeutsch bzw. österreichisch: horchen, lauschen, zuhören.

heim! Lang halten wir's doch nicht bei euch schnurrigen Menschen aus. Bring mich heim, noch heute, wenn's geht!"

„Ja, ja! Noch heut!" stimmte der Mutz zu.

Da nahm Meisterlein Mutz so in der halben Dämmerungszeit das Kästlein von der Wand und trug das Geisterchen in den Wald zurück.

Auf dem Wege begegnete ihm der dicke Bäcker. Er blieb stehen, um ein Gespräch anzufangen. „Ei, wohin so spät, Herr Mutz? Und warum so rund um das Dorf herum? Mögt wohl nicht an meiner Tür vorbei? Von wegen der Schulden? He, Herr Mutz!"

„Schon gut, schon gut, morgen zahl' ich mein Brot. Laßt mich des Weges!" Aber der dicke Bäcker stellte sich vor den kleinen Mutz wie eine Mauer. „Morgen, morgen, das sagt Ihr schon lang. Nun aber hab' ich Euch. Raus mit den Batzen!" Und er griff dem verdutzten Mutz in die Tasche. Schwapp – sprang das Kästlein auf, und wegflog des Dicken Hut, daß er ihm flugs nachlaufen mußte durch Schnee und Schmutz.

„Hahaha!" lachte der Mutz, wie er es konnte, „lustig ist's in der Welt."

„Ei, ei!" rief plötzlich eine andere Stimme über den Weg, „müßt's doch haben zu Hause und in der Taschen, Schneiderlein, trotz dieser bitterbösen Zeiten."

„Es muß nicht das Geld sein, Herr Schulmeister, es kann auch was anderes sein, daß man sein Lachen behält zu bitterer und zu süßer Stunde."

„Was ist's dann? Sag' mir's Rezept! Kann's brauchen, Schneiderlein."

„Das ist mein Geheimnis. Darf's nicht verraten. Hab's vom Ahn geerbt. Jeder kann's erben, sonst hat er's nicht."

„Wo geht's denn noch hin – zu so später Stunde?"

„Nu, so mal an die Luft."

„Und was gibt's in dem Kästlein? Laßt mal sehen!"

Schwibb, flog das Männlein heraus, dem Schulmeister zwischen die Füße. Pautz, lag er im Schnee und Schmutz.

„Hahaha!" lachte der Mutz, und das Männlein lachte mit: „Hihihi! Wie lustig ist die Welt!"

„Was war das nur?" fragte der Schulmeister, „da sprang doch was heraus. Muß doch sehen, was das mit dem Geheimnis ist! Wo läuft er hin in so später Abendstunde, und was ist in dem Kästlein?"

Ganz leise, Schritt für Schritt, schlürfte das Schulmeisterlein dem Schneiderlein nach. Der merkte es nicht, trabte fröhlich weiter, neckte sich mit dem Tuck und fühlte sich pudelwohl. Wie froh macht die reine Schneeluft! Sie ging dem Mutz wie starker Wein in den dünnen Körper! Und wie stark erfrischt erst der kühle Schneeduft im Winterwald! Vom Himmel lachte der Vollmond zum Mutz herunter: „Grüß Gott! Grüß Gott, wie geht's, Meisterlein Lustig? Alle Haare noch auf dem Kopf und die Meisterin frischauf?"

„Hahaha!" lachte der Mutz, und der Mond lachte freundschaftlich mit. „Mit wem lacht er nur?" rätselte der Schulmeister.

Der Schneider tanzte durch den Schnee, jubelte und rief: „O wie schön! O wie schön! Tuck, nun raus aus dem Haus! Hier bist du daheim! In dem herrlichen Winterwald! Die Bäume haben Spitzenkleider an, und der Mond hängt ihnen glitzernde Edelsteine in die Äste."

Tuck sprang lustig aus dem Kasten und hüpfte dem Mutz auf die Schulter. „Ja, schön ist's bei uns in der freien Welt. Ihr Stubenhocker dauert mich in Euern warmen Nestern."

„Hast recht", fiel ihm der Schneider ins Wort, „fidel wird man in der kernigen Luft", und plötzlich fingen beide zu singen an. Mit ihren dünnen Stimmen zirpten sie fröhlich in die Winterherrlichkeit hinein:

„Hopsa, hopla, schnurgerad
mitten in den Wald hinein!

Köstlich schmeckt die Winterluft,
würzig wie der beste Wein! Hahaha!"

„Hu!" sagte der Schulmeister zu sich selbst und zog die
Schultern hoch, „lieber möcht' ich umkehren und mich in
mein Bett verkriechen. Was der da vorn im kalten Wald singt!
Mir rappeln die Knochen und klappern die Zähne, und der
singt mordsvergnügt, fürcht' sich nicht, klappert nicht und
singt und lacht. Daheim möcht' ich sein! Hinterm Ofen
wär's warm!" Aber er kehrte doch nicht um. Die Neugierde
plagte ihn gar zu sehr, dem Schneiderlein auf sein Geheimnis
zu kommen. Also stapfte er ärgerlich weiter, hinterher, und
wurde immer gereizter, je lustiger der da vorn hüpfte, sang
und lachte.

> „Hopla, hopla, bin allein,
> niemand vorn und hinten,
> und so kann ich, hopsassa,
> neuen Kobold finden."

Der Schulmeister hörte es und sagte: „So, mit Kobolden hat
es der. Dachte immer: das wär' ein schlechtes Völklein. Na,
will sie mir einmal ansehen. Wenn sie nett sind, nehm' ich
mir auch einen mit. Der soll mir dann meine Grillen vertrei-
ben, die überall daheim in allen Winkeln sitzen und mir die
Haare aus dem Kopf zupfen." Und er ging weiter hinter dem
Mutz her, keuchte und pustete, schimpfte über die Hunde-
kälte, und von all der Wunderherrlichkeit des Waldes sah er
nichts. Mißmutig brummte er immer wieder vor sich hin:
„Wie lang soll ich dem Lachpeter noch nachtrollen? Säß lieber daheim am warmen Ofen und stopfte mir ein Pfeiflein."

Da blieb der Mutz endlich stehen. An der uralten Eiche
regte sich kein Zweig. Hier nahm er etwas aus dem Kästchen
und setzte es vorsichtig in den Schnee.

Zu spät holte der Schulmeister seine Hornbrille aus der
Tasche. Ganz nahe schlich er sich an die Eiche heran und

versteckte sich hinter ihrem dicken Stamm. Da konnte er alles sehen und hören. Vor dem Mutz sprang ein kleines, buntes Männlein herum und sang:

> „Ei, wieder frei,
> war gar schön bei dir,
> doch schöner ist's hier ..."

„Hab Dank, lieber Tuck, für deine guten Dienste!" unterbrach der Mutz, und dann bückte er sich zu der großen Höhlung im Baum und rief:

> „Eins, zwei, drei,
> herbei, herbei!
> Wer kann tanzen, singen, lachen?
> Alle diese schönen Sachen
> kann der Mutz. Helft ihm dabei!"

Da schwirrte und schnurrte es heraus aus dem Baum. Viele bunte Männlein huschten vorbei, sangen und sprangen und lachten um den Mutz herum. Und er haschte nach ihnen und lief und sang und sprang, bis er eines erwischt hatte. Das steckte er vergnügt in den Kasten und trollte wohlgelaunt mit heißen Wangen und leichtem Herzen heimwärts durch den glitzernden Winterwald. Sagte der Schulmeister, der zurückgeblieben war: „Na, das ist kein Kunststück. Will mir auch mal so ein Springerlein holen. Kann's brauchen, kann's brauchen."

Als der Schneider außer Sicht war, ging er zum Loch im Baum und sagte das Verslein; denn er war gar klug und konnte solche Verslein gut behalten.

> „Eins, zwei, drei,
> herbei, herbei!
> Alle diese schönen Sachen
> kann der Mutz –"

Ach Gott der Mutz! Das Schneiderlein! Der konnte es! Aber er! Der hochehrwürdige Herr Schulmeister! Tanzen, singen, lachen, springen, das konnte grad er nicht. So sollte es doch ein Männlein für ihn tun!

„Eins, zwei, drei,
herbei, herbei!" rief er nochmals.

Da kam aus dem Baum ein lautes Gekicher: Hihihi! Und dann:

„Eins, zwei, drei,
geh' nur vorbei.
Helfen können wir nur dann,
wenn es einer selber kann."

„Dummes Volk! Wenn ich's kann, brauch' ich Euch nicht dazu", brummte der Schulmeister und griff in die Höhlung. Da stach und zwickte es ihn tüchtig. Doch er packte fest zu, und ein buntes Männlein zappelte heftig in seiner Hand. „So", sagte er, „du kommst mit. Will sehen, ob du parierst. Was dem Mutz recht ist, ist mir billig", und er stopfte das zappelnde Koboldchen in seine finstere Tasche und knöpfte sie fest zu. „Hahaha – hihihi!" lachte es aus dem Baum.

„Morgen sollst du mir tanzen und singen und lachen, brauch' einen Zeitvertreib", sagte der Schulmeister und ging störrisch und fröstelnd aus dem Wald hinaus.

An seiner Haustür kam ihm schon sein gutes Weib entgegen. „Hab' mich geängstigt um dich."

„Dummes Gerede!"

„Bist so kalt. Soll ich dir einen heißen Trank machen?"

„Freilich, der könnte schon auf dem Tisch stehen."

Als sie zur Küche ging, griff er schnell in die Tasche und wollte das Männlein herausholen und irgendwo einsperren bis zum nächsten Tag. Da schwirrte und schnurrte es aus der Tasche heraus – lauter graue, spinnfüßige Grillen flogen umher und stoben in alle Ecken und Winkel zu all den übrigen, die da schon hockten und heimisch waren.

„Was ist denn das schon wieder?" rief der Schulmeister bös und voll Wut? „Wo ist denn mein Kobold? Grillen hab' ich selbst, die brauch' ich mir nicht aus dem Wald zu holen."

Es flatterte und zirpte um ihn herum und drang in seine Ohren:

„Wo Grillen sind zuhaus',
kommen Grillen dazu.
Wirf die erste hinaus,
dann hast du Ruh'!"

„Die erste, die erste! Wo ist sie? Wo? Ich find' sie nicht mehr." – So hatte der Schulmeister eine böse Nacht, obwohl sein gutes Weib neben ihm lag und sich um ihn sorgte. Die Grillen tanzten und schwirrten um ihn her und quälten ihn von allen Seiten.

Der Mutz aber hatte gar lustige Träume und lachte mitten in der Nacht so laut auf, daß die reizbare Meisterin zornig aus dem Schlafe auffuhr und sich wütend auf die linke Seite legte.

Der wundersame Spiegel[*]

War da ein Kaufherr vor alter Zeit.

Der lebte in Hülle und Fülle, denn er hatte der Güter viel.

Seine Schiffe schwammen auf fernen blauen Meeren und brachten ihm die Schätze aller Weltteile in seine weiten Speicher.

Das Haus, in dem er arbeitete, war klein und eng und lag in einer dunklen Gasse. Hier hatte er angefangen mit seinem Handel, als er noch ganz arm und dürftig war. Aber das kleine Haus war wie ein Taubenschlag. Den ganzen Tag gingen viele Menschen aus und ein. Diener und Schreiber liefen umher, andere kratzten mit großen Gänsekielen in dicken Büchern. Viel Geld war durch die Hände des Kaufherrn gegangen. Ach, und das Geld war nicht immer sauber gewesen. Viel Ärger klebte daran, viel Unrecht und ungutes Tun.

„Ja, ja", sagte der Kaufherr, schaute auf seine Hände und seufzte, „ja, ja, viel Unrecht habt Ihr schon getan und werdet Ihr weiter tun müssen, wenn ich oben bleiben will im Leben."

Heute fiel dies dem Kaufherrn besonders schwer aufs Herz. Denn es läuteten draußen die Weihnachtsglocken, und die Töne fielen ihm heute seltsam tief ins Herz.

„Aber wie komme ich auf diese Gedanken?" sagte er plötzlich ärgerlich, „ach, das sind die dummen Glocken, die mich ganz wirr machen. Was gibt's denn zu läuten um diese Zeit?"

Er ging zornig ans Fenster und sah hinaus in die dunkle, schmale, enge Gasse. Viele kleine Häuschen standen da, eng aneinander gedrängt, als wollte eins das andere stützen, daß sie nicht umfielen vor Alter und Zerfallenheit. Der Schnee

---

[*] Aus „Märchen" (1986), siehe Quellenverzeichnis.

lag auf den Dächern und warf etwas Licht in die Finsternis. Aber da und dort leuchtete plötzlich etwas auf. Wie lauter goldene Sternlein glitzerte und flimmerte es aus den ärmlichen Fenstern her.

„Weihnacht", sagte der Kaufherr, „Weihnacht ist es heute, das hatte ich ganz vergessen", und er wurde seltsam unruhig im Herzen. Er sah sich als Knaben in solch kleinem, armen Häuschen. Er sah seine Mutter, die immer müde war von schwerer Arbeit; aber sie hatte dennoch etwas Süßes für ihn gebacken, und der Vater, gebückt von schwerer Sorge und Last, war trotz Schnee und Kälte hinausgegangen in den Wald und hatte ein Christbäumlein heimgebracht, an dem dann die gold'nen Sternlein aufsprangen.

Weihnacht war heute. Er, der reiche Kaufmann, hatte es ganz vergessen. Er hatte keine Freude bereitet für Weib und Kind. Ach nein, das hatte er alles seinem Weibe überlassen all die Jahre her. Sein Herz war hart und kalt geworden an all dem Gold, das durch seine Hände floß; es wußte nichts mehr von den tausend stillen Freuden, die das Leben reicher machen als alles Gold der Welt.

Seine Hände hatten zu viel im Golde gewühlt und waren daran hart und rauh und geizig geworden.

Zum erstenmal sah er heute, wie häßlich seine Hände waren.

„Ja, ja", sagte er nochmals, „viel Unrecht klebt an Euch, viel Ungutes tatet Ihr", und er ging zur Wasserschale und wusch seine Hände und wusch und wusch, als wolle er alle Schuld von ihnen abwaschen. Dabei liefen ihm die Tränen in den Bart, ohne daß er's wußte.

„Du weinst", sagte da eine Stimme neben ihm, „seit wann hast du nicht mehr geweint?"

„O schon lange nicht, sehr lange nicht."

„Warum weinst du heute?"

„Mein Herz ist mir schwer. Die Glocken haben's getan. Aber wer bist du, der mit mir spricht?"

„Ich bin dein guter Geist. Oft schon stand ich bei dir und sprach zu dir, aber du hörtest mich bisher nicht."

„Die Glocken, die Glocken sind daran schuld. Mein Herz ist traurig. Ich weiß plötzlich, daß ich viel Unrecht tat. Aber was sollte ich machen? Kauf und Tausch bringt üble Geschäfte; und tu ich's nicht, tut's der andere. So mußte ich's tun, um oben zu bleiben."

„Mach's gut, was du verschuldet hast", sagte der Geist, „laß die Linke gutmachen, was die Rechte Ungutes tat!"

„Wie soll ich das machen?" fragte der Kaufherr. „Ich weiß es nicht, hilf mir dazu, wenn du kannst!"

„Das will ich, auf dieses Wort warte ich schon lange. Sieh, hier schenke ich dir eine Gabe, sie wird dir helfen."

Und der Geist stellte ein kleines Spieglein auf den Tisch und verschwand. Der Kaufherr nahm das Spieglein und schaute neugierig hinein.

Da sah er, wie sein Weib daheim traurig umherging in den weiten, reichen Gemächern. Diener liefen geschäftig und deckten die Tafel, und in der Küche prozelten die kostbaren Festgerichte.

Sein einziger Knabe spielte an seinem Tischchen und fragte die Mutter: „Wird der Lichterbaum bald kommen? Wird der Vater bald kommen? Ohne den Vater ist es so leer."

Die Mutter sagte sanft: „Ja, mein Kind, ja, bald kommt der liebe Christbaum, und Vater kommt auch." Aber ihr Herz war ihr schwer, denn Diebe hatten den Baum gestohlen, und es war zu spät, einen neuen herbeizuschaffen. Und der Vater? Ach, der würde wohl wie all die letzten Jahre ganz spät heimkommen, wenn die Lichter abgebrannt waren und das Kind schlafmüde war; denn er konnte sich nicht trennen von seinen Büchern und Zahlen. Sein ganzes Herz war nur noch ein großes Einmaleins geworden.

„O!" sagte der Kaufherr, „so sieht es in meinem Hause aus? So traurig sind die Herzen der Meinen. Bin ich so hart und böse gewesen, daß ich das gar nicht gemerkt habe?"

Er nahm schnell Mantel und Hut, lief eiligen Schrittes zum Christmarkt und holte den schönsten Baum mit Goldsternen und tausend Lichtern und konnte es nicht erwarten, ihn im Hause zu haben, und nahm ihn und trug ihn selbst voll seltsamer Freude heim.

Als es läutete, lief der Knabe hinaus. „Mutter, Mutter, das ist gewiß das Christkind."

„Vielleicht – vielleicht!" sagte sie traurig.

Da hörte sie plötzlich einen Freudenschrei. „Oh, das Christkind, Mutter, es bringt den Christbaum, o sieh die tausend Sterne und Lichter!"

Als der Vater den Baum ins Zimmer brachte, erkannte der Knabe ihn und lief voll Freude auf ihn zu und schlang die Kinderärmlein voll Glück und Liebe um seinen Hals und rief: „Vater – der Vater ist da! – O welch schönes Christfest ist das!"

Da hatte der Kaufherr Tränen der Freude in den Augen, und im Herzen wurde es ihm so weich und warm, und als er zu seinem Weibe hinblickte, stand sie mit gefalteten Händen da, und auch ihr fielen Tränen der Freude aus den Augen.

Welch ein seliges Fest war es heute im Hause des reichen Mannes! – Da nun sein Herz erwacht war, konnte er nicht Genüge finden an seiner eigenen Freude, ihm war, als fehle noch etwas, um sein Glück ganz voll und rein zu machen. Und da er nicht wußte, was es sein könnte, ging er in seine Kammer und schaute in den Spiegel, und siehe, da war viel zu schauen für ihn.

Er sah in viele, viele Häuser der Armut. Alte einsame Leute, kranke elende Menschen, hungernde Kinder, leere dunkle Stuben, Mangel und Sorge und bittere Not.

Da sagte der Kaufherr: „Diese alle haben keine Festfreude, hungern und leiden, und bei mir brechen Tisch und Schränke voll Überfluß. Wie blind bin ich gewesen!"

Als dann Weib und Kind tief und glücklich einschliefen, nahm der Kaufmann Geld und Gut aus seinem Überfluß und ging hinaus in die Nacht. Das Spieglein zeigte ihm den Weg. Er klopfte an Türen und Fenster, legte reiche Gaben auf Schwelle und Bank und eilte weiter von Häuschen zu Häuschen, bis er sein letztes Geldstück hergegeben und seine todmüden Füße ihn kaum noch zur eigenen Türe brachten.

„Schau her – schau her!" flüsterte das Spieglein in seiner Tasche. Als er hineinblickte, sah und hörte er all die Freude und Dankgebete in den Häusern und Seelen der Menschen, denen er seine Gaben gebracht hatte. Da wurde sein Herz so groß und weit und reich und froh, und er hatte zum erstenmal seit vielen Jahren einen ruhigen, sanften Schlaf mit glücklichen Träumen.

Wie er sein Spieglein liebte! Immer hatte er es bei sich, putzte es mit einem seidenen Tuch, daß es immer ganz blank und klar war und er alles deutlich sehen konnte, was es ihm zeigte.

Das Spieglein führte ihn überall hin, wo Not und Sorge war, wo man die Liebe seines Herzens und das Werk seiner Hände brauchte. Der Kaufherr erfuhr, daß das Leben viel reicher und schöner war als Bücher und Zahlen, und freute sich immer auf die Zeit, da er seinen Zahlentisch und Geldschrank verlassen konnte, und fuhr und ging hinaus in Wald und Feld mit den Seinen und erkannte ihre Herzen, die ihm so lange verschlossen waren, und sah die Schönheit der blühenden Erde, an der er so lange blind vorübergegangen war.

Sein Hab und Gut freilich wurden weniger bei diesem neuen Lebenswandel, aber die glücklichen Augen von Weib und Kind und die tausend dankbaren Hände der Menschen, denen er jetzt wohlzutun verstand, gaben ihm reichere und lebendigere Freude, als je die armen, toten Zahlen ihm gegeben hatten. – So lebte der Kaufherr in ein frohes, glückliches Alter hinein.

Als es dann zum Sterben kam, ward die Stunde des Todes ihm leicht. Die Freude, die er den Menschen gegeben hatte, und der Dank, den sie ihm gaben, wurden zu Flügeln, die es seiner Seele leicht machten, von der Erde zu scheiden.

Nur eine Sorge lastete noch auf seinem Herzen, ehe es sterben konnte. Was würde das Leben seines Sohnes sein, würde auch er der schweren Versuchung des Reichtums erliegen wie einst er?

„Ich werde ihm das Spieglein schenken – hatte es ganz vergessen, habe es seit langem nicht mehr in Händen gehabt."

Aber wo war es? Er mußte es doch befragt haben, denn all die letzten Jahre hatte er alles Leid der Menschen gesehen und die Stimmen der Not gehört; das mußte ihm doch das Spieglein gezeigt haben.

Wo war es doch?

Da sprach die Stimme seines guten Geistes:

„Sorge dich nicht um das Spieglein, es ist schon lange wieder in meiner Hand. Sieh, dein eigen Herz war dein Spiegel geworden, und so führte es dich noch sicherer zu allen guten Wegen."

„Oh", sagte der sterbende Mann, „wie glücklich hat mich deine Gabe gemacht. Aber ich bin bange um meinen Sohn. Jugend ist töricht und grausam. Ich bitte dich, gib mir das Spieglein, daß ich es als letzte Gabe und Weisung in seine Hände lege!"

„Das kann ich nicht", sagte der gute Geist, „das Spieglein ist der Schutz der Weisheit, den muß er sich erkaufen mit Leid und Weh, mit Irrung und Reue. Aber fürchte nichts, du hast guten Samen gelegt in seine Seele und hast dein Leben zu einem Spiegel gemacht für ihn, an dem er lernen wird, zur höchsten Weisheit zu wachsen."

Da starb der gute Kaufherr ruhig und in Frieden; denn sein Herz war ein heller Spiegel geworden, in den das Auge Gottes mit Wohlgefallen schauen konnte.

Das Sonntagskind[*]

Ein armer Knabe wohnte mit seiner Mutter in einem häßlichen Winkel der großen Stadt. Die einzige Stube steckte halb in der Erde, und es kam wenig Sonne hinein; man hörte alles Lärmen und Schreien, das in Haus und Hof vor sich ging.

Und es gab viel Geschrei ringsum; denn die Leute im Hause waren alle arm, und das macht die Herzen unruhig und die Worte böse und hart.

„Ach Mutter", sagte der Knabe, „hör nur, da hämmert der Schuster, da klopft die Frau das Bett, da schreit die kleine Annelies, und droben schimpft und flucht der böse alte Mann. Ach Mutter, das tut so weh in den Ohren."

„Hast halt zu feine Ohren – bist ein Sonntagskind und gar hellhörig, armer Bub. Aber horch, da kommt der Orgelmann, da wird's gleich feine Musik geben." Und der Leierkasten fing an zu dröhnen. „Ach du lieber Augustin", sang er mit gar wehmütiger heiserer Stimme. „O – o", sagte der Knabe und hielt sich die Ohren zu. „O, das ist noch schlimmer als das andere."

„Aber Bub, das ist doch wunderschön", sagte die Mutter und hatte Tränen der Rührung in den Augen.

Der Knabe aber lief fort aus der Stube, weit fort, dorthin, wo die Wiese blühte und der Wald mit tausend Bäumen stand.

Er neigte sich zu dem Bächlein und sagte:

> „Rinn, liebes Bächlein und sing!
> Mache mein Herz wieder rein!
> Gar so garstiger Lärm
> kam durch das Ohr herein."

---

[*]   Aus „Märchen" (1976), siehe Quellenverzeichnis.

Das Bächlein sang, die Blümlein strahlten Farben aus, die Bienen summten, die Schmetterlinge wiegten sich auf den bunten Flüglein, und alles zusammen war ein wundervolles Lied. Da wurde des Knaben Herz rein wie Kristall. Aber es war noch leer, und der Knabe sehnte sich, daß etwas hineinkäme, das er mitheimnehmen konnte.

„Wenn ich heimkehre und den häßlichen Lärm höre", sagte er, „kommen all die bösen Stimmen wieder zu mir und machen mein Herz ungut und traurig."

Tränen kamen in seine Augen, er setzte sich in den grünen Schatten eines Baumes und weinte.

Horch, da fing ein Vogel im Baume zu singen an.

Der Knabe lauschte. Alle Traurigkeit war plötzlich verschwunden, und sein kleines Herz war voll Glück und Liebe und Freude.

„Oh", rief er und streckte die Arme zum singenden Vogel hin, „o komm in mein Herz und bleibe bei mir! Die dunkle Stadt macht mich traurig, und der böse Lärm tut mir weh."

Da hörte der Vogel auf zu singen und sprach:

„Ei ja, da du ein Sonntagskind bist, kann ich dir deinen Wunsch erfüllen. Sonntagskinder haben gar zarte Herzen und fühlen alles tiefer, Glück und Schmerzen."

Und die Nachtigall nahm aus dem Nest das jüngste Vögelein und flog zum Knaben her und legte ihm das Vöglein ins Herz.

„Hüte es wohl, daß es nicht stirbt! Tust du Böses, dann stirbt es. Jetzt zirpt es nur leise, aber warte geduldig, dann wirst du einmal plötzlich ein großes Wunder erleben."

Da ging der Knabe fröhlich heim.

Fortan hörte er den Lärm in Haus und Hof nicht mehr.

Er lauschte immer auf das leise feine Zirpen in seinem kleinen guten Herzen und wartete auf das große Wunder, und darüber vergaß er all die häßlichen Töne und Dinge umher.

So wuchs Juo heran und war die Freude seiner guten Mutter.

Aber er hatte einen Freund, der war gar bösen Herzens. Er tat böse Dinge und wollte Juo mit auf den Weg des Bösen lenken. Aber Juo widerstand, wenn auch die Lockung oftmals groß wurde. Er dachte an das Vöglein in seiner Brust, das er so lieb hatte. Das Stimmlein wurde immer feiner und wollte bald wie ein Liedlein klingen. Das Vöglein würde sterben, wenn er Böses täte, nein, das dürfte nicht sein; ohne das Stimmlein hätte er wieder alles Häßliche umher hören und sehen müssen, und das wäre ihm fürchterlich gewesen.

Doch einstmals geschah, daß sein böser Freund eiligst entfliehen mußte, fort in ein fremdes Land, denn er hatte eine schlimme Tat vollbracht, und die Häscher waren ihm auf den Fersen.

„Komm mit!" sagte er zu Juo. „Das Schiff liegt bereit, es ist Nacht, niemand sieht uns, in einer Stunde geht es fort, weit weg in ferne, neue Länder. Du siehst das große blaue Meer, hohe Palmen und herrliche Blumenpracht, und eine neue goldene Sonne ist dort. Der Mond ist zehnmal so groß als hier, schöne bunte Gewänder haben die Leute an, und Musik auf silbernen Harfen hört man auf den hohen Bergen."

„O", sagte Juo, „das blaue Meer und Musik auf silbernen Harfen."

Seine Augen wurden groß vor Sehnsucht, und sein Herz streckte sich weit vor Lust zur Ferne. Da er ein Sonntagskind war, sah und hörte er mehr als andere, und all die Herrlichkeiten, von denen sein Freund nur Worte machte, sah und fühlte er ganz nahe. Es war ihm, als sei er fast schon dort und brauche nur den Fuß auf das Schiff zu setzen, um seine Sehnsucht nach all der Schönheit erfüllt zu sehen. Er breitete die Arme aus und seufzte tief.

„Aber mein Mütterlein?" sagte er.

„Ach was", sagte der Freund, „alte Leute sind am besten zuhause aufgehoben."

„Komm!" sagte er, „ich habe viel Geld, es soll dir an nichts fehlen." Und er zog ihn fort, mit sich hinaus zum Hafen, wo das Schiff auf ihn wartete; denn er fürchtete sich, allein in das fremde Land zu gehen, mit dessen Schönheit er den Knaben Juo lockte, an die aber sein böses Herz nicht glaubte.

So taumelte Juo mit zum Schiffe hin.

Wie herrlich lag es da im silbernen Mondschein, stolz und furchtbar zugleich schwamm es wie eine fahrende Insel auf dem mondweißen Meere. Eine Glocke dröhnte. Der Ton tat Juo weh im Herzen. Das Vöglein zirpte ängstlich und flatterte unruhig in Juos Brust.

Ein schwarzer, garstiger Mann kam herbei.

„Schnell, schnell, das Schiff geht gleich ab, macht, daß ihr hereinkommt!"

„Gute Nacht, mein liebes Kind! Gott gebe uns einen guten Morgen!" Diese Worte, die das Mütterlein jeden Abend zu ihm sagte, hörte Juo plötzlich so, als stände seine Mutter dicht neben ihm.

Da stieß er einen wilden Schrei aus, stieß den bösen Freund von sich und lief zurück durch die Nacht, zurück zum armen Häuslein und aller Häßlichkeit seiner Armut. Er dachte nur eins, welch fürchterlicher Morgen es für sein gutes Mütterlein geworden wäre, wenn es erwachte und ihn nicht mehr gefunden hätte.

Am Morgen stürzte er an das Bett seiner Mutter und weinte bitterlich.

„Was ist, mein Kind? Was ist? Ich träumte eben so schmerzlich von dir. Ist dir ein Leid geschehen?"

„Ach nein, aber ich wollte dir ein bitteres Weh antun – dir, die du mir immer Gutes tatest."

Und er erzählte dem Mütterlein alles, seine Sehnsucht nach der Ferne – seine Versuchung und die Flucht.

Da weinte seine Mutter vor Dank und Freude, daß er ihrer nicht vergessen hatte.

Und das Vöglein in Juos Brust nippte von den glücklichen Tränen und regte und bewegte sich und wuchs und streckte sich, und plötzlich brach es aus dem Herzen heraus und flog auf Juos Lippen und fing an zu singen.

Wundersüß und herrlich, daß die Mutter ganz erschrak vor Glück.

„O mein Juo, welch herrliche Stimme ist dir gegeben, du wirst ein großer Sänger werden."

„Aber Mutter, das ist ja das Vöglein, das in mir singt. Siehst du es nicht auf meinen Lippen?"

„Ich sehe nichts, mein Sohn, ich höre nur die Herrlichkeit deiner Stimme. Du Sonntagskind hast deine Gabe nun gefunden."

So war denn das große Wunder gekommen.

Juo wurde ein berühmter Sänger, und alle, die ihn hörten, wurden voll Glück und Freude. Wo er sang, wurde es Sonntag um die Menschen her und fromm und heilig wie im Hause Gottes.

Die zwei Schlangen*

Der Holzhacker Till stand im Walde und hackte sich ein Häuflein Holz für den Winterofen.

Er war sehr arm und unzufrieden dazu, und das war schlimm.

So ärgerte ihn alles umher, und nichts konnte ihn erfreuen.

„Faules Gesindel!" sagte er und trat einen schönen Goldkäfer tot, der eben gemütlich spazierenging.

„Na, wird das Gefiedel bald aufhören, Vogelbrut, leichtsinnige?"

Dann schlug er nach einem bunten Schmetterling. „Fliegen und tanzen, hei, so den Tag verschlemmen, fort mit dir!"

„Brauchst auch nicht grad heut so runterzubrennen, dumme Sonne!" sagte er und schaute böse in das rote Licht.

„Au!" Da schlug er sich mit der Axt auf die Hand, daß sie blutete.

„Verdammt – verflucht!" Noch viel böseren Fluch tat er. Die bösen Worte und das rote Blut sickerten in die Erde. Diese tat sich plötzlich auf, und ein schwarzer Teufel stieg herauf.

„Ei, Menschlein, Blut und Fluch, das ist der echte Zauber, der mich ruft. Hier bin ich, was ist dein Begehr?"

„O-o", stotterte Till erschrocken, „wußte nicht, daß ich Euch rief. Aber Begehr, ja Begehr, das hab' ich schon."

„Nun denn, raus mit der Sprache!" sagte der Schwarze grob; denn er merkte, daß nichts Feines vor ihm stand.

„Na, was wird's sein, Ehrwürden?" sagte Till und verdrehte die Augen voll Gier und Erwartung.

---

* Aus „Märchen" (1976), siehe Quellenverzeichnis.

„Brauchst nicht zu schmeicheln. Paß lieber auf, daß du nichts Dummes begehrst! Also Gold willst du, natürlich, immer dieselbe Falle, in die ihr Menschen geht. Ha, ha, ha! Na, sollst es haben. Komm mit!" Der Schwarze ging tief in den Wald hinein, Till ängstlich neben ihm her.

„Willst du viel oder grad genug?" fragte der Böse.

„Genug – was ist genug – wer hat genug – wann ist genug?" sagte Till mit gieriger Stimme.

„Schon gut – schon gut – wirst genug haben, mehr als genug – da schau hinein!"

Sie standen vor einem hohen Berg. Der Schwarze öffnete eine Tür, hinter der ein rundes Fenster aus Kristall in eine Höhle leuchtete. Da ringelten sich zwei große Schlangen, eine schwarze und eine weiße. Die schwarze spie bei jeder Bewegung Gold auf die Erde, die weiße schlich hinter der schwarzen her und fraß es wieder auf.

„Die schwarze ist die Schlange ‚Gib', sagte der Böse, „die weiße die Schlange ‚Nimm'. Gibt dir die schwarze zu viel, rufst du die Nimm, und du hast, was du brauchst."

„So so", sagte Till und dachte, „was brauche ich die Nimm? Gib allein ist mir die rechte."

Der Böse sah seine Gedanken und lachte.

„Siehst du, die zwei will ich dir für drei Tage borgen, dann wirst du genug haben. Du brauchst nur ihren Namen zu rufen, dann kommen sie und tun deinen Willen."

„Die zwei?" sagte Till, „ich brauch' nur die eine."

„Schaut, schaut, wie klug du bist!" sagte der Böse und lachte laut.

„Aber so geht das nicht. Die zwei gehören zusammen. Laß sie beileibe nicht auseinander, sonst stirbt die Weiße, da sie keine Nahrung hat, und zuletzt erstickt die Schwarze in ihrem Gold."

„Werd es schon machen und dank auch schön", sagte Till grinsend vor Gier, mit den Schlangen nachhause zu kommen.

Der Schwarze steckte ihm die Schlangen in den Sack.

„Da werde ich aber auf dem Weg viel Gold verlieren", sagte Till seufzend und voll Angst, es könnte ihm ein Körnlein entgehen.

„Keine Sorge! Die beiden haben nur den Zauber, solange sie kriechen. Dank braucht's nicht, und gib acht, daß die beiden beisammen sind!"

„Schon gut, schon gut", brummte Till, „werd's schon machen. Dem Teufel muß man nicht alles glauben."

Er lachte schlau und keuchte unter der schweren Last und konnte nicht schnell genug nach Hause kommen.

Daheim in seiner kleinen Hütte sperrte er die beiden Schlangen in eine große Kiste und dachte nach, wo er einen großen, großen Raum fände, um das Gold aufzutürmen, denn wenn auch seine Hütte ganz, ganz voll war, so wäre das für sein gieriges Herz viel zu wenig gewesen. Da fiel ihm ein, daß tief im Wald hoch oben auf dem Berge ein altes zerfallenes Schloß stand, da könnte ihn niemand belauschen und bestehlen, und Platz wäre da, Platz für Haufen Gold. O wie wollte Till dann lustig leben; aber erst mußte das Schloß ganz voll sein, ganz voll.

So machte er sich denn auf den Weg zum Schloß. Gib und Nimm trug er im Sacke mit.

Im Schloß sah's wüst aus, aber das tat nichts, wenn nur das Gold da wäre, dann würde es schon anders sein.

Er sperrte die beiden Schlangen in das dunkle Verließ, und dann wanderte er im Schloß umher, um alle Wege freizumachen für die schwarze Gib. An die Nimm dachte er schon gar nicht mehr.

Als er dann andern Tages die schwarze Schlange aus dem Schacht holen wollte, drängte sich Nimm so sehr mit heran, daß er sie nur mit Mühe und Not zurückstoßen konnte. Dann band er sie mit einer eisernen Kette an die Wand. – „So, nun bin ich sicher vor dir", sagte er.

Die schwarze Gib kroch langsam vorwärts, die langen Gänge entlang, und überall auf dem Weg blieben gleißende Häuflein Goldes liegen. Wie klopfte Tills Herz vor Lust und Gier!

Trepp auf, Trepp ab, ging's durch lange Strecken im tiefsten Grundgewölbe, und ehe der Tag herum war, lag unten alles voll von gelbem Gold.

Als es Nacht wurde, zündete Till eine Fackel an und rief die Gib ins erste Stockwerk. Ans Schlafen dachte er nicht. Drei Tage – nur drei Tage, hatte der Böse gesagt, an die Nächte hatte der nicht gedacht, nun würd' es doppelt so viel geben. – So kroch die schwarze Gib dem Till nach, Zimmer für Zimmer, und jeder Raum wurde voll Gold. Am zweiten Tag stiegen sie in das obere Stockwerk, und auch das wurde voll Gold bis oben hin.

Nun sollte Till wohl genug haben.

Doch nein, auch diese Nacht ließ er die Gib bei Fackelschein weiterwirken.

In der dritten Nacht füllte sich der hohe Turm, und Till konnte nur noch die letzte Stufe zum Söller hinaussteigen auf das weite, ebene Dach.

„Jetzt ist's genug", sagte er, denn er sah mit Schrecken, daß dies nun der letzte Platz war, wo er stehen konnte; alle Wege nach unten waren wie eine Mauer von Gold.

„Es ist genug, hör auf!" schrie er, „hörst du nicht? Hör auf!"

Aber die schwarze Gib spie Gold auf den Weg, Schritt um Schritt hinter Till her.

Nun stand er am äußersten Rand des Söllers. Tief unten gähnte ein finsterer Abgrund und rauschte ein Wassersturz.

Noch drei Schritte, dann war kein Raum mehr für ihn.

„Nimm – Nimm!" schrie Till vor Verzweiflung. –

„Nimm, höre mich! – Nimm, Nimm! – Gib hör auf!"

Aber Nimm lag tief unten an der Kette und konnte nicht kommen.

„Nimm!", schrie Till noch einmal, denn es war sein letzter Schritt am Rande des Söllers.

„Bin schon da, dich zu nehmen", rief da eine laute Stimme aus dem Abgrund, und Till fiel und fiel immer tiefer in die Schlinge, die der Böse ihm gestellt hatte. –

Ja – ja, das Wörtlein Genug ist eine weise Sache, und wenige können es zur rechten Zeit aussprechen.

Der neue Vogel[*]

War das eine Aufregung in der Luft.

Der Himmel war ganz schwarz von dem Gefieder der Tausende von Vögeln, die umherschwirrten.

Das surrte und sauste, das krächzte und ächzte, das schwang und sang von all den Flügeln und Schnäblein, und Zorn und Angst und Neugierde war in all den kleinen Vogelherzen. – „Hast du's gesehen – habt Ihr's gehört? Was ist das – was soll das sein? – Ist's ein neuer Feind – wo ist er hin, eben war er noch da." So schwirrten die Stimmen durcheinander, daß keines den andern mehr verstehen konnte.

„Still", sagte die Eule und flog auf den höchsten Wipfel der Eiche. Und alles schwieg plötzlich, denn die Eule war ob ihrer Weisheit bekannt und verehrt.

„Ihr habt ihn also alle gesehen, den neuen fremden Vogel?" „Ja – ja – ja – ja", schrien alle zusammen.

„Nun wohl – wie sah er aus? Ihr wißt, ich sehe am Tage schlecht, aber ich hörte ihn, und es war ein unheimlicher Ton."

„Er fliegt und hat keine Federn. Er ist groß, furchtbar groß – zehn Adlers Fittiche kommen seinen Flügeln nicht gleich", sprach die Weihe, denn sie hatte die schärfsten Augen.

„Er fliegt schneller als die kühnste von uns", sagte die Schwalbe.

„Er fliegt weit hinaus, hoch über den Horst des Königsadlers", sagte die Lerche, „ich komme nicht mit – nicht mit."

„Er treibt den Sturm vor sich her, daß man tot umfällt", piepste der Sperling.

„Bist aber nicht gestorben", lachte der Häher.

---

[*]   Aus „Märchen" (1976), siehe Quellenverzeichnis.

„Wovon nährt er sich?", fragte der Rabe zornig, „er wird uns alle Speisen wegfressen."

„Er ist stolz und hart und gibt keine Antwort, wenn man ihn anruft", rief der Kuckuck.

„Er gibt einen schlechten Geruch von sich – pfui", spie der Wiedehopf.

„Ei und du?", lispelte die Elster.

„Ach, sein Lied ist häßlich", seufzte die Nachtigall und hatte Tränen in den Augen.

„Also lauter Übles hat der neue Vogel an sich, und wo stammt er her, wo will er hin? Warum spricht er nicht mit uns", so fragte die weise Eule und schloß die Augen und dachte nach.

Alle Flügel standen still, alle Schnäbel ruhten, und tausend kleine Vogelherzen warteten, was die Weisheit der Eule ersinnen würde. – Endlich öffnete sie die Augen und rief: „Ich weiß nur einen Rat, wir müssen dem König Botschaft senden und hören, was der sagt. Wer fliegt zum Horst?"

„Ich", rief die Schwalbe pfeilgeschwind, „sag' mir die Botschaft, ich trage sie."

„So sprich: Herr König, Ihr saht wohl auch den neuen Vogel Riesengroß – ist er ein Feind? – willst du seinen Tod – viel tausend scharfe Schnäbel stehen bereit."

Die Schwalbe flog.

König Adler hörte ihre Botschaft.

„Sag ihnen allen", sprach er, „fürchtet nichts, ich lade den Fremdling vor meinen Thron. Er muß mir Red' und Antwort stehen."

Und König Adler wählte die Stärksten und Gewaltigsten seines Reiches und sandte sie an den Rand des Himmels, hinter dem der neue Vogel verschwunden war. – „Er soll vor mir erscheinen – sonst ist er des Todes – so sprecht zu ihm!"

Sieben starke Adler und sieben scharfe Greife flogen hoch hinauf vor die goldene Himmelspforte und warteten.

„Stark sind wir", sagten die Adler und breiteten ihre mächtigen Schwingen aus.

„Scharf sind wir", sagten die Greife und spreizten ihre harten Fänge.

Endlich tat sich das Himmelstor auf, und der neue Vogel flog heraus.

Er hatte die seltsamen Flügel weit gespreitet.

Neugierig schauten Adler und Greife zu ihm hin.

Sein Körper war schwarz, die Augen waren wie Licht und blickten scharf, mit den Fängen drehte er an etwas in seiner Brust, und erst langsam, dann immer schneller ließ er sich durch die Wolken sinken.

„Er entkommt uns – schnell ihm nach", schrie der oberste der Adler. Und die vierzehn Riesenvögel fielen wie eine schwarze Wolke dem fremden Vogel nach.

Als sie ihn erreichten, sammelten sie sich zu einem Ring um ihn. „Halt", riefen sie, „steh Rede!"

Da kam ein sonderbarer Ton aus des Vogels Kehle, eine lichte, leichte Stimme war es, und sie hatten die Posaune des Donners erwartet.

„Er lacht wie eine Taube", sagte der oberste Greif, „mit dem werden wir leicht fertig sein."

„Halt, steh Rede!" riefen sie noch herrischer.

Und der fremde Vogel hielt wirklich.

„Was wollt Ihr?", sagte er freundlich.

„Du sollst uns sagen, wer du bist und mit welchem Rechte du in unser Reich eindringst."

„Ich bin Euresgleichen – ich fliege – Ihr seht es ja, und da ich mich zu eurem Reich aufschwingen kann, hab' ich ein Recht darin zu sein."

„Aber du bist kein Vogel", schrien sie.

„Da ich doch fliege?"

„Aber du hast keine Federn, wir dulden keine Vögel ohne richtiges Gefieder – weg mit dir aus unserem Reich!"

„Schweigt", sagte der oberste Adler, „und du, fremder Vogel, höre die Botschaft unseres Königs! – Komme mit uns vor seinen Thron oder du bist des Todes."

Da kam wieder der sanfte Ton der Lachtaube aus des Vogels Brust.

„Meint Ihr? Ich habe nichts mit eurem König zu tun – ich kenne nur einen König, den König des Himmels und der Erde, aus dessen Reich ich eben komme."

„Du willst nicht", schrien die Vögel, „so stirb!"

Und sie schossen auf ihn nieder mit ihren scharfen Schnäbeln und harten Fängen.

Da griff der Fremdling in seine Brust und zog ein kleines funkelndes Ding heraus, das hielt er gegen sie, und plötzlich knatterte und blitzte es in der Luft, und drei von ihnen klappten die Flügel zusammen und fielen tot durch die Wolken.

Da faßte die anderen ein jähes Entsetzen, und mit wildem Geschrei entflohen sie zum Horste des Königs.

„Er will nicht vor dir erscheinen. Er hat unser drei getötet – er lacht wie eine Taube und ist stärker als wir zusammen – weh uns, unser Reich ist in Gefahr."

„So bleibt mir nur der letzte Ausweg", sprach der Königsadler. „In höchster Not darf ich zu Gottes Thron aufsteigen, muß aber diese Gunst mit meinem Leben zahlen. Um der Ruhe unseres Reiches willen, will ich den bittern Tod erleiden."

„Heil unserem König", riefen die Vögel im Horst und warteten dann mit Trauer und Neugier auf die Botschaft, die er bringen würde. Als er zurückkehrte, war alles Vogelvolk versammelt und lauschte.

Und der König sprach:

„Fürchtet Euch nicht, sagte Gottvater, der fremde Vogel ist Euresgleichen, wenn er in den Lüften schwebt. Berührt er die Erde, so ist er ein Mensch. Ich gab ihm die Flügel, daß er mich erreiche, in mein Angesicht schaue und meinen Willen erkenne. Er soll mir der Bote sein zwischen Himmel und

Erde und den Menschen die goldne Zeit des Friedens bringen. Und so die Menschheit Frieden hat, seid auch Ihr erlöst von allem Leid."

So sprach der König der Vögel. Und als er geendet, hörte sein kleines Herz zu schlagen auf.

Der fremde Schiffsherr[*]

Das war ein sonderbarer Mann, dieser fremde Schiffs-herr.

Die Leute, die am Meere lebten, kannten ihn alle. Aber keiner konnte je erfahren, wer er sei.

Sein Schiff war schwarz bis in die Segeln hinauf. Am Bug saß ein großer, gold'ner Kopf mit wirklichen Augen, die böse und finster um sich blickten.

Der Schiffsherr trug eine schwarze Rüstung. Wenn er ans Land ging, war das goldene Visier heruntergelassen, und es sah dann aus wie der goldene Kopf am Bug des Schiffes. Da er immer nur einen Tag in dem Orte blieb, wo sein Fahrzeug anlegte, hatte noch kein Mensch sein wirkliches Angesicht gesehen, noch seinen Namen erfahren.

Wo er landete, brachte er ein seltsames Geschenk mit, das er dem Obersten der Stadt überreichte; ohne vielen Dank abzuwarten, verschwand er wieder mit seinem Schiff.

So waren die Leute rings am Meer immer in Unruhe, ob und wann der Fremde wiederkehren würde und welch selt-same Gabe er ihnen dann bringen würde.

So seltsam waren die Gaben, daß die Leute nicht aus dem Staunen herauskamen und nie recht wußten, ob es eine gute oder böse Gabe war. In einer Stadt stand hoch ein son-derbarer Hahn auf dem Kirchturm, der wurde rot wie Feuer und fing laut zu krähen an, wenn irgendwo ringsum ein Brand ausbrach. Den hatte der fremde Schiffer einst der Stadt geschenkt.

---

[*] Aus „Märchen" (1976), siehe Quellenverzeichnis.

In einer andern Stadt lag ein großer Stein mitten auf dem Markte, der wurde plötzlich schwarz und schrie wie eine Katze, wenn ein schlechter Mensch darüber ging.

Wieder woanders hing eine große, gelbe Fahne auf dem Rathaus, die senkte sich ganz von selbst auf das Dach, wenn drinnen ein falsches Urteil gesprochen wurde.

Und niet- und nagelfest saß alles, wo es einmal saß, daß nicht Zorn und Kräfte, noch Hammer und Axt es wegbringen konnten.

Am schönsten war die Gabe, die er einmal schenkte. Das war ein kleines, weißes Hündchen, das immer da sich vor eine Schwelle setzte, wo ein guter reiner Mensch in Not und Elend war. Da kläffte es leise immerfort, bis jemand zur Türe hineinging, um dem Armen zu helfen. Das Hündchen lebte jahraus, jahrein, ohne daß ihm jemand auch nur eine Krume reichte.

So ging es viele Jahre. Und es war ein Warten und Reden unter den Küstenleuten. Wann kommt er wieder? Wo wird er landen? Was wird er bringen?

Wenn die Nacht so schwarz war, daß kein Stern am Himmel sein Licht zeigte und der Sturm wie der wilde Jäger am Himmel dröhnte und sich die Wellen wie schwarze Berge aufbäumten, daß der weiße Schaum wie schreiende Sturmvögel aufflog, da war es dem fremden Schiffsherrn am wohlsten. Er stand am Steuer und lenkte das Fahrzeug mit eigener Hand. So auch in dieser Nacht.

Als der Mond durch die Wolken brach, war es grausig schön. Die hohen Wasserberge wurden durchsichtig wie grünes Glas, und die Wellen tanzten und sprangen hoch und immer höher, als wollten sie den Mond herunterholen.

Der fremde Schiffsherr stand bleich und starr und schaute in die furchtbare, herrliche Nacht.

Seine Augen flammten wie Blitze, und seine Hände waren weiß und kalt von der ungeheuren Kraft, die sie brauchten, um das Schiff gegen Sturm und Wellen zu führen.

„Ach nun wird sie bald kommen, Mitternacht ist nahe", sagte er laut in die Nacht hinein.

„Ich höre sie", antwortete eine Stimme, die von dem goldenen Haupte kam, das am Bug des Schiffes leuchtete.

„Wie lange willst du ihr noch nachfahren?" sagte die Stimme weiter. „Tausend Jahre fahndest du nach ihr."

„Bis ich sie habe, in meinen Händen habe, die Treulose, die mich über alle sieben Meere gelockt hat mit ihrem Gesang von Gott und Teufel, von Leben und Tod."

„Ohne mich fängst du sie nicht ein, du Mächtiger der Erde, die Weltseele ist stärker als du. Ohne mich kommt sie nie in deine Hände."

„So hilf", schrie der schwarze Ritter, „sie kommt, halte dich bereit!" „Das hättest du längst haben können", sagte das goldene Haupt, „hättest mich nicht festketten sollen damals, als ich dir meine Hilfe bot."

„Wollte sie allein bewältigen. Aber ich bin es müde geworden, das Netz leer zu finden, das ich nach ihr werfe seit tausend Jahren."

„Horch, sie braust heran. Löse meine Kette! Schnell, eh es zu spät ist!"

Da kam es heran, das furchtbare Lied der Weltseele, die um Mitternacht gegen Sturm und Wetter sang. Die Brandung schwoll und schrie und heulte, als seien die Hunde der Unterwelt losgelassen. Das Lied der Weltseele war tief und feierlich, klang wie Feuer und Licht und wie Klage und Not, tanzte in wilder Lust über den schäumenden Wellen, schoß wie ein Sturmvogel in die Höhe und schwamm dann wieder wie ein sanftes Licht am Rande des Mondes hin.

Der Ritter seufzte tief und griff nach dem goldenen Netz, das er immer bereit hatte.

„Nicht du – du weißt – nur ich kann es."

Da griff der Ritter in den Nacken des Hauptes am Bug und zerbrach die Kette, mit der es gefesselt war.

Und das Haupt sprang heraus, es saß auf dem Leib einer großen Riesenschlange und hatte breite Löwentatzen.

Die Tatzen ergriffen das Netz und warfen es mit solcher Gewalt über die Mitte des Meeres, daß es am Himmel aufleuchtete, als ob tausend Sterne herabrieselten.

Da tat es einen furchtbaren Schrei.

Das Meer wurde totenstill.

Die Löwentatzen zogen das Netz zusammen und warfen es dem Ritter vor die Füße.

„Nun ist sie dein, und ich bin frei", sagte das goldene Haupt.

Man hörte ein furchtbares Lachen, und der Leib der Riesenschlange stürzte mit Donnergetöse ins Meer.

Der Ritter griff nach dem Netz.

In silberne Schleier verhüllt, lag die Weltseele darin.

„Ha", sagte er, „hab' ich dich endlich. Tausend Jahre bin ich auf deiner Fährte. Du locktest und riefest und entschwandest mir immer wieder. Nun bist du mein und mußt mir singen, wenn ich will, und ich werde dein Geheimnis wissen. Nimm deinen Schleier fort, laß mich dich sehen!"

Aber die Weltseele schwieg und blieb verhüllt.

Der Schiffsherr brachte seinen Schatz ans Land.

Er baute einen goldenen Käfig und tat die Weltseele hinein. Auf dem Meere war es plötzlich seltsam still geworden. Still und tot lagen Wasser und Land, und die Menschen wandelten welk und müde umher.

„Was ist uns geschehen?" fragten sie, „das Leben ist so leer, die Luft ist so schwer, Lust und Freude sind verwelkt."

„Hörst du, hörst du das Klagen?" sagte die Weltseele, „sieh, welch Leid du den Menschen tust! Ohne mich sind sie arm und krank. Laß mich frei! Hättest mich nimmer gefangen, wenn der Böse dir nicht geholfen hätte."

„Aber nun hab' ich dich und lasse dich nicht eher, bis du dein Lied mir ganz allein gesungen und mir dein Geheimnis enthüllt hast."

„Bau mir eine Harfe, dann will ich dir singen."

Der Schiffsherr baute eine Riesenharfe aus goldenen Stäben und Röhren, und als alles bereit war, lag er nachts vor dem Käfig und lauschte.

Da rauschte und brauste es auf der Harfe wie Sturm. Wehlaut und Schmerzgetön erfüllte die Luft.

Der Schiffsherr lag zitternd und bebend vor Freude und Qual am Boden. „Mir allein – mir allein singst du endlich", rief er voll Stolz und Triumph, „und nun will ich auch das Geheimnis deines Wesens kennen."

„Du wirst es erkennen und daran sterben."

„Gut", sprach der Schiffsherr, „dann will ich sterben."

Und das brausende Lied der Weltseele wurde immer lauter und strömte über die Erde hin.

Die müden Menschen kamen in Scharen und schrien und weinten. „Das ist das Hohelied des Lebens, das uns erloschen war. Wir leben nur halb und wandeln wie im Traum. Gib sie heraus, du Räuber, gib sie heraus!" schrien sie, und der Ritter erbebte vor der Gewalt dieser Schreie der Verzweiflung und Qual.

„Nun bin ich frei", rief die Weltseele, „die Kraft Eurer Sehnsucht macht mich frei."

Und die Weltseele spannte ihre Flügel weit hinaus und sprengte den goldenen Käfig und stieg in grausiger Schönheit steil auf zur Höhe des Himmels.

Die Menschen fielen auf die Knie und beteten und jubelten und fühlten neue Kraft und Lust in ihrem Wesen.

„Dein Geheimnis", schrie der Schiffsherr, „du versprachst es mir." „Ich bin der Wille des Lebens", sprach die Stimme von oben.

Da erbleichte der Ritter. Sein Haar wurde weiß. Er fiel zur Erde, und seine Seele starb.

Und niemand erfuhr je, wer er gewesen war.

Das Mädchen mit den Perlen*

Da wurde einmal armen Leuten ein Mägdlein geboren.

„Das soll Euch reich machen", sagte die gute Fee, die immer zu den armen, braven Leuten am Täuflingstage kommt und dem Kind ein Angebinde schenkt.

Die Fee küßte das Kindlein auf beide Augen, und dann verschwand sie.

„Ach, wo aber ist ihr Geschenk?" fragte traurig die Mutter, „ich dachte –"

„Wart nur und hab' Vertrauen, die gute Fee kann uns nicht betrügen", sagte der Vater.

Aber das Kindlein wuchs heran, hatte wundersüße Äuglein und sonst nichts Besonderes.

„Ach, davon können wir nicht reich werden und aus unserem Elend kommen", sagte die Mutter seufzend.

„Hab' Vertrauen und warte!" entgegnete der Vater wieder und arbeitete geduldig in seiner kleinen, ärmlichen Werkstatt.

Die Mutter schmollte ein wenig, aber tief im Herzen hoffte sie doch auf das Versprechen der guten Fee.

Und da, als das Kindlein zu sprechen begann und die Füßlein zum Schreiten ansetzte, geschah etwas Seltsames. Wenn es lächelte, war plötzlich das Zimmer voller Sonne, wenn es eben noch das finsterste Wetter gewesen war.

Aber wenn es weinte – ei seht nur! – da wurden die Tränlein zu lauteren Perlen, echten, weißen, leuchtenden Perlen.

„Siehst du", sagte der Vater, „habe ich es nicht immer gesagt, die gute Fee hält ihr Wort?"

---

* Aus „Märchen" (1976), siehe Quellenverzeichnis.

Und er nahm die Perlen und trug sie zum Perlenhändler, der ihm jede einzelne teuer bezahlte.

Aber die Eltern sorgten trotzdem dafür, daß das Mägdlein keine Ursache zu Tränen hatte; denn sie beide liebten es gar zärtlich. Doch ab und zu kam dennoch manchmal ein kleines Weh in das Herz des Kindes, und dann fielen, klirr – klirr, die kostbaren Perlen herab. So wurden die Eltern allmählich sehr wohlhabend und hätten steinreich sein können, wenn sie ihr Kind weniger geliebt und nur an den Reichtum gedacht hätten.

Sie kauften sich ein großes, schönes Haus und Feld und Äcker und Wald dazu und lebten zufrieden und dankbar. Sie hüteten das Kind, daß es nicht zu fremden Leuten kam und das Geheimnis nicht verraten wurde.

Mit der Zeit aber konnten sie das Mägdlein doch nicht länger ganz im Hause lassen, und es ging hinaus zu Spiel und Lust mit den andern Kindern umher. Es war ein gar ernstes Kind und lächelte selten, und da es lange keinen Grund zum Weinen gehabt hatte, merkten die anderen Leute nichts von seiner geheimnisvollen Gabe.

Aber einmal war es hingefallen und hatte sich sehr weh getan. Da fielen ihm die Tränen aus den Augen und klirr – klirr, kollerten die kostbaren Perlen auf den Boden.

„Ei – ei, schaut, schaut, was ist denn das?" riefen die anderen Kinder, bückten sich und griffen nach den Perlen und brachten sie heim, und die Eltern erfuhren beim Kaufmann, daß es echte, kostbare Perlen seien, und sie bekamen viel Geld dafür.

Aber nun hatte das arme Kind keine ruhige Stunde mehr. Die anderen neckten und höhnten es. „Perla – Perla – weine doch", schrien sie und pufften und schlugen es, bis es wirklich weinen mußte. Dann fielen sie gierig über die Perlen her und machten sie zu Geld, und wenn sie keines mehr hatten, fingen sie wieder an, Perla zu quälen.

Nur der arme Gänsebub nahm sich ihrer an. Er stieß und schlug die bösen Kinder, daß sie von Perla ablassen mußten. Aber dann rächten sie sich an ihm, und da es ihrer viele gegen einen waren, mußte er seinen Edelmut oft teuer bezahlen.

Da nun alle Leute im Dorf voll Zorn und Neid auf das Mädchen und seine Eltern waren und es jetzt Streit und Zank an allen Ecken und Enden gab, wo vorher Frieden gewesen war, verkauften die Eltern Haus und Hof und Land und zogen weit fort in eine große Stadt.

Die Eltern baten Perla, nicht mehr vor fremden Leuten zu weinen. Lächeln durfte sie, denn die meisten Leute merkten es gar nicht, daß es so hell umher wurde; aber die Perlen, die hatte jedermann gleich gemerkt.

Doch die Leute im Heimatdorf sprachen untereinander von dem Perlenwunder, zeigten die wenigen, die sie noch hatten herum, und es ging dies Gerede immer weiter über die Stadt und das Land hinaus, und so kam es auch zu den Ohren des Königs dieses Landes, der zwar ein großes Reich, aber nur wenig Geld hatte.

Der König schickte hundert Ritter zu den Eltern des Mädchens und ließ um die Hand der Tochter anhalten.

Aber die Eltern wollten sich nicht von ihrem Kinde trennen, und auch Perla hatte keine Lust, den alten König zu freien.

So mußten die hundert Ritter unverrichteter Sache wieder weiterziehen.

Da ward der König sehr zornig, daß ein Mädchen aus niederem Stand die Königskrone ausschlagen konnte und noch zorniger darüber, daß ihm der große Reichtum entgehen sollte. Daß die Perlen nur mit den Tränen des Mädchens erkauft werden konnten, kümmerte ihn nicht, denn er hatte ein böses Herz.

Aber ein König hat große Macht, und wenn er im Zorn ist, hat er tausend Mittel, seinen Willen durchzusetzen.

So geschah es, daß Perla eines Tages geraubt und zum König gebracht wurde.

Sie mußte nun seine Königin werden und immer im großen Schloß neben dem bösen, alten König leben.

Die armen Eltern wurden aus der Stadt verwiesen und kehrten traurig in das Heimatdorf zurück.

Da saß die arme Perla wie in einem goldenen Käfig, und da sie die Liebe der guten Eltern entbehren mußte und das kalte, lieblose Herz des Königs ihr keine Freude gab, war sie voll Traurigkeit und Sehnsucht und weinte bittere Tränen.

Wie sich da der böse König freute! Er wurde reich und immer reicher, aber er konnte nicht genug von den kostbaren Perlen haben, und er fügte der Königin immer eine neue Kränkung zu, wenn sie einmal erschöpft vom vielen Weinen keine Tränen mehr hatte. – Da kam eines Tages ein fremder, feiner Mann in das Schloß und sagte dem König, er habe von den Perlen gehört und wolle welche kaufen, er könne sehr viel dafür bezahlen, weil ein anderer König solche seltenen Perlen suche.

Das war dem König natürlich sehr lieb, und er führte den Fremden zu seiner Schatzkammer. Als sie dabei durch das Gemach kamen, wo die Königin an ihrem Stickrahmen saß, ging der Fremde ganz nahe zu ihr hin, verbeugte sich tief und ließ heimlich ein weißes Zettelchen fallen. Als sie wieder allein war, hob Perla das Blättchen auf und sah, daß es ein Gruß von den Eltern war. Da kam große Freude in ihr Herz, und sie lächelte zum ersten Male, seit sie im Schlosse war.

Da kehrte der König mit dem Fremden zurück.

„Ich nehme alle tausend", sagte der Fremde.

„Was ist das?" sagte der König, „es ist so hell und sonnig im Gemach. Draußen aber ist ein dunkler Himmel. So hell wird es nur, wenn Perla lächelt, sagten mir einst ihre Eltern. Sie hat noch nie gelächelt bisher. Warum heute? Bist du ein Verräter, dann wehe dir!"

„Wie soll ich wohl Übles für dich sinnen, König, da ich doch deine kostbaren Perlen brauche, und je mehr die Königin weint ..."

„Wer hat dir das Geheimnis verraten?" – schrie zornig der König.

„Die ganze Stadt kennt es."

„Nimm deine Perlen und zahle und laß dich nicht wieder blicken im Schloß!" rief der König.

Der Königin aber blieb ein Freudenstrahl im Herzen. Der Gruß der Eltern gab ihr eine leise Hoffnung, und in der Stimme des Fremden war etwas seltsam Bekanntes, das sie an etwas ganz Fernes erinnerte. Aber sie konnte nicht finden, was es war. Und sie versuchte aus Freude und Hoffnung zu weinen und zwang ihre Tränen heraus, damit der König nichts merke und dem Fremden nicht nachsetze und ihn gefangen nehmen lasse.

Eines Nachts wachte Perla von einem seltsamen Geräusch auf. Es knusperte und raschelte in einer Ecke des Gemaches. Ein kleines weißes Mäuschen pfiff feine Töne und kam leise an das Bett der Königin.

„Willst du etwas von mir?" fragte Perla.

„Deine gute Fee sendet mich, folge mir!" piepste das Mäuschen. Perla schlich leise hinaus, dem weißen Mäuslein nach, das trippelte durch die weiten Gänge, hinunter zum finsteren Verließ, wo der König seine Feinde im Kerker verschlossen hielt.

Da wurde es der Königin ein wenig bange. Aber das Mäuslein schaute immer wieder nach ihr zurück und piepste: „Komm, komm!"

So stieg Perla immer tiefer in die Finsternis hinab. Plötzlich wurde sie von kräftigen Männerarmen umfaßt und aufgehoben. „Keine Furcht!" sagte eine Stimme, „ich bin gut Freund. Ich bin der Fremde von damals, der dir den Gruß von deinen Eltern brachte." Da wurde Perla ganz ruhig und ließ sich willig weiter tragen. Es wurde hell und heller im

Verließ. Endlich kamen sie an eine große Öffnung in der Mauer, die der Mann mit Axt und Knüppel hineingehauen hatte.

Draußen hing die Strickleiter an der Bergwand, und der Fremde trug Perla hinauf und wieder hinunter bis zum nahen Walde hin.

„Wer bist du?" fragte Perla.

„Kennst du mich nicht mehr?"

„Deine Stimme kam mir gleich so bekannt vor."

„Denk einmal zurück, wie du als Kind von den anderen gequält wurdest, weil du die schönen Perlen hattest."

„Ach, bist du der arme Gänsebub, der so gut zu mir war? Aber du siehst jetzt anders aus."

„Ja, der bin ich. Deine Eltern haben die wenigen Perlen, die sie noch hatten, verkauft und mich so ausgestattet, daß ich als vornehmer Kaufmann ins Schloß gehen konnte, um dich zu sehen und die Gelegenheit zu deiner Rettung zu erspähen."

So kam Perla wieder in ihre Heimat, zu ihren Eltern.

Und alle weinten vor Freude darüber.

„Aber wo sind meine Perlen?" sagte sie verwundert; denn ihre Tränen waren jetzt nur noch eben solche nasse Tropfen, wie die anderen sie weinten.

„Ich hab zu viel geweint, alle Perlen weggeweint."

„Laß dich das nicht kümmern", sagten die Eltern, „wir haben genug zum Leben und wollen keine Perlen. Lächle nur, daß es wieder hell und sonnig wird in unseren Herzen."

Und das tat Perla auch.

Am sonnigsten lächelte sie aber, als der Gänsebub sie zur Frau nahm und sie in sein einfaches Heim führte, das er sich rechtschaffen erarbeitet hatte.

Daß sie einmal Königin gewesen, war wie ein böser Traum, und sie lachten hellauf darüber, wenn sie daran dachten, was der König wohl für ein Gesicht gemacht hat, als er sie nicht mehr an seiner Seite fand. Und da er über dieses

Land keine Macht hatte, konnten sie ohne jede Gefahr lachen und sich ihres Lebens freuen.

Auch all die anderen im Dorfe, die einstmals so schlecht zu Perla gewesen sind, waren plötzlich gut und freundlich zu ihr, weil sie nun auch so war wie die anderen; denn die Menschen können es nicht vertragen, wenn einer unter ihnen mehr hat oder ist oder kann als die vielen anderen.

Der verwunschene Floh[*]

Wenn ein Floh ein Prinz ist, ist es ein verwunschener Floh. Und wenn ein Prinz ein Floh ist, ist es ein verwunschener Prinz. So erzähl' ich euch das Märchen vom verwunschenen Flohprinzen. Auf der Schloßburg war ein großes Getümmel. Hunderte von Reisigen tummelten sich umher. Sie waren in zweierlei Farben gekleidet, denn sie gehörten zwein Herren zu.

Der eine war ein Königssohn, der andere ein hoher Ritter. Lichtblond war der Königssohn, ein hoher Recke voll Mut und Kraft. Er war in goldener Rüstung und golden sein Wappen und Panier, milchweiß sein stolzes Roß.

In silberner Brünne saß finster sein Widerpart im Sattel auf kohlschwarzem Hengste. Nachtdunkel war ihm Haar und Haut, und seine Augen blitzten wie scharf geschliffene Dolche.

Die beiden waren auf dem Schlosse angeritten, um sich die Hand des Königstöchterleins zu erringen. Alles war versammelt umher auf Rasen und Bänken.

Nur unter dem goldenen Baldachin waren die Sitze für den König und seine Gemahlin noch leer. Das Königstöchterlein aber stand weiß und rosig auf dem Altan und winkte den Rittern gnädig zu mit seinen zarten Händen. Sie war jung, fein und lieblich, das jüngste einer großen Kinderschar, die aber alle weggestorben waren. So war das Königtum ihr Erbe und sie ein gar begehrtes Geschenk im weiten Land. Da sie just zwanzig Jahre alt geworden war, kamen heute die ersten Freier an den Hof. Der König freute sich, endlich einen Schwiegersohn zu finden, denn er und seine Gemahlin waren

---

[*]   Aus „Märchen" (1976), siehe Quellenverzeichnis.

schon betagt, und gar seltsam sah es aus, als der König endlich erschien. Alt und schadhaft war er an Gang und Gliedern, so daß ihm die Krone recht wackelig auf seinem baren Haupte saß. Die Königin hatte viele Runzeln und trug eine kunstvolle Perücke statt der goldenen Locken, die ihr entfallen waren. Schier konnte man es nicht glauben, daß das rosige Prinzeßlein ihr Kind war.

Der König und die Königin sahen bekümmert aus. Es ging ein Raunen durch die Reihen der Hofleute, denn die Raben des Königs, die immer um ihn waren, hatten an diesem Morgen böse gekrächzt, und das konnte schlimmes Unheil bedeuten.

Aber nun kam das Trompetenzeichen.

Die beiden Freier ritten nebeneinander auf.

Daß doch der Blonde siegen möge, dachten der König und die Königin. Der Dunkle war ihnen gar unheimlich in seinem Wesen und Gebaren. Auch das Prinzeßlein Rosaweiß betete zitternd in seinem Herzen um den Sieg des Blonden. Sie hatte ihm heimlich eine rote Rose gesandt, die er in seiner goldenen Brünne verbarg.

So hatte der blonde Ritter seinen Schutz im Kampfe, und da er mutig und stark war, würde er wohl siegen.

Aber auch der dunkle Ritter hatte etwas unter seiner Brünne, das war der Spruch eines bösen Zauberers, den er über den anderen ausrufen sollte, falls er Sieger bleiben würde.

So schossen dann die beiden aufeinander los und suchten den schwachen Augenblick, da sie den Gegner aus dem Sattel werfen konnten.

Der Dunkle stand mit dem Rücken gegen den Altan. Aber der Blonde konnte schnell noch einen Blick der Prinzessin erhaschen, und das gab ihm doppelte Kraft. So stieß er nach einigem Ringen dem Dunklen die Waffe in die Seite, daß er zu Boden fiel.

„Heil", schrien die Mannen des Blonden. Schon lüftete dieser das Visier, um den König zu grüßen. Da nahm der

Dunkle das Band aus der Brünne, auf dem der Spruch des Zauberers stand, warf es dem Blonden ins Gesicht und rief: „Klein sollst du werden, klein, immer kleiner!"

Da schrumpfte der Blonde zusammen.

„Klein, kleiner, bis du so klein bist wie ein Floh", rief schadenfroh der Dunkle.

Da fiel der Blonde vom Pferd und hüpfte plötzlich als ein winziger, brauner Floh auf dem Rasen umher. Der dunkle Ritter aber war verschwunden.

„Ein Floh, ein Floh", schrien die Hofleute und drängten sich zusammen. Der König und die Königin liefen, so schnell sie konnten, ins Schloß. Das Prinzeßchen tat einen furchtbaren Schrei und sprang eilends hinweg, denn sie hatte noch nie einen Floh gesehen und nur gehört, daß er beißen könne wie ein Löwe.

So hüpfte nun der arme Ritter auf dem Rasen umher und wußte nicht aus noch ein. Am liebsten wäre er der Prinzessin nachgesprungen, aber dazu reichten seine Kräfte nicht aus.

Da war aber unter dem Troß im Hofe ein Gaukler, der allerlei drollige Künste übte. Der trat herzu und fing den Floh, nahm höflich seine Kappe ab und sagte:

„Mit Verlaub Herr Prinz, da Ihr nun einmal ein Floh seid, will ich Euch in mein Flohhaus bringen, wo Ihr allerlei Kurzweil treiben könnt. Eure Nahrung sollt Ihr immer finden, für einen Tropfen Menschenblut werde ich schon sorgen."

Prinz Floh antwortete auf solch schnöde Zumutung natürlich nicht, konnte es aber nicht hindern, daß der Gaukler ihn in eine kleine Büchse tat und in seine Tasche steckte.

Er brachte ihn dann in seine Bude, wo er ein zierliches Flohtheater hatte.

Da mußte nun der arme Prinz allerlei Kunststücke lernen: Hochsprung und Kopfstand, mit Stecknadelklingen fechten, kleine Wagen aus Goldpapier ziehen und mit all den andern echten Flöhen in Reih und Glied marschieren.

Das sah alles sehr hübsch aus, wenn die Leute es durch ein Vergrößerungsglas anschauten, und sie drängten sich herzu, bezahlten ihren Pfennig und lachten laut über die drolligen Sprünge und Purzelbäume der kleinen, braunen Hüpferlein.

Am Ende der Vorstellung durfte immer jemand umsonst herein, der seinen Arm für fünf Minuten durch eine Öffnung in der Wand steckte und den hundert braunen Theaterleutchen erlaubte, sich ein Tröpflein Blut zu zapfen. Das waren meist dicke Bauernburschen, die den kleinen Stich nicht weiter merkten, wenn es auch ihrer hundert waren. Prinz Floh aber wollte kein rotes Bauernblut trinken, denn sein Blut war blau von all dem Königsstolz seiner vielen Ahnen. Er nahm kein Nahrung zu sich, und so wurde er blaß und schwach. Der Gaukler wurde sehr besorgt; denn seit die Leute wußten, daß der Prinz Floh mitspielte, war ein gar großer Geldsegen in seiner Bude, und die Pfennige klapperten laut im Kasten.

Im Schloß aber saß Prinzessin Rosaweiß und weinte bitterlich, denn erstlich war der Prinz, den sie gern zum Gemahl gewollt hätte, verschwunden, und andere Freier kamen ihr nicht mehr an den Hof, seit sie von der bösen Mär gehört hatten, und zweitens lachten die Höflinge, sooft sie die Prinzessin sahen, und sagten leise, aber doch so, daß sie es hören konnte: „Madame Floh, hihi, Madame Floh."

Der alte König war vor Kummer und Scham ernstlich krank geworden. Er verlor sein letztes Haar, und man fürchtete für sein Leben.

Die Königin hatte rote Augen, und der letzte Zahn fiel ihr mit Gepolter aus dem Munde. Das ganze Königreich war blamiert, und die Prinzessin konnte sicher keinen wirklichen Prinzen mehr bekommen. Das schöne Reich würde dann wohl an einen fernen feindlichen Vetter fallen.

O weh! Das war fürchterlich, und so war groß Jammer und Klagen im weiten Schloß.

Als nun eines Tages Prinzessin Rosaweiß im allertiefsten Kummer angekommen war, hörte sie draußen vor dem Schloß ein sonderbares Läuten. Da wurde sie neugierig, vergaß einen Augenblick, daß sie traurig war, und schaute zum Fenster hinaus. Da hörte sie eine Stimme rufen:

„Ein Goldstück für einen Tropfen blaues Blut. Ein Floh, der kein Floh ist, und ein Prinz, der ein Floh ist, stirbt, wenn er nicht schleunigst einen Tropfen blaues Blut bekommt."

„Floh und Prinz, o!" dachte Rosaweiß, „da ist ein Geheimnis", denn alles, was mit einem Floh zusammenhing, griff ihr jetzt sofort ans Herz. Sie schaute ihre schneeweißen Hände an und strich über die feinen blauen Adern.

„Blaues Blut soll er haben, sterben soll er nicht", sagte sie, „vielleicht sagt er mir, wie ich ihn retten kann."

Sie nahm flugs einen dunklen Mantel um und lief hinaus, dem Manne nach, der so gerufen hatte.

Der Gaukler tat, als kenne er die Prinzessin nicht, und sagte: „Also, Ihr wollt den Goldgulden verdienen?"

„Pfui", sagte die Prinzessin, „verdienen, pfui!"

„Ich höre, Ihr habt blaues Blut. Also, umsonst wollt Ihr's tun? So kommt!"

Und Rosaweiß ging hochmütig neben dem Gaukler her und schämte sich zu Tod, als sie in der Bude ihren schneeweißen Arm durch das Loch in der Wand stecken mußte.

„Wartet einen Augenblick!" sagte der Mann, „ich hole den Flohprinzen aus seinem Käfig."

„Au", schrie die Prinzessin, denn sie glaubte, sie sei schon gestochen worden.

An diesem Au erkannte Prinz Floh die Prinzessin, denn nur eine Prinzessin kann so laut „Au" schreien, ehe sie noch gestochen ist.

Die Freude des Flohprinzen war so groß, daß er Riesenkräfte fühlte, seinen Käfig sprengte und hoch über den Kopf des Gauklers wegsprang, mitten auf den schneeweißen Arm der Prinzessin. Und er tauchte seinen feinen Stachelrüssel tief in das blaue Blut und trank und trank, denn er war schier verhungert.

Das war nun wirklich wie ein Löwenbiß und tat so furchtbar weh, daß die Prinzessin nicht einmal mehr schreien konnte, sondern weiß vor Schmerz in Ohnmacht fiel.

Prinz Floh aber fühlte kaum das blaue Blut in seinen Adern, da fiel der Zauber von ihm ab. Er stand plötzlich da, groß und blond und stark, warf mit einer Handbewegung die ganze Bude mitsamt dem Gaukler um, nahm die Prinzessin in den Arm und trug sie schnellen Laufes in das Schloß hinauf.

Unterwegs küßte er sie auf den blassen Mund.

Rosaweiß merkte es und hätte wohl die Augen aufschlagen können. Aber sie wußte, was sie sich als Prinzessin schuldig war, und blieb steif und starr und blaß, bis der König und die Königin und alles Gesinde und der Prinz dazu vor ihr auf den Knien lagen und sie flehentlich baten, doch allergnädigst aufzuwachen.

Da öffnete sie erst das linke Auge ein wenig, dann das rechte, und als der Prinz darüber vor Freude ganz närrisch aufsprang und im Saal herumtanzte, sprang auch sie plötzlich auf und fing mit ihm zu tanzen an.

Das war ein Jubel in Schloß und Hof.

Der alte König wurde wieder gesund und ließ sich sein letztes Haar, das er sorgfältig aufgehoben hatte, wieder auf das Haupt kleben, und die Königin ließ sich den letzten Zahn wieder einsetzen, damit sie bei der Hochzeit doch noch etwas Schönes aufzuweisen hatten. Von da ab wagte keiner der Hofleute mehr, das Wort F-l-o-h auszusprechen; denn einem, der es einmal ganz harmlos gesagt hatte, war sofort der Kopf abgeflogen durch das Schwert des Flohprinzen. Still! Sprecht das Wort nicht aus! Wenigstens nicht, wenn ihr nur einen Kopf zu verlieren habt.

Der graue Sack*

Der Schuster Bartel saß auf seinem Schemel und klopfte an den zerrissenen Sohlen herum, die ihm die Bauern zum Flik-ken brachten. Er hatte eine dicke, schwarze Brille auf der Nase und einen großen, grauen Sack auf dem Rücken.

Er brummte laut vor sich hin.

„Das alte, dreckige Zeug hält kaum noch zusammen. Bis die sich ein paar neue Stiefel leisten, kann die Welt zugrunde gehen. Pfui Teufel über die Filzböcke."

„Was schimpfst du denn schon wieder?" sagte sein junges Weib Melde. „Da soll eins nicht schimpfen."

„Und den dummen, grauen Sack hast immer noch auf dem Buckel. So tu ihn doch mal runter, er macht dir ja nur's Leben schwer."

„Hab ich ihn so lang getragen, werd' ich ihn grad deinetwegen wegtun."

„Laß nur", schrie er ärgerlich, als Melde ihm mit sanfter Gewalt den Sack abnehmen wollte, „der bleibt bei mir, solang ich lebe."

„Komm, laß uns ins Feld gehen, der Abend ist so schön", sagte Melde. „Meinetwegen", brummte Bartel. „Aber schön soll das sein, da steht eine Wolke am Himmel, es wird gleich regnen."

„Dann können wir ja umkehren."

Der Bartel zog seinen alten Rock aus und legte den Sack einen Augenblick ab.

„O schau, wie goldig rot der Himmel ist", sagte er. Dann nahm er den Sack wieder auf.

---

*   Aus „Märchen" (1976), siehe Quellenverzeichnis.

„Aber vom letzten Regen liegt noch der dicke Dreck, da hinein ist kein Vergnügen".

„Komm nur, wir gehen schon den besten Weg. Aber willst du nicht den Sack da lassen? – Du gehst doch viel leichter ohne ihn."

„Nun sind wir bald zwei Jahre beisammen, und du kannst nicht still sein über den Sack."

So gingen sie dann zusammen durch's Dorf ins Feld zum Wald.

„Na, was hab ich denn gesagt? Dreck überall, und es wird immer finsterer am Himmel, wir kommen ins Wetter."

„Aber es ist doch ganz hell."

„Du hast wohl andere Augen als ich – he?"

Sie stapften weiter.

„Wie sieht denn dem Hans sein Acker aus? – Noch immer nicht abgeerntet – faules Volk!"

„Er ist ja krank."

„Krank hin, krank her, könnt doch dafür sorgen."

Melde wurde traurig, und sie wäre doch so gern vergnügt gewesen, denn sie hatte ein fröhliches, lachendes Herz.

„No, und da läuft der Lise ihr Mädel allein am Bach hin – eine gute Mutter das!"

„Sie sitzt ja nicht weit davon im Heu."

„Wenn's Kind reinfällt, dann hat sie's. Kinder soll man überhaupt nicht haben – ärgern und stören einen nur – kosten Geld und sind überall im Wege."

Da fiel der Melde eine schwere Träne herunter, ihr zärtliches Herz hätte so gern ein Kindlein zum Lieben gehabt.

„Willst noch weiter durch den Schmutz in den düstern Wald bei dem schwarzen Himmel?"

„Aber es ist ja ganz hell, und im Wald ist es schön. Hörst, wie die Vögel singen?"

„Das Geplärr ist abscheulich. Ich will meine Ruh haben."

Der Bartel wollte kehrtmachen, aber Melde zog ihn am Ärmel fort. „Mir zulieb bleib noch ein wenig!"

Sie zog ihn immer weiter in den Wald, bis sie zu ihrem Lieblingsplatz kamen.

Das war eine kleine Waldwiese voll bunter Blumen, ringsum standen hohe, alte Bäume, ein Bächlein murmelte vergnügt vorüber, und umher leuchteten rote und blaue Beeren im Grase und in den Büschen.

„Setz' dich ein wenig in den Schatten, Bartel, ich will schnell ein Körbchen voll Beeren holen."

„Jetzt soll man schon wieder sitzen. Hock so schon den ganzen Tag daheim auf 'm Schemel."

„Da hast ein paar schöne Äpfel, laß sie dir schmecken, bis ich wiederkomme!"

„Mach, daß du wiederkommst! Ganz schwarz ist es oben – gleich geht's Wetter los."

Melde lief eilig fort, warf einen Blick zum Himmel, an dem nur ein paar leichte, graue Wölkchen waren, und dachte traurig: immer sieht er alles dunkel und böse.

Dann aber, als sie die Menge schöner Beeren sah, lachte sie wieder und pflückte frisch darauf los, bis der Korb bis oben voll war.

Mittlerweile war es aber nun wirklich schwarz geworden am Himmel. „Huh, wie wird der Bartel schimpfen!"

Sie lief, so schnell sie konnte, zu ihm zurück.

Da lag der Bartel im weichen Moos und schlief ganz fest. Den grauen Sack hatte er neben sich und preßte ihn mit der rechten Hand ganz nah an sich. Er machte ein sehr böses Gesicht, als sei er über einem großen Ärger eingeschlafen.

„Der dumme Sack", dachte Melde, „immer muß er ihn mitschleppen, was mag denn nur darin sein, daß er ihn so ängstlich hütet? – Ich muß doch einmal nachsehen."

Aber wie sollte sie ihn aus der Hand losmachen?

Plötzlich huschte ein listiges Lachen über ihr Gesicht.

Sie nahm eine Nadel aus ihrem Haar und stach sie ganz sacht dem Bartel in die rechte Hand.

„Verdammt", sagte der Bartel, zog die Hand zurück und ließ den Sack fahren.

Melde erschrak. War er aufgewacht?

Nein, er drehte sich auf die andere Seite und schlief weiter. Schnell ergriff Melde den Sack und schleppte ihn ein Stück weiter, und neugierig, mit zitternden Händen machte sie all die Riemen und Schnallen auf, und herauskollerten drei schwere Kieselsteine, in viel alten, grauen, lumpigen Stoff gewickelt.

Da lachte Melde laut auf.

Das ist alles! Damit schleppt er sich Tag um Tag und kann sich auch nachts nicht davon trennen. Dachte, wunderwas für Schätze er drin hütete.

Nein, das dumme Zeug solle er nicht mehr rumschleppen. Fort damit, und wenn er mich totschlägt! Sie stopfte das häßliche Zeug wieder in den Sack und schleppte ihn mühsam zum Bach hin, und wo er am tiefsten war und am wildesten über die Steine sprang, warf sie ihn hinein.

„So, Bächlein, schlepp ihn fort! Weit fort! Hörst du?"

Das Bächlein lachte, und Melde lachte auch, und dann lief sie schnell wieder zum Bartel hin.

Je näher sie kam, desto lauter pochte ihr Herz. Es war ihr doch etwas bange zumut. Wenn er nun einen Wutanfall bekam und sie doch totschlagen würde? Das wäre fürchterlich.

Langsam kam sie näher. Der Bartel schlief noch, aber er machte kein so fürchterliches Gesicht mehr, ein heller Schein lag darüber, als ob er eben einen sehr schönen Traum träumte.

Leise zupfte sie ihn am Ohr.

Da fuhr der Bartel auf und schaute sich lachend um.

„Warum erschreckst denn so, Melde? – Ich tu dir doch nichts; o, ich hatte einen so schönen Traum."

„Komm, laß uns heimgehen, schau, der Himmel ist schon ganz dunkel."

„Ach die paar Wolken, die tun uns nichts."

Melde schaute ganz verwundert drein.

Der Bartel sprang auf und schritt grad und kräftig aus.

Melde sah ihn heimlich von der Seite an; zehn Jahr jünger ist er plötzlich.

Sie kamen wieder an dem Acker des Hans vorüber.

„Krank ist er, sagst du", redete Bartel, „sollen wir ihm ein wenig helfen, was meinst?"

„O freilich, freilich, das wollen wir."

„Gleich morgen zu Feierabend."

„Aber morgen wird es noch sehr schmutzig sein."

„Ach, das bissel Schmutz bringt uns nicht um."

Melde wurde immer froher in ihrem Herzen.

„Schau, da läuft der Lies ihr Kleines, goldig sieht's aus mit dem bunten Kränzel in seinen goldnen Locken. Man möcht's gleich auf den Arm nehmen."

Aber das Kind lief davon, weil der Bartel noch nie freundlich zu ihm gewesen war.

„Warum läuft's denn weg?"

„Es fürchtet sich vor dir."

„Vor mir? Ich mag doch die Kinder so gern."

Da lachte Melde laut auf.

„Hast du nicht vorher erst gesagt, Kinder sind immer im Wege und ärgern einen nur?"

„Hab ich das gesagt? Wirklich?"

„Ei ja, und noch mehr Garstiges hast du gesagt."

„Und krumm wie ein Alter bist da gegangen und hast an nichts Freude gehabt und an allem herumgeschimpft. Ein ganz anderer bist du seit ..."

„Seit wann?"

„Seit – na merkst du es noch immer nicht? Seit dein abscheulicher, grauer Sack nicht mehr auf deinem Buckel sitzt."

„Mein Sack", rief Bartel, „mein Sack. Wo ist er?" und setzte sich auf den Schusterschemel und wußte nicht, ob er lachen oder weinen sollte.

Aber die Melde lachte laut und tanzte um ihn herum.

„Dein Sack ist fort, dein Sack ist fort und nimmermehr zu finden!"

Da lachte auch der Bartel. „Bin froh, daß ich ihn los bin, er war schwer und garstig, aber ich selbst hätt' ihn nie weggeworfen."

„Aber warum hast du ihn denn nur immer mitgeschleppt?"

„Ach, mein Vater und dem sein Vater und Vaters Vater hatten ihn durch's Leben geschleppt, und da mußte ich doch."

„O du Dummkopf! Ist es nicht viel schöner so?"

„Ei freilich! Aber siehst du, solang man so dumm ist, weiß man nicht, daß man es ist."

Das schwarze Gesicht[*]

Gogo hatte ein schwarzes Gesicht, denn er war ein N[*]. Schön schwarz wie eine Kokosnuß und fein glänzend, als ob er geölt wäre. Dazu hatte er dickes, wolliges, schwarzes Haar, Augen schwarz wie Kohlen und einen weiten, roten Mund mit großen, weißen Zähnen.

So schön war Gogo.

Wenn er sich im Spiegel sah, strahlte er vor Stolz, denn dort sah er sich in einem roten Anzug mit goldenen Knöpfen und mit einer roten Mütze auf dem Haar.

Aber wenn er auf der Straße ging, machte er ein sehr böses Gesicht, denn alle Leute schauten ihn an und lachten, weil er allein so schwarz war in der ganzen Stadt.

Am schlimmsten waren die Kinder.

„Der rote Aff!"

„Der schwarze Mann", schrien sie, umringten ihn und tanzten wild um ihn herum.

„Roter Aff – roter Aff!"

Da aber bleckte Gogo seine großen, weißen Zähne und machte „Uff – Uff" – er sah dabei so wild und fürchterlich aus, daß die bösen Buben schreiend davonliefen.

„Siehst du, Rosso", sagte Gogo zu seinem besten Freund, der ihn immer begleitete, „so machen sie es immer. Kann ich dafür, daß ich schwarz bin?"

Rosso wedelte freundlich mit dem Schwanz und sprang an Gogo hinauf. „Tröste dich, schwarz ist schön, ich bin auch schwarz."

Aber Gogo blieb finster und böse, bis er wieder zu Hause war, in dem großen, prächtigen Fremdenhaus, wo er „boy"

---

[*]   Aus „Märchen" (1976), siehe Quellenverzeichnis.

genannt wurde und die vielen Fremden im großen Käfig hinauf- und hinunterfahren mußte, damit sie die vielen Treppen nicht zu steigen brauchten.

Hinauf und herunter – hinauf und herunter, immerfort.

Das war eigentlich langweilig. Aber die Fremden waren freundlich zu Gogo und lachten ihn nicht aus. Denn sie waren alle schon in seinem Lande gewesen, und da sie das schöne Sonnenland liebten, wo es lauter Schwarze gab, erinnerte sie Gogo an schöne Zeiten, die sie dort erlebt hatten, und so waren sie gut zu ihm, schenkten ihm Geld und süße Dinge, und Gogo grinste sie freundlich an und sagte, „tschak tschak", was so viel wie danke hieß in seiner Sprache. Alles Geld legte er in einen Kasten, und wenn er voll war, wollte er ins Sonnenland reisen und seine Mutter suchen.

Abends war Gogo sehr müde, denn der große Käfig fuhr bis spät in die Nacht auf und ab, auf und ab.

Dann träumte er von seinem Land, das weit weg war, aber im Traume ganz nahe zu ihm kam. Er sah sonderbare Landschaften, Menschen und Tiere, wie er sie in diesem Lande nie gesehen, und er fühlte so viel schöne, heiße Sonne auf seinem Körper, der hier im weißen Lande immer fror.

„Wein' nicht, wein' nicht", sagte Rosso, der in seiner Kammer schlief.

„Wein' nicht, wir reisen zusammen in dein Land."

„Oh ja, du mußt mit, aber wann, wann wird es sein? Die Reise kostet viel, viel Geld, sagte mir neulich der gute, alte Herr. Und schau, es ist noch so wenig im Kasten." Und Gogo zählte täglich das Geld und legte alles in den Kasten, was die freundlichen Fremden ihm gaben. Eines Tages aber stand Gogo am Fenster. Er hörte eine sonderbare Musik, so ganz anders, als er bisher gehört. Sie kam immer näher, und als sie ganz nah war, sah er einen großen Haufen Menschen auf der Straße, die alle nach einer Richtung schauten. Und da kam ein prächtiger Zug heran.

Hoch auf einem goldenen Sessel, der auf dem Rücken eines großen Elefanten schaukelte, saß ein schwarzer König mit Gold und Edelsteinen geschmückt. In der Hand hatte er einen goldenen Stab, und hinter ihm folgte eine lange Reihe von Kamelen und kleineren Elefanten und andere seltsame Tiere, auf denen lauter schwarze Menschen und große Affen ritten, und kleine Affen und bunte Papageien saßen ihnen auf den Schultern.

„Der Zirkus, der Zirkus", riefen die Kinder und klatschten in die Hände.

„O", schrie Gogo, „Rosso komm, schau her, die sind aus meinem Land, diese Tiere habe ich im Traum gesehen." Und er stürzte hinaus auf die Straße und lief mitten hinein in den Haufen der fremden Menschen und schrie: „Tschak – tschak", das einzige Wort, das er noch aus seiner Heimatsprache wußte, und warf die Arme flehend zu dem schwarzen König auf: „Nimm mich mit! Nimm mich mit!"

Aber der schlug mit seinem Stabe nach ihm, und die Leute umher lachten.

O, das tat so weh, und Gogo ging in seine kleine Kammer und weinte bitterlich.

In der Nacht aber, als es zwölf Uhr schlug, tat sich die Türe zu seiner Kammer auf, und hereintrat der schwarze König. Er berührte ihn mit seinem Stabe und sagte:

„Steh auf und folge mir!"

„Du, Herr König, kommst zu mir? Aber du schlugst doch nach mir, als ich zu dir flehte."

„Ja siehst du, vor den Bleichgesichtern mußte ich so handeln, sonst hätten sie mich nicht für den König gehalten. Aber mach' schnell, mein Elefant und ein Kamel für dich stehen vor der Türe."

Eins, zwei, drei war Gogo aus dem Bett und in den Kleidern.

Und dann saß er auf einer weichen Decke auf dem Kamel, und durch die helle Mondnacht ging es nun, weit und immer weiter, bis sie zum großen Meere kamen. Dort nahm sie ein mächtiges Schiff mit Elefant und Kamel auf, und so schwammen sie viele Tage und Nächte auf dem blauen Wasser. Oh, das war herrlich.

Und der schwarze König erzählte Gogo von seiner Mutter, die ihn aus bitterster Armut einst hatte an das weiße Land verkaufen müssen. „Sie wartet immer noch auf deine Rückkehr, und du wirst sie finden."

Und es wurde immer wärmer umher, und Gogo lachte vor Freude, warf alle seine bunten Kleider ins Meer und ließ die glühende Sonne auf seine Haut scheinen.

„So wird mich meine Mutter besser erkennen", sagte er, und der König nickte.

Immer näher kam das Sonnenland. Hohe Palmen und Agaven standen am Ufer, und die Schwarzen sprangen ins Wasser und holten die Leute vom Schiff und trugen sie auf ihrem Rücken zum Land. Nur der König ritt auf seinem Elefanten ans Ufer.

Gogo kam plötzlich alles so bekannt vor, als ob er aus einem sonderbaren Traume plötzlich erwacht wäre.

Er verstand die fremde Sprache der Schwarzen und sagte immerfort „tschak – tschak", denn er selbst wußte nur dieses Wort.

Die Schwarzgesichter grinsten vor Vergnügen, daß man ihre großen, weißen Zähne sah.

Und plötzlich drängte sich eine Frau durch die Menge und streckte die Arme nach Gogo aus.

„Das ist deine Mutter", sagte der König.

Die Frau weinte vor Freude, und Gogo fühlte sich so wohl wie nie zuvor und weinte vor Glück.

„Nun bleibt zusammen", sagte der König, „Schwarzgesicht soll bei Schwarzgesicht bleiben."

Als Rosso am andern Morgen seinen Freund Gogo nicht fand, bellte er laut und kläglich durch das ganze Haus.

„Du suchst Gogo", sagte der Hausdiener, „der ist fort, der ist sicher mit dem Zirkus in sein schwarzes Land gefahren."

Da weinte Rosso bittre Tränen.

Aber als er lange geweint hatte, dachte er: „Es ist gut für den armen Gogo – nun ist er bei seiner Mutter und in seiner Heimat. Ja, ja, Schwarzgesicht soll bei Schwarzgesicht bleiben." Und so war Rosso ebenso weise wie der König vom Sonnenland.

Elisabeth Dauthendey –
Eine biographische Annäherung

*Elisabeth Dauthendey, Schwester des obigen [Max Dau-
thendey], geb. 19. Januar 1854 in Petersburg, wo der
Vater Hoffotograf des Kaisers Nikolaus I. war und
20 Jahre dort verlebte. Sie verbrachte ihre Kindheit in
der russischen Hauptstadt. Später kehrte die Familie
nach Deutschland zurück, da zwei Jahre in Dresden
und siedelte dann endgültig nach Würzburg über, wo
Elisabeth Dauthendey ihre Schulzeit verbrachte und
noch jetzt ihren ständigen Wohnort hat. Viele Reisen
und längere Aufenthalte in London, Paris, Italien führten sie mit vielen bedeutenden Persönlichkeiten zusammen und brachten sie in nahe Berührung mit allen
Zeitströmungen, künstlerischen, kulturellen und sozia-
lem Gebiete. – Ihr zweites Buch „Vom neuen Weibe
und seiner Liebe" machte ihren Namen mit einem
Schlage zu einem bekannten, das Buch wurde in viele
Sprachen übersetzt.*[1] *Auch auf dem Gebiete des Mär-
chens ist der Name Elisabeth Dauthendey in vielen Ju-
gendzeitschriften mit bestem Klange eingeführt, ebenso
wie die Zeitungen und Zeitschriften literarischer Art
Beiträge von ihr bringen.*

Diesen Lexikon-Artikel über sich selbst verfasste Elisabeth
Dauthendey im Auftrag von Franz Brümmer, dem Herausgeber des „Lexikon der deutschen Dichter und Prosaisten
vom Beginn des 19. Jahrhundert bis zur Gegenwart".[2] Und
dieser Artikel zeigt bereits, wie schwierig es ist, einen tat-

---

[1] Tatsächlich sind weltweit über den KVK (Karlsruher Virtueller Kata-
log) nur Übersetzungen ins Schwedische und Finnische zu finden.

[2] 1913 war die 6. Auflage des Lexikons erschienen, Brümmer bereitete
offenbar die neue Auflage vor, die jedoch nie erschien.

sächlichen Lebens- und Schaffensüberblick von Elisabeth Dauthendey zu gewinnen. Sie gab in dem Artikel zwar auch noch ihre Veröffentlichungen an, beginnend mit ihrem ersten Buch, dem Roman „Im Lebensdrange", der 1898 erschienen war. Zu dem Zeitpunkt aber war sie schon 44 Jahre alt; und als sie den Artikel schrieb, 63 Jahre. Nun handelt es sich bei dem Lexikon nicht um Wikipedia, wo die Länge des Textes keine Rolle spielt, sondern um ein Literatur-Lexikon, in dem knapp das Wesentliche dargestellt wird. Zum Leben aber gehört auch das scheinbar Unwesentliche.

Die Quellenlage ist dünn. Der Nachlass von Elisabeth Dauthendey ist am 17. März 1945, zwei Jahre nach ihrem Tod, im Keller ihres Hauses verbrannt. Briefe von ihr, viele an ihren Bruder und an ihren Schriftsteller-Freund Michael Georg Conrad, liegen im Stadtarchiv Würzburg und in der Monacensia in München in den entsprechenden Nachlässen der Brief-Empfänger. In den beiden autobiographischen Romanen (1912 und 1913) von Max Dauthendey findet sich einiges, was bisher als Hauptquelle für die Biographie seiner Schwester angesehen wurde. Zu bedenken dabei ist allerdings, dass es sich um zwei Romane handelt und dass es Max Dauthendey vorrangig um seinen Vater und die Darstellung seiner eigenen Biographie ging. Der Schriftsteller Leo Weismantel beschreibt 1918 Elisabeth Dauthendey und ihren Garten.

Und dann gibt es nur noch spätere Erinnerungen von Zeitgenossen: Allen voran die Lehrerin Auguste Heider, die von 1936 an zusammen mit Elisabeth Dauthendey in der Wohnung lebte. Sie schrieb für die Mainpost 1954 einen Erinnerungs-Artikel, den die Zeitung jedoch nie druckte. Er war zu lang. Die ersten 4 Typoskript-Seiten davon sind noch erhalten. Die Malerin Gertraud Rostosky erinnert sich an sie am Rande ihrer Aufzeichnungen zu Max Dauthendey 1947, der Dichter Adalbert Jakob in einem 1-seitigen Typoskript 1963 und zuletzt der wohl jüngste Freund und auch Nachlassverwalter Dauthendeys, Michael Gebhardt, der 1976 die ihm noch vor dem Krieg anvertrauten Märchen herausgab und im Vorwort seine Erinnerungen aufschrieb.

Ob Elisabeth Dauthendey begonnen hatte ihre Lebenserinnerungen aufzuschreiben ist ungewiss.[3]

Auf der Basis dieser Quellenlage soll das Folgende nun ein biographischer Versuch sein.

Elisabeth Dauthendey wurde am 19. Januar 1854 als Tochter des deutschen Hofphotographen von Zar Nikolaus I., Carl Albert Dauthendey (1819–1896) und der Einwanderertochter Anna Dauthendey, geborene Olschwang, in St. Petersburg geboren. Anna Olschwang (1826–1855) stammte aus einer jüdischen Familie, die bereits bei ihrer Ansiedlung in Russland um 1820 zum griechisch-orthodoxen Glauben übergetreten war. Carl Albert Dauthendey war einer der frühesten deutschen Photographen. Nach ersten Erfolgen am Hof in Dessau ging er 23-jährig 1843 nach St. Petersburg und stieg dort schnell zum Hofphotographen auf. Bereits 1844 heiratete er die 18-jährige Anna. Elisabeth war die 4. Tochter dieser Verbindung. Im Jahr nach ihrer Geburt nahm sich die Mutter das Leben. Zwei Jahre später heiratete der mit vier unmündigen Töchtern überforderte Carl Albert die damals 20-jährige Charlotte Caroline Friedrich (1837 – 1873). 1860 ging aus dieser Ehe noch in St. Petersburg der Sohn Kaspar hervor und zuletzt 1867 in Würzburg der Sohn Max. Auch Dauthendeys zweite Frau starb früh, 1873 auf dem Gutshof „Neue Welt" in Würzburg, die damals 19-jährige Elisabeth Dauthendey begleitete ihr Sterben.

---

3   Michael Gebhardt, der Herausgeber der „Märchen", berichtet in seinem Vorwort zu seinem Buch von den Dingen, die am 17. März 1945 im Keller des Hauses von Elisabeth Dauthendey verbrannt sind: ein Romanfragment, Novellen, Briefe, weitere Märchen, aber nicht von Lebenserinnerungen.

Für die Zeit in Russland und die Übersiedlung nach Würzburg gibt es nur zwei Quellen: Max Dauthendeys Buch „Der Geist meines Vaters", in dem Elisabeth Dauthendey, nie mit ihrem Namen, sondern immer als die „jüngste Schwester" bezeichnet, an lediglich zwei Stellen auf den ersten 160 Seiten vorkommt. Viel aufschlussreicher aber: Die Erinnerungen von Auguste Heider an das, was ihr Elisabeth Dauthendey offensichtlich mehrfach erzählt hatte. Da die Zeilen von Auguste Heider so authentisch zu sein scheinen, sollen sie im Folgenden für die Zeit bis 1864 hier wiedergegeben werden:[4]

100 Jahre sind es nun, seit sie in einem der vornehmsten Viertel Petersburgs, dem Nevski-Prospekt geboren wurde. Ihr Vater stand als Fotograf des Hofes, des Adels, der Reichen, auf der Höhe seines Schaffens. Leider verlor sie ihre Mutter schon bald nach ihrer Geburt. Ihre früheste Erinnerung – etwa mit zwei Jahren – war, dass ihr Vater von einer Reise zurück kam und ihr und Dora, der zweitjüngsten von den vier Mädchen, ihrer späteren Lieblingsschwester, je eine große Puppe mitbrachte – und eine neue Mama.

Sie sah noch genau die Räumlichkeiten des großen Hauses vor sich, das Kinderzimmer mit allen Bildern, das Zimmer der Eltern, die weite, große Küche in der die Dienstboten in aufgehängten Säcken über dem Herde schliefen. Ein Brüderchen, der kleine Kaspar kam, Elisabeth durfte nun täglich mit dem Kindermädchen und Kinderwagen in dem prachtvollen Park, nahe ihrer Wohnung spazieren gehen. Während das Mädchen auf einer Bank saß, suchte und fand sie ein verborgenes Plätzchen unter einem Siringenstrauch, hinter dessen herabhängenden Zweigen sie sich von aller Welt abgesondert glaubte, bis sie eines Tages ein bärtiger Mann zu sich empor hob. Sie schrie laut nach dem Kindermädchen und von dieser Zeit an durfte sie nie mehr

---

[4]   Sämtliche Zitate aus Heiders Typoskript sind kursiv gesetzt.

von der Seite des Mädchens weichen und hatte so das schöne Winkelchen verloren.

Im Winter war die ganze Wohnung so warm, dass die Mädchen in kurzen Ärmeln gehen konnten; aber beim Spazierengehen erinnerte sich Elisabeth noch mit Vergnügen der warmen, hohen, geschnürten Pelzstiefel, die bis zu den Knien reichten. Einmal nahm sie das Mädchen auch mit in die orthodoxe Kirche. Die Pracht, die sie da gesehen, erregte sie noch lange Zeit, sodass es dem Mädchen verboten wurde, die Kinder wieder mit dahin zu nehmen. Im Sommer bezog die ganze Familie ihren Landaufenthalt. Da hörte Elisabeth am Morgen in ihrem Bettchen sonderbare Laute. Gackern, Grunzen, Muhen. Was das sei, fragte sie das Mädchen, das lachend ihr nicht recht verständliche Antwort gab. Wie leicht hätten es die Eltern gehabt, die Kinder ein wenig an sich zu ziehen, ihre Wissbegierde zu befriedigen, sich mit ihnen zu freuen. Aber für die Kinder waren ja die Kindermädchen, die Kinderfräuleins und Bonnen[5] da. Elisabeth wusste sogar noch den Namen ihrer Bonne: Caroline Schröder. Mit der Bonne redeten die Kinder französisch, Elisabeth schon mit fünf Jahren, mit den Eltern deutsch, mit dem Dienstpersonal russisch. Hörten aber die Eltern, daß die Kinder unter sich russisch sprachen, hieß es gleich: wollt ihr deutsch sprechen!

In diese frühe Kindheit fällt auch ihr erstes erotisches Erlebnis. Es war im Sommer. Johann Strauß spielte im Freien. In irgendeinem Garten. Die Familie Dauthendey samt Kindern war unter den Zuhörern, das Spiel begann. Da ging etwas Unbeschreibliches in der Seele der kleinen Elisabeth vor. Sie fühlte sich wie gezogen von dem Spiele dieses Mannes, drängte sich zu ihm heran und sah mit glänzenden Augen zu ihm auf. Nun weiß ich nicht mehr, hat er ihr zugelächelt oder eine Hand gegeben, etwas war noch beim Anhören dieses

---

[5] Franz.: Kindermädchen, die „Gute“.

wunderbar prickelnden Geigenspieles dabei, was ihr diese Stunde zum unvergesslichen Erlebnis werden ließ.

Herr Carl Dauthendey war in all den Jahren zu großem Ansehen und Vermögen gekommen, ja er war nahe daran, Millionär zu werden. Aber er hatte auch Feinde, besonders einen, der ihm einmal das Dach über dem Kopf angezündet hatte, so dass seine Frau um ein Haar verloren gewesen wäre. Dieser Umstand und weil er seine heranwachsenden Töchter nicht in ein russisch-orthodoxes Pensionat schicken, sondern ihnen eine deutsch-evangelische Erziehung angedeihen lassen wollte, vielleicht auch weil sich Sehnsucht nach der Heimat in ihm regte, das zusammen war es, was ihn bewog, von Petersburg wegzuziehen und sich in Deutschland niederzulassen.

Zwei Jahre lang lebte er von seinem Vermögen in Dresden bei einer Familie Möbius und suchte während dieser Zeit vergebens nach einem geeigneten Ort für seine Tätigkeit. Auf dieser Suche kam er an Würzburg vorbei und war gezwungen, hier zu übernachten. Er ging am Abend ins Theater und zu seinem Erstaunen, und zu seiner Freude sah er da einen guten Bekannten aus Petersburg, mit dem er dort manchen schönen Abend verbracht hatte, den Dirigenten Hausla. Selbstverständlich traf man sich nach der Vorstellung beim Wein: „Sie hier, Herr Hausla, wie gefällt es Ihnen?" – „Gut, ein anderes Publikum als in Petersburg, die finanziellen Zustände zuverlässiger. Und Sie, Herr Dauthendey?" – „Ach, ich suche schon seit zwei Jahren einen geeigneten Platz für mich, meine Arbeit, meine Familie!" – „Aber, Herr Dauthendey, da wäre doch Würzburg das Beste, was Sie wählen können! Herrliche Lage am Main, inmitten einer fruchtbaren, reichen Gegend, vornehme Stadt, kunstsinnige Menschen, Würzburg hat große Vergangenheit und – Zukunft!"

Da war es entschieden, Würzburg sollte es sein. Und so kam es, daß mehrere Wochen danach, an einem fröstelnden Spätherbstnachmittag, ein zartes, in sich ge-

kehrtes Mädchen am alten Bahnhof in Würzburg aus-
stieg und zum ersten Mal die Stadt betrat, die ihr ein
langes Menschenleben hindurch Heimat werden sollte,
ihr und Max, mit dem sie so innig verbunden war.
Lange Zeit getrennt durch eine Frau, ruhen die beiden
in dieser, ihrer Stadt nun wieder beieinander, Seite an
Seite, Elisabeth und Max Dauthendey.

Ergänzend hierzu – und das ist sicherlich auch ein prägendes Erlebnis für Elisabeth Dauthendey gewesen – beschreibt Max Dauthendey die Abreise nach Deutschland, welche die 7-köpfige Familie Dauthendey auf einem Passagierdampfer von St. Petersburg nach Stettin unternahm. Elisabeth war damals 8 Jahre alt. Auf der Überfahrt zog ein gewaltiger Orkan auf:

„Diese Nacht war die schrecklichste Sturmnacht, die mein Vater jemals auf dem Meere erlebt hat. (...) Sechzig Stunden. So lange der Orkan währte, war meine Mutter mit den Kindern und meinem Vater ohne Nahrung und ohne auch nur einen Schluck sü- ßes Wasser erhalten zu können, in der engen Kabine eingesperrt. An die unteren Betten reichte bereits das Seewasser heran, das in das Schiff hineinstürzte, so daß mein Vater sich mit den zwei kleinen Töchtern in die oberen Betten flüchten mußte, während meine Mutter meinen wimmernden, erst ein Jahr alten Bru- der, der nach Milch schrie, beruhigte. Das Kinderge- schrei, die tobende See, der heulende Orkan, das Zersplittern der Masten, die auf Deck vom Sturm wie Spazierstöcke zerbrochen wurden, und das ein- dringende immer höher steigende Wasser in der Ka- jüte, machte die sechzig Stunden für die ohne Nah- rung Eingeschlossenen zu einer wahren Hölle. (...) Von vierzehn [Schiffen], die in die selbe Richtung mit uns fuhren, sind kaum noch drei übrig geblieben, und diese drei sind untergehende Wracks und von ih- rer Bemannung bereits verlassen worden."[6]

---

[6] Dauthendey, Der Geist meines Vaters, S. 158ff.

In Würzburg lebte die Familie zunächst in der Büttnersgasse 2, Atelier und Wohnung in einem Haus mit Blick auf Main, alte Mainbrücke und die Festung Marienberg. Man brachte aber auch die russischen Gewohnheiten mit nach Würzburg. So wurde zweimal Weihnachten gefeiert und ein dampfender Samowar stand immer auf dem Wohnzimmertisch. Diesen Samowar gab es in Elisabeth Dauthendeys späterer Wohnung bis zu ihrem Tod. Als 1867 ihr Bruder Max geboren wurde, war Elisabeth bereits 13 Jahre alt. Die Familie Dauthendey befreundete sich bald mit der Familie Wadenklee, den Besitzern des Gutshofes „Zur Neuen Welt" im Leutfresserweg am Nikolausberg oberhalb Würzburgs. Das Gut wurde zu einer zweiten Heimat. Elisabeth war eng befreundet mit der gleichaltrigen Maria Wadenklee, der Tochter des Hauses, und offenbar Brautjungfer bei deren Hochzeit mit Heinrich Rostosky im Jahr 1873[7]. Im gleichen Jahr starb ihre todkranke Stiefmutter Caroline Dauthendey ebenfalls auf der „Neuen Welt", „[n]ur meine jüngste Stiefschwester [Elisabeth] war bei ihr im Augenblick des Todes."[8] Drei Jahre später, 1876, wurde Gertraud Rostosky geboren, die für Max Dauthendey eine lebenslange Rolle spielen sollte. Auch die mittlerweile 22-jährige Elisabeth wird in dieser Beziehung noch eine Rolle spielen. Im gleichen Jahr bezieht die Familie in der Kaiserstraße 9 das neu gebaute Haus, in dem wieder Atelier und Wohnung zusammen untergebracht waren. Die Kaiserstraße galt als die neue Prachtstraße Würzburgs, sie entstand, nachdem der alte Wall um die Innenstadt geschleift worden war, als Hauptstraße zum neuen Bahnhof.

Auch dieser Lebensabschnitt wird in den Erinnerungen von Auguste Heider eindrucksvoll beschrieben:

---

[7] Vgl. Kleinlauth, Gertraud Rostosky, S. 11.
[8] Dauthendey, Der Geist meines Vaters, S. 179.

Vor dem Hause, Büttnersgasse 2, hielten nun die vornehmen Wagen und von hier aus ging Elisabeth jeden Morgen zur Schule und so unwissend in gewissen Dingen war sie noch, dass sie erstaunt schaute, als eine Geschäftsfrau aus der Plattnersgasse, bei der sie Wolle gekauft, fragte: Gelt, bei euch kommt jetzt bald der Storch? Und eines Morgens lag das Brüderchen Max im kleinen Bettchen neben der Mutter.

Seit Maxens Geburt war diese nie mehr so ganz gesund. Aber stets saß sie mit einer Handarbeit beschäftigt im Wohnzimmer. Wenn dann Herr Dauthendey untertags für einige Zeit kam, äußerte er öfters, wie wohl ihm dieses Beschäftigtsein der Frau tat, wie es das ganze Zimmer heimelig machte. Der kleine Max wuchs auf unter dem Wohlwollen der Schwestern und der Strenge des Vaters. (...)

Treue Freunde hatten Dauthendeys in der Familie Rostosky auf der Neuen Welt gefunden. An diesem schönen Fleckchen Erde hing Elisabeth mit stiller Sehnsucht bis in ihre späten Jahre. Einmal zeigte sie mir den Ort, wo der Birnbaum gestanden, unter dem sie ihr erstes Märchen geschrieben. (...)

Elisabeth glich sehr ihrem Vater, nur dessen Härte war bei ihr gemildert und zu vornehm weiblichem Stolze geworden. Von den Eigenheiten ihres Vaters erzählte sie mir manches. Auf gutes Essen und gutes Trinken hielt er sehr viel. Wehe, wenn in der Küche täglich nicht so gearbeitet wurde, wie er es wünschte. Da gab es ein großes Donnerwetter. Der Kaffee musste kochheiss sein, ohne Zugabe eines Surrogates und doch kräftig und vollmundig schmecken. Saftiges Rindfleisch liebte er ebenso wie guten Braten von Wild oder Geflügel. Junge Tauben aß er mit samt den Knöchlein; man hörte sie beim Kauen krachen. Eine Liebhaberei waren Würste nach eigenem Rezept hergestellt und Quarkkäschen, die in Kohlblätter gewickelt, mehrere Wochen zum „gar" werden oben in der Küche auf einem Brett lagen. Elisabeth besorgte einige Jahre die Küche anhand ihrer gewandten und ge-

schickten Babette, einem Dienstmädchen, die bis zu de-
ren Tode eine stets willfährige Hilfe war.
   Jeden Tag zwischen 10 Uhr und 11 Uhr traf sich
Herr Dauthendey mit einigen befreundeten Herren in
Ott's Weinstube zu einem guten Frühstück. Er war ei-
ner der besten Schachspieler in Würzburg und ein lei-
denschaftlicher Jäger. Geschossenes Wild wurde vielfach
unter Freunden verteilt.

Wohl um 1880 hat Elisabeth Dauthendey ihr Lehrerinnenexamen gemacht.[9]

Mit Mühe gelang es Elisabeth Zeit und Geld zu ihrer
Ausbildung als Hauslehrerin und zum Erlernen frem-
der Sprachen zu erreichen. Fort von zu Hause, war die
Losung aller Kinder. Die älteren Töchter, schöne Mäd-
chen, hatten geheiratet, sobald sich ihnen Gelegenheit
bot, die eine nach Amerika, die andere einen Hoch-
schullehrer Detto. Die Kinder aus diesen Ehen standen
mit Elisabeth in lebhafter Verbindung. Der um einige
Jahre ältere Bruder von Max, Kaspar, wanderte nach
Amerika aus und fand dort ein trauriges Ende. Dora,
Elisabeths Lieblingsschwester heiratete den Lehrer
Rübel in Ungershausen.
   Elisabeth hatte ihr Examen bestens bestanden und
nahm sofort eine Stelle in einem Institut in Königsberg
an. Das Unterrichten fiel ihr nicht schwer. Die Mäd-
chen fühlten, dass eine Persönlichkeit und zugleich eine
junge, schöne Frau vor ihnen stand und verehrten sie.
„Sagen Sie mir, Fräulein Dauthendey", fragte sie einst
die Vorsteherin, „wie machen sie es nur, dass die Mäd-
chen in ihrer Klasse und bei ihrem Unterricht so ruhig
und aufmerksam sind?" – „Ist das nicht überall so?",
meinte Elisabeth. Viel später, als wir einmal vom Un-

---

[9] Dies war im ausgehenden 19. Jahrhundert eine der wenigen Möglichkeiten für Frauen, sich weiterführend und berufsqualifizierend
   zu bilden. Die Ausbildung an einem Lehrerinnenseminar war aber
   gleichzeitig an die Ehelosigkeit gebunden (Lehrerinnenzölibat).

terrichten sprachen, sagte sie: „Das kleinste Ding kann man für Kinder und auch für Erwachsene anregend und interessant gestalten." Sie nahm noch verschiedene Stellen als Hauslehrerin an, die meiste Zeit aber verbrachte sie in dieser Eigenschaft in England, in einem sehr vornehmen Hause[10]. *Sie erkältete sich dort, sollte ein anderes Klima aufsuchen und reiste ihrer Gesundheit wegen nach Hause.*

Nach ihrer Rückkehr, wohl um 1881[11], lebte sie bis 1893 mit ihrem Vater in häuslicher Gemeinschaft. Sie führte den Haushalt, half vermutlich im Atelier und kümmerte sich um die Erziehung des 13 Jahre jüngeren Max. Öffentlich arbeitete sie nicht in ihrem erlernten Beruf.

Elisabeth hing sehr am Bruder Max und suchte ihn vor des Vaters Strenge zu schützen. Sie erkannte schon damals das schlummernde Genie in ihm und suchte es auf jede Weise zu fördern. Einmal träumte Elisabeth, sie höre ihres Bruders Schritte auf der Treppe und die Türe zum Arbeitszimmer des Vaters gehen, darauf vernahm sie heftige Scheltworte und Schläge und sah Max die Treppe hinab stürzen. Genau wie im Traum ereignete es sich in Wirklichkeit. Nach mehreren Tagen kam Max von einem Fernsein zurück und ging zum Vater ins Arbeitszimmer, sich anzumelden. Da kam es zu einer starken Auseinandersetzung, woraufhin Max verschwand und niemand wusste, wo er war. Elisabeth ahnte es aber, reiste unter irgendeinem Vorwand nach Aschaf-

---

[10]   Max Dauthendey behauptet, sie sei „Erzieherin in der Familie des Lord-Mayors [Oberbürgermeister] in London gewesen". Siehe: Max Dauthendey, „Der Geist meines Vaters", S. 218.

[11]   Der Personenstandsbogen von Carl Albert Dauthendey im Stadtarchiv Würzburg ist nicht auffindbar, ebensowenig derjenige von Elisabeth Dauthendey. Die Adressbücher verzeichnen nur den Hauptmieter, nie deren Angehörige. So taucht Elisabeth Dauthendey als „Privatiere" erstmals 1898 als Hauptmieterin der Wohnung in der Kaiserstr. 9 in einem Würzburger Adressbuch auf.

fenburg, fand dort den Bruder und es gelang ihr, ihn
wieder nach Hause zu bringen. Unerbittlich, mitunter
hart stand der Vater in Elisabeths Erinnerung. Streng
fordernd bei der Arbeit, zurückhaltend und karg in fi-
nanziellen Dingen, obgleich er vermögend war.

Als Quelle für die Zeit zwischen 1881 und 1896 können nur
die Passagen in Max Dauthendeys „Der Geist meines Vaters"
aber auch zwei Einschübe in Gertraud Rostoskys „Max Dauthendey – wie ich ihn erlebte" dienen. Es handelt sich allerdings ausschließlich um Informationen, die auch Max betref-
fen. Immerhin beschreibt dieser auch in Ansätzen das Wesen
und das Äußere seiner Schwester:

> „Die Jüngste, die sehr viel las und die Gelehrte unter
> den vier Schwestern war, hatte immer ein Buch in der
> Hand, und sie las noch beim Mondschein am Fens-
> terbrett, während die Vorjüngste, die Verträumteste
> von allen, in den Mond starrte, und, wenn ein Mär-
> chen[12] aus war, die Klavierkerzen anzündete und
> Chopin, Beethoven oder Schumann spielte."[13] Und
> später: „... die Jüngste (...) lebte seit einigen Jahren
> wieder zu Hause und nahm sich auf ihre Weise mei-
> ner Erziehung an. Sie sprach mit mir auf den Spa-
> ziergängen englisch, und ich sehe sie nie anders als
> sonntags über einem der Bücher der Ausgabe ‚British
> Authors' sitzen und bis zum Abend lesen. Sie wurde
> sozusagen meine Sittenlehrerin, sorgte für meine
> Haltung bei Tisch, brachte mir ein wenig Schliff bei
> und erklärte mir auf unseren Spaziergängen die ver-
> schiedenen Baustile am Schloß und an den Kirchen
> der Stadt, den romanischen Stil, die Renaissance, das
> Barock und Rokoko, da die Würzburger Straßen zu
> diesem Anschauungsunterricht sehr geeignet sind."[14]

---

[12] Die zweitälteste Schwester las abends Märchen vor.
[13] Max Dauthendey, Der Geist meines Vaters, S. 201.
[14] Max Dauthendey, Der Geist meines Vaters, S. 218.

Aus der Erinnerung, aber auch anhand eines Photos, das der Vater von den vier Schwestern gemacht hatte, beschreibt Max Dauthendey das Äußere von Elisabeth:

> „Die Jüngste hatte reiches aschblondes Haar und ein feines geistvolles Gesicht. Die Zeichnung ihrer asch-blonden Augenbrauen drückte Klugheit aus." Und das Photo beschreibend: „Zu Füßen der Ältesten am Spinnrad aber sitzt auf einem Schemel die Jüngste. Ihre langen aschblonden Locken sind nicht so ne-ckisch wie die der Verlobten. Das Gesicht der Jüngs-ten ähnelt ein wenig der Königin Marie Antoinette. Manche sagten ihr auch, sie sähe an einem Tage Schil-ler, am andern Tage Goethe ähnlich. Sie hält ein Buch in der Hand. Ihre überaus hohe Stirn beugt sich über einen aufgeschlagenen kleinen Buchband, in welchem wahrscheinlich Gedichte zu lesen sind. Sie dichtete damals ihre ersten Verse. Sie las unausgesetzt, und die Beschäftigung mit Büchern war ihr die liebste."[15]

Obwohl Elisabeth offenbar ihre ersten Verse schrieb, wovon nichts überliefert ist, denn die in diesem Band abgedruckten Gedichte stammen erst aus dem Jahr 1917, hat sie offenbar bald erkannt, dass ihr Bruder Max bei seiner Suche nach der für ihn richtigen Profession einen Anstoß benötigte:

> „Als ich schon zwanzig Jahre alt war [1887], sagte meine jüngste Schwester einmal an einem Geburtstag meines Vaters zu mir: ‚Du solltest Vater ein Gedicht machen und an Stelle einer Tischrede das Gedicht her-sagen.' Ich sah sie ganz verblüfft an. ‚Ich soll dichten?' fragte ich sie. (...) Dichter werden wollen war ja viel mehr, als wenn man hätte Papst werden wollen."[16]

Gleichzeitig aber unterstützte sie ihren Vater in dem starren Willen, den Sohn Max an das Photoatelier zu binden. Das

---

[15]   Max Dauthendey, Der Geist meines Vaters, S. 220f.
[16]   Max Dauthendey, Der Geist meines Vaters, S. 234.

Verhältnis von Max und seinem Vater wurde immer schwieriger. Max strebte danach, Künstler zu werden, dem väterlichen Atelier den Rücken zu kehren und wurde von seinen Freunden darin bestärkt. Diese Situation und Elisabeths Verhalten dabei wird von Gertraud Rostosky, der jungen Freundin auf der „Neuen Welt" beschrieben:

> „Bevor er sich an die Jugendfreunde anschloss, war es seine Halbschwester Elisabeth gewesen, die seine Entwicklung stark beeinflusst hatte. Elisabeth Dauthendey, die später als Autorin zahlreicher Romane, Novellen und Märchen sehr bekannt werden sollte, war gleichaltrig und befreundet mit meiner Mutter und kam in diesem Sommer [1890] auch häufig auf die Neue Welt. Sie hatte ein wachsames Auge auf die Entwicklung ihres Bruders, und einmal erklärte sie mir ihre Absichten und Ziele; ‚Max', sagte sie, ‚bereichert die deutsche Literatur, indem er den sogenannten toten Dingen Seele und Ausdruck verleiht.'"[17]

Die Freunde, Arnold Villinger und Siegfried Löwenthal, beides Medizinstudenten, waren für Max Dauthendey das Tor zur intellektuellen Welt. Elisabeth war häufig bei den Besuchen, die Villinger im Hause Dauthendey machte, nicht nur anwesend, sondern wachte mit Villinger „plaudernd"[18] über dieses Verhältnis. Dabei sog sie wohl auch selbst die stürmischen Ideen der jungen Leute auf, die offenbar der Würzburger Gesellschaft einiges voraus waren.

> „Außerdem war da noch der Philosoph Nietzsche aufgetaucht. Ich sah zum ersten Mal in der „Gesellschaft" – die M.G. Conrad mit mächtigem Sturm und Drang stark und mutig begründet hatte[19] – das

---

[17] Gertraud Rostosky, Max Dauthendey – wie ich ihn erlebte, S. 21.
[18] Max Dauthendey, Gedankengut aus meinen Wanderjahren, S. 304.
[19] „Die Gesellschaft", herausgegeben von dem Schriftsteller Michael Georg Conrad (1846–1927), erschien von 1885 bis 1902.

Bild Nietzsches, des Dichterphilosophen, im Lesesaal der Würzburger ‚Harmonie‘[20] im Jahre 1891, und zugleich war da ein begeisterter Aufsatz mit einer kurzen Angabe aller seiner Werke und mit der Nachricht, daß der große Mann geistig umnachtet bei seiner Mutter in Naumburg lebe und wahrscheinlich nie mehr die Klarheit seiner Gedanken zurückerhalten werde.

Ich eilte vom Lesesaal sogleich zur Stubertschen Buchhandlung[21] und verlangte dort Nietzsches Werk ‚Also sprach Zarathustra‘. Niemand in der Universitätsbuchhandlung kannte den Namen des deutschen Philosophen. Man bestritt sogar, daß ein Philosoph dieses Namens in Deutschland lebe oder gelebt habe."

Ob Elisabeth Dauthendey auch zu den 1200 Mitgliedern der „Harmonie" gehörte oder ob sie nur den Gesprächen von ihrem Bruder und Arnold Villinger gefolgt war, bemerkenswert ist, dass Elisabeth ihre ersten Texte drei Jahre später in eben dieser Zeitschrift „Die Gesellschaft" veröffentlichte. Und nicht nur das: Mit dem Herausgeber Michael Georg Conrad verband sie offenbar eine lange Freundschaft, zumindest aus den Jahren 1919 bis 1927 existieren noch die Briefe Elisabeths an Conrad in dessen Nachlass in München.

Die Begeisterung, mit der Max Dauthendey von der Entdeckung Nietzsches spricht, scheint auch Elisabeth erfasst

---

[20] Die „Harmonie-Gesellschaft" ist die älteste bestehende bürgerliche Vereinigung in der Stadt Würzburg. Ursprünglich eine Lese-Gesellschaft bot sie ihren Mitgliedern auch Veranstaltungen und einen großen Lesesaal mit nationalen und internationalen Zeitungen und Zeitschriften. Zur Zeit der Dauthendeys hatte die Gesellschaft über 1200 Mitglieder und ihren Sitz in der Hofstraße 3, in der nach dem Krieg die Städtische Galerie untergebracht war.

[21] Die Verlagsbuchhandlung Albert Stuber befand sich am Franziskanerplatz.

zu haben. Elisabeths Denkweise gilt als von Nietzsche beein-
flusst.[22]

1893 verkaufte Carl Albert Dauthendey sein Atelier an einen
Photographen und zog in eine kleinere Wohnung in die Amalienstraße. Falls Elisabeth tatsächlich im Geschäft mitgear-
beitet haben sollte, hatte sie nun mehr Zeit, sich ihrer schriftstellerischen Ambition zu widmen. Sie blieb zunächst in der
Kaiserstraße wohnen. 1894 und 1895 erschienen die in diesem
Band abgedruckten ersten Essays zur Frauenfrage. Der erste
davon unter dem Pseudonym Andrea Pauloff, dem in Klam-
mern der Echtname hinzugefügt war – eine nicht verständliche Maßnahme – der zweite nur unter Pseudonym. Obwohl
sie mit diesen Publikationen – zumindest in Würzburg – zu
den Vorreiterinnen der Emanzipation gehörte, zeigte sie auch
noch eine völlig andere Einstellung zum Verhältnis der Ehe,
jedenfalls im Zusammenhang mit ihrem Bruder Max.

Sowohl Max Dauthendey als auch sein Freund Arnold
Villinger hatten gleichzeitig im Jahr 1894 der damals 18-jäh-
rigen Gertraud Rostosky einen Heiratsantrag gemacht.
Wenn auch wohl Gertraud selbst, aber auch ihre Familie und
selbst Carl Albert Dauthendey die Verbindung von Max und
Gertraud gutgeheißen haben, Elisabeth hatte andere Pläne:

> „Elisabeth (...), die sich damals leidenschaftlich in
> unsere Angelegenheit mischte, tat alles, um eine Ver-
> bindung zwischen ihrem Bruder und mir zu verhin-
> dern. Sie machte geltend, Max brauche eine reiche
> Frau, um sich weiterentwickeln zu können. Ihrem
> Bruder hatte sie geschrieben, ich wäre hier Schoß-
> kind der ersten Gesellschaft und hätte beste Aussich-
> ten auf eine gediegene Heirat. So machte sie uns beide
> scheu. Was aber bei mir besonders ins Gewicht fiel,

---

[22] Zum Beispiel sind in der in diesem Buch aufgenommenen Novelle
„Der graue Sack" Themen aus Nietzsches „Zarathustra" verarbeitet.

das waren neue Gedichte Max Dauthendeys, die an eine Schwedin – sie war damals noch die Braut Uddgrens[23] – gerichtet waren. Diese starken Liebesgedichte galten der Frau, die nach Elisabeths Meinung in jeder Hinsicht der für den Dichter notwendigen Heirat entsprach. Sie sei die Tochter eines reichen Großkaufmanns, dazu weltgewandt und imposant. (...)

Eine letzte Begegnung in dieser Zeit – es war der Abschied von der Jugendliebe – erlebte ich im Mainviertel. Trennend gingen zwischen uns an seiner Seite Schwester Elisabeth, an meiner Seite meine russische Freundin. Tags darauf, erzählte mir Elisabeth später, sei Max nach Paris weiter gereist.[24] In Paris erwarte ihn Uddgren, in Begleitung seiner Braut, derselben, die Dauthendey in seinen Gedichten verherrlicht hatte und mit der er sich dann ganz überraschend auf der Insel Jersey trauen ließ."[25]

Wenn in diesem Bericht die Verbitterung Gertraud Rostoskys zu spüren ist, findet man in Auguste Heiders Bericht Empathie mit Elisabeth:

Elisabeth hätte es wohl gern gesehen, wenn er sich eine zu ihm passende, vornehme und reiche Frau gewählt hätte. In der großen blonden Schwedin, der er sich hinter dem Rücken des Vaters auf der Insel Jersey hatte antrauen

---

23 Gustav Uddgren (1865–1927), schwedischer Journalist und Schriftsteller.

24 Im Nachlass von Hermann Gerstner (NL 75 im Stadtarchiv Würzburg) befinden sich 3 undatierte Manuskriptseiten von Gertraud Rostosky, die eine andere Lesart bieten: Anscheinend gab es eine Verlobung zwischen Max und Gertraud, die nie aufgelöst worden war. Zwar wird auch die Szene des Spaziergangs mit Elisabeth Dauthendey und der russischen Freundin erzählt, dass Elisabeth jedoch die treibende Kraft in der Verhinderung der Verbindung gewesen sei, wird stark relativiert: „Scheu machte mich, daß ich immer wieder hörte: Max D. müsse vor allen Dingen eine sehr reiche Frau haben."

25 Gertraud Rostosky, Max Dauthendey – wie ich ihn erlebte, S. 38f.

lassen, glaubte sie, hätte sich dieser Wunsch erfüllt. Aber wie hatte sie sich getäuscht! Sie verlor durch diese Schwägerin den Bruder, ihr Stolz wurde verletzt, und Sorgen der verschiedensten Art brachen über sie herein.

Ihre schriftstellerische Laufbahn begann Elisabeth Dauthendey noch bevor der Vater starb. Der in der „Gesellschaft" im Oktober 1894[26] erschienene Essay „Die Geschlechter" war die erste öffentliche Publikation. Ob der Vater darauf reagiert hat ist nicht bekannt. Seit dem Auszug des Vaters aus der Kaiserstraße gab es eine räumliche Trennung zwischen Vater und Tochter, die vielleicht auch dazu beitrug, dass Elisabeth sich besser von ihm emanzipieren konnte. Sie blieb bis 1898 jedoch im Haus in der Kaiserstraße wohnen, auch nachdem Carl Albert Dauthendey am 5. September 1896 gestorben war.[27]

> *Der Vater starb, das Haus wurde verkauft, das Vermögen unter den Geschwistern verteilt. Von einer längeren Reise (Rom, Capri) zurückgekommen, beginnt ihre schriftstellerische Tätigkeit. Mit dem Roman „Vivos voco" hat sie sich einen Namen gemacht.*

Mit diesen wenigen Zeilen beschreibt Auguste Heider die Zeit von 1896 bis 1908, dem Erscheinungsjahr des Romans „Vivos voco". Damit übergeht sie erstaunlicherweise eine ganze Dekade in Elisabeth Dauthendeys Leben, die offensichtlich

---

[26] Die Namen der Beiträger zu dieser Zeitschrift lassen sich sehen: Theodor Lessing, Oskar Panizza, Richard Dehmel, Paul Scheerbart, Hans von Weber, Franziska von Reventlow, Otto Julius Bierbaum und – eine Novelle namens „Gefallen", nur wenige Seiten nach Elisabeth Dauthendeys Essay, von dem 19-jährigen Thomas Mann. Auch dies ist, wenn man von Manns Texten in seiner Schülerzeitschrift absieht, seine erste Veröffentlichung.

[27] Als Hauptbewohnerin einer Wohnung taucht Elisabeth Dauthendey erstmals in einem Adressbuch der Stadt Würzburg auf: Das Adressbuch von 1898 verzeichnet in der Kaiserstraße 9 III die *Privatiere* Elisabeth Dauthendey.

dem Kampf für die Emanzipation der Frau gewidmet war. 1898 erschien ihr erstes Buch „Im Lebensdrange"[28] und auch die nächsten Bücher behandeln das Thema Frauenemanzipation, insbesondere der Roman „Vom neuen Weibe und seiner Liebe" (1900).

Neben ihrer schriftstellerischen Tätigkeit gehörte sie im Jahr 1898 zu den Mitbegründerinnen des Würzburger Frauenbildungsvereins „Frauenheil"[29]. Dieser Verein hatte es sich zum Ziel gesetzt, Frauen zum Universitätsstudium zuzulassen. Elisabeth gehörte im Jahr darauf zu den Unterzeichnerinnen (ausschließlich Lehrerinnen) eines Antrags, die Kant-Vorlesung von Professor Oswald Külpe besuchen zu dürfen. Zu den Unterzeichnerinnen gehörte auch die damals 31-jährige Klara Oppenheimer.[30] Dem Antrag wurde nach anfänglichem Abblocken aus dem Münchner Kultusministerium zugestimmt. Erst 1903 konnten in Bayern Frauen zum Studium an Universitäten zugelassen werden. Später wurden die Aktivitäten des Vereins, Vorlesungszyklen für Frauen anzubieten, als Vorstufe zur Gründung der Volkshochschule bewertet.[31] Der Verein „Frauenheil" gilt auch als Initiator der Sophienschule, die erste private, konfessionell ungebundene Mädchenschule in Würzburg, die auch zur Reifeprüfung eines Realgymnasiums führen sollte. 1937 wurde die Schule in der

---

[28] Dieser Roman erschien im gleichen Verlag, Bruns in Minden, in dem Max Dauthendeys fünftes Buch „Reliquien" nach einem Privatdruck in Mexiko (1897) im Jahr 1900 verlegen lässt.

[29] Vgl. dazu ausführlich: Gisela Kaiser, Spurensuche, S. 13ff.

[30] Klara Oppenheimer (1867–1943) hatte wie Elisabeth Dauthendey ein Lehrerinnenexamen abgelegt und begann, als 1903 erstmals Frauen zu einem regulären Universitätsstudium in Bayern zugelassen wurden, in Würzburg Medizin zu studieren. Sie wurde 1912 promoviert und eröffnete im Jahr 1919 als erste Frau in Würzburg eine Praxis für Säuglings- und Kinderkrankheiten.

[31] Gisela Kaiser, Spurensuche, S. 14.

Sieboldstraße von den Nationalsozialisten geschlossen und ab 1941 als Mozart-Gymnasium wiedereröffnet.[32]

Noch im Jahr 1905 ist Elisabeths Tätigkeit in dieser Hinsicht belegt. In einem Brief von Max Dauthendey an Gertraud Rostosky schreibt er am 22. April 1905 etwas despektierlich:

> „Elise reist am Mittwoch zum Weibertag nach Augsburg oder heißt's ‚Jungfrauentag‘, sie kommt auch ein paar Täg nach München. Hoff, Du siehst se (nit). Sie heult immer über mich, daß ich nit rücksichtsvoll genug zu ihr bin und vor ihrer Tür sitz und wart, ob sie rauskommt. Heut Abend treff ich sie im Sandhof. Seit sie von Weimar da ist, hab ich sie nur telefonisch gesehen."[33] Und im nächsten Brief: „Elise war nur drei Stunden in München. Ich traf sie auf der Ludwigstraße gestern Abend."[34]

Mittlerweile war Elisabeth Dauthendey umgezogen. Kurze Zeit lebte sie in der Amalienstraße 7 II, im Haus, in dem auch ihr Vater seine letzten Jahre verbracht hatte. Seit 1901 ist sie im Adressbuch verzeichnet in der Semmelstraße 87 P[arterre], wo sie bis zu ihrem Tod leben sollte. 1933 wurde dieser hintere Teil der Semmelstraße in Neutorstraße umbenannt, sodass ihre postalische Anschrift seitdem Neutorstraße 11 P lautete.

Das Verhältnis von Elisabeth zu ihrem Bruder Max in dieser Zeit war wohl etwas abgekühlt, zumindest aus der Sicht von Max Dauthendey. Gertraud Rostosky nahm an dieser erneuten Abkühlung mit etwas Abstand teil. In einem Brief im November 1904 schreibt Max an Gertraud: „Zu Elise kam ich nie zu Besuch, ich lief am ersten Nachmittag davon, weil wir zu verschieden sind, und überhaupt."[35] Gertraud Rosto-

---

[32] Vgl. Würzburg Wiki.
[33] Eyb zu Kleinstett (Hrsg.), Nun küßt Dich jedes Wort, S. 80.
[34] Eyb zu Kleinstett (Hrsg.), Nun küßt Dich jedes Wort, S. 81.
[35] Eyb zu Kleinstett (Hrsg.), Nun küßt Dich jedes Wort, S. 60.

sky beschreibt in ihren Erinnerungen an Max seine Frau Annie Dauthendey[36] und dabei etwas milder auch Elisabeth:

> „Als sie [Annie] in meinem Zimmer mit ihrem kalten starrenden Blick jeden Gegenstand musterte, fühlte ich, was es heißt, einem Feinde zu begegnen. Es war nicht Elisabeth, die berechnende aber doch wohlmeinende Schwester, sondern die Frau Max Dauthendeys, die in mir ihre Rivalin sah und meine Todfeindin geworden war."[37]

Seit 1906 ist Elisabeth im Würzburger Adressbuch mit der Berufsbezeichnung Schriftstellerin versehen. Da ist bereits ihr fünftes Buch erschienen und offensichtlich hat die konstante Aufnahme ihrer Werke beim Verlag Schuster & Loeffler nun zu regelmäßigen Einnahmen geführt. Die vorangehende „Berufsbezeichnung" nach dem Tod ihres Vaters, Privatiere, galt wohl eher der Tatsache, dass sie nicht in ihrem erlernten Beruf als Lehrerin arbeitete, sondern vom Erbe des Vaters lebte. Wie ihr Bruder Max, der 1903 Kierkegaard übersetzt hatte, hat auch Elisabeth eine Übersetzung vorgelegt: 1907 erschien ihre Übersetzung des dänischen Philosophen und Schulmannes Carl Lambek, mit einem Vorwort der Pädagogin Ellen Key im Diederichs Verlag.

Das Verhältnis zwischen Elisabeth und Max, aber auch zwischen ihr und Gertraud Rostosky war nie ganz spannungslos. In zahllosen Briefen von Elisabeth und Max ging es um Geld, das der jüngere Bruder von ihr lieh und nur schwer zurückzahlen konnte, obwohl Elisabeth selbst offenbar ebenfalls manchmal in Geldnöten war. Sie aber unterstützte ihn dennoch, wo sie nur konnte. Sie beschaffte ihm Geschichtsbücher, als er begann historische Dramen zu schreiben. Sie stellte ihm ihre Wohnung zur Verfügung, wenn sie auf Rei-

---

[36] Zu dem Zeitpunkt lebten Max und Annie Dauthendey getrennt.
[37] Gertraud Rostosky, Max Dauthendey – wie ich ihn erlebte, S. 49.

sen war. Sie lieh ihm im Jahr 1912 die ungeheure Summe von 3000 Mark für den Bau seines Hauses im Guggelesgraben in Würzburg.

In den Briefen wird immer wieder kurz angedeutet von vielen kleineren und größeren Reisen nach Berlin, Weimar, München oder Bad Brückenau gesprochen, wo sie offenbar Freundinnen besucht hat, aber auch von Wanderungen mit Max und seiner Frau Annie, wenn die beiden in Würzburg waren.

Wenn Elisabeth in ihren Briefen immer wieder Anteil am schriftstellerischen Werdegang ihres Bruders nahm, so ist das umgekehrt nur selten der Fall gewesen. Und dennoch gibt es immerhin mindestens einen Brief von Max an Elisabeth, der die beiden Geschwister auch auf Augenhöhe zeigt und gleichzeitig das literarische Leben um 1910 beschreibt:

> „Liebe Lisel, liebe,
> vor allem sei mit mir und Annie gut. (...) [I]ch stehe nämlich vor dem Abschluß von zwei Kontrakten. Endlich! (...) und am 10. April kommt Verleger Fischer aus Rom durch München und er telegrafiert mir soeben heute, daß er ‚mit Freuden‘ die ‚Weltreise‘ verlegen und für die RUNDSCHAU haben will.[38]
> Dann hoffe ich zwischen 10. bis 15. April viel Geld von Fischer zu erhalten und kann die Schuld von der 200 M. hoffe ich und vielleicht mehr an Dich, was mich immer drückt, senden. (...) [D]eshalb schreibe ich Dir gleich, denn es war nur Mist und Elend um mich in diesen Monaten und meine Briefe hätten nur nach Sorgenjauche gestunken, ich konnte Dir mit bestem Willen keine Elendsbrühe anbieten. (...)

---

[38] Ein Kontrakt mit dem Verleger Samuel Fischer kam nie zustande. Das erwähnte Werk „Weltreise“, der Band „Geflügelte Erde“ erschien im gleichen Jahr dann beim Verlag Langen in München.

Hier [München] ist eine neue Zeitschrift ‚Licht und Schatten' soeben von Baron Hanns von Gummpenberg[39] begründet worden, sie erscheint im April. Ich würde Dir raten, wenn Du Gedichte oder Aphorismen oder Essays hast, solltest Du etwas einsenden. Er zahlt enorme Preise. Er bot mir für drei Gedichte 96 Mark. (...)

Ich habe so viel an Dich gedacht und so viel von Dir geträumt, heute Nacht auch wieder, liebe Lisel, liebe; weißt Du noch, wenn wir mit Untergrundbahn ans Knie rutschten! Und die Abende in ‚Rheingold' und in den paar Theatern! Es war dort sehr gelungen, das Geschwisterpaar einsam durch Berlin omnibussen zu sehen. Dr. Gabriele Reuter, die ich bei Fischers traf, sagte, daß sie Dich kannte, aus Weimar glaube ich.

Ich war zu einem großen Ballabend bei Fischers, wo die Lyrik, Hofmannsthal mit Gemahlinchen und Rilke mit Malgemahlin (sie bildhauerte den Gerhard Hauptmann)[40] und Walser und Orlik und Weiss und Corinth mit und Meyergräfe und Gräfin u.s.w. aßen und tanzten. (...)

[Ich denke], daß wir nächst nach Würzburg kommen, um den Frühling mithelfen auszubrüten. Freue mich sehr Dich zu umhalsen. (...)

Hoffentlich erlebe ich noch, daß meine Dramen gespielt werden. Es hat gar keinen Zweck so früh zu sterben.

Sei herzlich umarmt von Deinem Mako."[41]

---

[39] Hanns von Gummpenberg (1866–1928), Schriftsteller und Satiriker, gründete in München besagte Zeitschrift, die von 1910–1916 existierte.

[40] Die Bildhauerin Clara Westhoff, die seit 1901 mit Rilke verheiratet war.

[41] Brief von Max Dauthendey an Elisabeth Dauthendey vom 1.4.1910. Unpubliziert im Nachlass Max Dauthendey (28) im Stadtarchiv Würzburg.

Im Jahr 1908 malte Gertraud Rostosky Elisabeth und Annie Dauthendey in Öl: „(...) ich freue mich so sehr darauf, Annie und Elise zu malen, komponiere schon fortwährend in Gedanken an den Porträts".[42] Auch Max ist von der Idee begeistert. Er schreibt an Gertraud: „Elise will Dich auf ein paar Tage nächstens besuchen. Sie würde sich sicher sehr gut als Bild in einer der Lauben mit einem Buch oder Manuskript ‚machen'. Und als ich ihr heute sagte, war sie ganz ‚Feuer und Flamme' von Dir im Veitshöchheimer Hofgarten gemalt zu werden."[43] Nicht viel später muss das Bild entstanden sein, das sich heute im Museum im Kulturspeicher (MiK) befindet und den Einband dieses Buches ziert.

Denn bereits im August begab sich Elisabeth auf eine Entfettungskur ins Sanatorium Ernseerberg nach Gera.[44] Von dort kehrte sie missgestimmt zurück und Gertraud Rostosky berichtet in einem Brief an Max: „Elise schrieb mir einen frischen, flotten Brief, dem man es gar nicht anmerkte (wenden!), daß sie sich tot, töter am tötesten und als ‚mumia aegyptica' fühlt".[45] Und in einem späteren Brief schrieb sie an Max, dass sie Elisabeth „schätze". Immerhin war Elisabeth es, die die Verbindung von Max und Gertraud verhindert hatte.

Elisabeth Dauthendeys Einstellung zum 1. Weltkrieg unterscheidet sich nicht von dem, was die meisten Deutschen zu Beginn des Krieges empfanden. Dennoch ist sie Mitunter-

---

[42] Brief von Gertraud Rostosky an Max Dauthendey vom 4.3.1908. Zit. nach Eyb, Nie küßt Dich jedes Wort, S. 106.

[43] Brief von Max Dauthendey an Gertraud Rostosky vom 9.6.1908. Zit. nach Eyb, Nie küßt Dich jedes Wort, S. 108.

[44] Vgl. Brief von Max Dauthendey an Gertraud Rostosky vom 27.8.1908. Zit. nach Eyb, Nie küßt Dich jedes Wort, S. 115.

[45] Brief von Max Dauthendey an Gertraud Rostosky vom Ende Oktober 1908. Zit. nach Eyb, Nie küßt Dich jedes Wort, S. 121.

zeichnerin des „Aufruf zur Würde"[46], den 93 deutsche Schriftsteller:innen unterzeichnet haben, unter ihnen auch Ricarda Huch. Thomas Mann lehnte den Aufruf ab, der sich gegen die „ausländische Presse" wandte, die die Deutschen als „Barbaren" bezeichnet hatte. Mann meinte, man möge die „geschundenen Franzosen" in Ruhe lassen. In dem Aufruf ist von „bitteren Notwendigkeiten des Krieges" die Rede (unter anderem die Beschießung des Doms zu Reims), von „Waffen-Ehre" und er endet mit dem Aufruf: „Solange Blut fließt, enthalte man sich des Wortstreites, der die große Stunde vergiftet und befleißige sich des Schweigens. Diese Forderung stellen wir an die Schriftsteller, Künstler und Gelehrten aller Länder".[47]

Vielleicht ist in diesem Zusammenhang die Aussage von Gertraud Rostosky im Jahr 1916 zu verstehen:

> „Wir hatten die Schwedin [Annie Dauthendey] freundlich aufgenommen, denn ihre furchtbare Lage ließ uns alle Kränkungen und Feindseligkeiten vergessen. Die Haltung der Elisabeth Dauthendey, die sich völlig von ihren Geschwistern abgewandt hatte, konnten wir nicht teilen."[48]

Ein Briefwechsel mit ihrem Bruder Max nach 1914 ist nicht mehr vorhanden. Vermutlich aber lehnte sie seine Publikation mit Kriegsgedichten „Des großen Krieges Not" (1914 und 1915) ab.[49]

---

[46] Dieser Aufruf wurde, von Thomas Mann nicht abgesegnet, im Dezember 1914 in der „Kritischen Rundschau" veröffentlicht.

[47] Das von Elisabeth Dauthendey eigenhändig unterzeichnete Blatt befindet sich im Nachlass Michael Georg Conrads in der Monacensia in München.

[48] Gertraud Rostosky, Max Dauthendey – wie ich ihn erlebte, S. 92.

[49] Max Dauthendey war auf seiner Weltreise im fernen Osten vom 1. Weltkrieg überrascht worden und konnte bis zu seinem Tod 1918 nicht nach Deutschland zurückkehren. Er schrieb unter anderem

Außer mit dem „Aufruf zur Würde" hat sich Elisabeth Dauthendey offenbar nicht weiter politisch zum Weltgeschehen geäußert. 1917 erschien ihr neues Buch „Von den Gärten der Erde", das von Leo Weismantel im Frühjahr 1918 rezensiert wurde.[50] Neben der eigentlichen Rezension beschreibt er darin jedoch einen früheren Besuch bei Elisabeth, in einem Garten, den Elisabeth im Leutfresserweg besessen hatte:

> „Ein kleines Kärtchen mit großen geschwungenen Schriftzügen war mir zugekommen; ich sollte in den Garten der Dichterin Elisabeth Dauthendey kommen, in ihren Garten, nicht in die umschlossenen Räume der Stadtwohnung, in ihren Garten, da es Sommer sei. Er lag am Leutfresserweg. (...) Würzburg ist die Stadt seltsamster Namen. Ich dachte an einen Weg der durch Wildnis läuft, an dem ungeschlachte Riesen hocken, wie ehedem am Isthmus, am Weg von Athen nach Korinth, oder ist es ein Weg, an dem ein Drache in einer Höhle sitzt? (...)
> Ich öffnete die Tür am Wege und stieg die schattenumhangenen Treppen hinauf. (...)"

Er beschreibt ausführlich die Wiesen, Bäume, Lauben, Beete, Sträucher, Wasserspiele, die Lage zwischen Festung und Käppele. Und weiter:

> „Es ist Jahre her, aber eines weiß ich noch bis ins Kleinste genau: Die Dichterin war vertraut mit jedem einzelnen Baum, jedem einzelnen Strauch, jeder einzelnen Blume – redete von ihnen und zu ihnen wie ich das von Menschen tat. (...) Was die Dichterin mir zeigte: Sie zeigte mir Unsichtbares. Ihr Garten war eine Welt."

Gedichte, in denen er bedauerte, nicht an den Kämpfen teilnehmen zu können.

[50] Leo Weismantel (1888–1964), Schriftsteller und Reformpädagoge, lebte seit 1908 als Lehrer in Würzburg. Die Rezension erschien am 31. März 1918 in der Zeitschrift „Frankenwarte".

Über die Zeit nach dem Krieg berichtet Elisabeth selbst über sich in einem Brief an eine Freundin, die sie über Jahrzehnte aus den Augen verloren hatte:

> „Auch mein Leben ist überaus reich gewesen und reich geblieben. Eine schier überwältigende Fülle an Liebe ist mir immerfort geworden und geblieben. Reich bewegt durch viele Reisen – dreimal in meinem geliebten Italien – Paris, London, Berlin, Dresden, München und vieles andere. Durch meine Bücher [habe ich] einen großen Kreis von Menschen, eine ungeheure Korrespondenz mit Männern und Frauen, Besuche von interessanten Leuten, die meine Bücher lieben, Blumensendungen von ganz fremden Menschen – Ehrungen verschiedenster Art und bisher kein Stillstand irgendwelcher Art. Habe ein schönes Heim, viele liebe Freunde und Freundinnen. Bin immer im Schaffen – eben an drei neuen Büchern, u.a. meinem dritten Märchenbuch (...).
>
> Vormittags ist meine Arbeitszeit. Nach Tisch eine Stunde Politik (ein garstig Ding zur Zeit), nachmittags entweder ein Gast zum Tee oder mit jemandem verabredet, abends mit Büchern oder einer Freundin. Ich lade immer nur einen Gast ein – man hat dann wirklich etwas voneinander. Der Winter geht so mit Arbeit, Freunden, Konzert, Theater und Vorträgen friedlich hin. Im Sommer ist die schöne Reisezeit".[51]

Auguste Heider beschreibt in ihrem fragmentarischen Text das Alltagsleben von Elisabeth noch genauer, er zeigt eine lebensfrohe aber auch streng strukturierte Schriftstellerin:

> *Wie ihr Vater, mit dem sie auch sonst viel Ähnlichkeit hatte, liebte auch sie gutes Essen. Wein trank sie selten, und wenn, nur wenig und es musste der allerbeste sein.*

---

[51] Brief von Elisabeth Dauthendey an Henriette Junker vom 6.11.1921. Im Nachlass Max Dauthendey (IV II 2) im Stadtarchiv Würzburg.

„Du wirst das Weintrinken schon noch lernen", sagte einmal ihr Vater, aber sie hat es nie gelernt. Eine gute Unterhaltung, eine geistreiche Aussprache war ihr großes Bedürfnis.

Ihren Tag hatte sie strengstens eingeteilt. Um 7^h im Sommer um $\frac{1}{2}\,8^h$ im Winter stand sie regelmäßig auf, auch wenn sie am Abend spät zu Bett gegangen war. „Sie könnten doch liegen bleiben", meinten ihre Zugeherinnen. „Nein", sagte sie, „jeder Tag muss seinen gewissen Rhythmus haben, das trägt zur Ordnung und zur Gesundheit eines jeden Menschen mit bei." Sie wollte noch schreiben, wie Menschen jung und gesund bleiben können, aber zu diesem Schreiben kam es nicht mehr. Das letzte, was sie schrieb, waren philosophische Gedichte und Aufsätze, die leider wie ihr ganzer Nachlass ein Raub der Flammen wurden.

Wie ihr Vater, interessierte sie sich auch sehr für gesundheitliche Dinge. Sie besaß gewisse magnetische Kräfte. Ein fühlbarer Strom ging von ihr aus, wenn sie einem die Hand drückte, oder bei Schmerzen die Hände auf den Kopf legte.

Ihre Jahre sah man ihr nie an. Die meisten schätzen sie für 10 bis 20 Jahre jünger. Als wir 1940 zum alljährlichen Sommeraufenthalt diesmal in Neuhaus an der Saale waren, sie war 86 Jahre alt, kam der Hausherr nach Durchsicht des Zimmerzettels noch einmal zu uns herauf und meinte, zu Elisabeth gewandt: „Sie müssen sich da verschrieben haben. Sie sind doch nicht 54 geboren, 74 oder höchstens 64!"

Fühlte Fräulein Dauthendey, dass ein Gedanke, ein Gedicht in ihr reif wurde, bat sie um ein besseres Frühstück, meist ein Gläschen Champagner mit lecker belegten Brötchen. Dann entstand die Niederschrift rasch in einem Guss. Das sogenannte „Feilen" war nicht ihre Sache. Selten kam das Umändern eines Schriftstückes vor.

Jeden Tag um 9 Uhr saß sie am Schreibtisch, ordnend, sichtend, mit tadelloser Frisur und im guten An-

zug, oft noch mit schwarzer, offener Samtjacke, denn sie
sas [sic!] Parterre und am großen Fenster und im Win-
ter (...) [52]

Die Einladungen zum Tee bei Elisabeth werden von zwei
Schriftstellern retrospektiv beschrieben: Einmal von Adalbert Jakob[53], dem „Dichter an der Hobelbank", und zum
anderen von dem Lehrer Dr. Michael Gebhardt[54], den Elisabeth im Jahr 1921 kennen gelernt hatte, als dieser eine Vor-
tragsreihe über Lyrik und im Speziellen über ihren Bruder
Max an der Volkshochschule veranstaltete. Michael Gebhardt
beschreibt dies einmal in der posthumen Veröffentlichung
der ihm überlassenen Märchen (1976) und auch in einer Erinnerung zum 50-jährigen Bestehen der „Dauthendey-Gesellschaft"[55]:

> „Nach dem Vortrag trat eine Dame auf mich zu,
> stellte sich als Elisabeth Dauthendey vor und lud
> mich zu sich ein. Bei der Verabschiedung erneuerte
> Elisabeth Dauthendey ihre Einladung zu je einer
> 14tägigen Teestunde und fügte hinzu: ‚Sie gehören
> zu den wenigen, die ich als Gast zu mir gebeten habe,
> meist wurde ich darum angegangen. Kommen Sie,
> bitte, jede zweite Woche!' Bis zu meiner Versetzung
> nach München im Herbst 1932 blieb es dabei. Eine
> Lebensfreundschaft hatte sich angebahnt, die im
> Briefwechsel bis zum Tod von Elisabeth Dauthendey

---

[52] Hier endet mit Seite 4 das Typoskript
[53] Adalbert Jakob (1892–1970) übernahm 1918 die väterliche Schrei-
nerwerkstatt und war 1934 Mitbegründer der Dauthendey-Gesellschaft. Erst ab 1957 lebte er als freier Schriftsteller und arbeitete unter anderem mit Gertraud Rostosky zusammen.
[54] Michael Gebhardt (1892–1987) lebte von 1920 bis 1932 als junger
Lehrer in Würzburg, promovierte 1922 im Fach Psychologie und
wurde 1932 nach München versetzt, wo er später bis 1957 stellver-
tretender Leiter der Rupprecht-Oberrealschule war.
[55] Beitrag in: Frankenland, ZS für fränkische Landeskunde und Kulturpflege, 36. Jahrgang, Heft 6 1984, S. 174f.

fortdauerte." Und weiter: „Immer hatte Elisabeth Dauthendey nur *eine* Person bei sich zu Gast, da das Gespräch, wie sie meinte, bei mehreren Personen in seichtere Bahnen gerate und zerfließe. Sie suchte jemand, der zuhören konnte und Vertrauliches bewahrte. (...)

Eines Tages überraschte mich Elisabeth Dauthendey mit dem Wunsch, ich möchte nach ihrem Tod ein Buch mit dem Titel „Die letzte Dauthendey" schreiben. Unterlagen dafür, Briefe, Tagebücher, Fotos und sonst Vertrauliches würde ich in ihrem Schreibtisch, der mir ungeöffnet übergeben würde, finden. Der Schreibtisch blieb zunächst in Würzburg, wo er in dem bombensicheren Weinkeller des Hauses untergebracht war. Kurz nach dem Krieg schrieb mir eine treue Freundin[56] von Elisabeth Dauthendey, daß das Haus niedergebrannt sei. Somit sei auch der Schreibtisch samt Inhalt vernichtet."

Adalbert Jakob lernte Elisabeth Dauthendey merkwürdiger Weise erst 1940 kennen. Er war ein glühender Verehrer von Max Dauthendey und hatte bis dahin wohl die ältere Schwester eher in zweiter Reihe gesehen. Sein Bericht[57] von 1963 über Elisabeth bringt aber eine atmosphärische Beschreibung der Wohnung und der letzten Lebensjahre:

„Zu den vielen bedeutenden Menschen, die mir in meinem Leben begegneten und die ich zum großen Teil im Laufe der Zeit zu meinen persönlichen Freunden rechnen durfte, gehörte auch die Schriftstellerin Elisabeth Dauthendey, die älteste [sic!] Stiefschwester Max Dauthendeys. (...)

---

[56] Dabei kann es sich nur um Auguste Heider handeln, die von Gertraud Rostosky als die „Lebensfreundin und hilfreicher Engel" bezeichnet wurde. (siehe Mainpost-Artikel von 1954 im Quellenverzeichnis)

[57] Unveröffentlichtes Typoskript mit dem Titel „Zum 5-Uhr-Tee bei Elisabeth Dauthendey" im Stadtarchiv Würzburg.

Ich lernte Elisabeth Dauthendey im Jahre 1940 kennen, als ihre getreue Freundin und Fürsorgerin, die Lehrerin Auguste Heider (...) zu mir in die Wohnung kam, um mich im Auftrage von Elisabeth zum 5-Uhr-Tee einzuladen. Gerne sagte ich dieser freundlichen Einladung zu, denn es war für mich eine große Ehre, diese bedeutende Frau, die sich durch ihre Romane und Erzählungen einen weltweiten Namen gemacht hatte, persönlich kennenzulernen. Sie war ohne Zweifel ein bedeutender Mensch, vielleicht die geistreichste, begabteste Frau ihrer Zeit in Würzburg. (...)

[Fräulein Heider öffnete mir und führte mich in den Salon.] Ich ließ mich in einem der roten Plüschsessel, die noch, wie die gesamte Einrichtung, aus der Zeit der Eltern stammte, nieder. Auf dem großen, runden Nußbaumtisch stand ein Samowar, in dem schon das Wasser für die Teezubereitung brodelte. (...) Vier Tortenstückchen auf einer Platte und ein kleines Messing-Badewännchen, in dem einige Zigaretten lagen, zierten den festlich gedeckten Tisch. Auf einmal ging die Türe auf und Elisabeth Dauthendey stand vor mir, im Zimmer. Ich war schnell aufgestanden um ihr die Hand zu geben, die sie mit herzlichen Begrüßungsworten kräftig schüttelte. Wir hatten uns vorher noch nie gesehen. Sie kannte mich durch meine verschiedenen Veröffentlichungen in den Zeitungen. Ich kannte sie aus dem biographischen Werk Dauthendeys und hauptsächlich durch ihre eigenen Werke, besonders durch den damals bekanntesten Roman vivos voco. Es war ein Ehrfurcht gebietender Augenblick, diese Begrüßung! Eine Dame, 84 Jahre alt, rüstig und behende wie eine gesunde 50erin, jedes Wort ein geistvoller Ausspruch! So etwas habe ich noch nicht erlebt! – Während sie den Tee zubereitete und in die Tassen goss, kam schon ein fließendes Gespräch zustande, als ob, weiß Gott, wie lange wir uns schon kannten!

Elisabeth Dauthendey war bekanntlich eine Halbjüdin. Sie litt sehr unter der Angst, dass sie nicht doch eines Tages von der Gestapo abgeholt wurde. Aber man hat sie bis zu ihrem Lebensende in Ruhe gelassen, denn was wollte man mit einer Frau in einem so hohen Alter noch anfangen? Nur zwei Herren hat sie in den letzten Jahren noch zu ihren Teestunden eingeladen, der eine davon war der bekannte Dichter Oskar Kloeffel[58], der an den Dienstagen kam, der andere Gast war ich.

Ein gutes Stündchen saßen wir so beisammen beim Tee, den sie so fein und ganz nach russischer Art zuzubereiten wusste. Wir aßen die Tortenstückchen auf, die auf dem Tablett lagen und dann musste ich eine Zigarette rauchen, der Geruch der Zigarette war ihr insofern ein besonderer Genuss, weil sie damit den Geist ihres Vaters heraufbeschwor, für den sie und ihre drei Schwestern täglich 30 bis 35 Stück, von einem Tabak, den er sich direkt aus der Türkei kommen ließ und die er alle der Reihe nach an einem Tage rauchte, drehen musste. (...) ‚Nun, Herr Jakob‘, sagte sie dann immer: ‚machen Sie mir nun etwas blauen Dunst vor! Mein Vater ist dann immer ganz in meiner Nähe!‘ Ich erfüllte ihr den Wunsch gerne, trotzdem ich sonst keine Zigarette anrührte. Es waren gewiss die feierlichsten Stunden meines Lebens wenn ich so mit ihr am Tische saß. (...) Nachdem wir uns noch einige Zeit mit unseren geistigen Schöpfungen beschäftigt haben, sie las mir aus ihren Werken vor und ich sprach von meinen neuen Dichtungen, mahnte die Zeit zum Aufbruch. (...)

---

[58] Oskar Kloeffel (1893–1953), Journalist und Schriftsteller, gehörte zu dem sogenannten literarischen „Kreis der Jüngeren“, stand laut WürzburgWiki im Dienst der nationalsozialistischen Kulturpolitik. Das schien ihn offenbar nicht daran zu hindern, mit einer „Halbjüdin“ Kontakt zu haben.

Eines Tages kam die getreue Seele ihres einsamen Lebens, Fräulein Heider zu mir in die Wohnung und meldete mir ihren plötzlichen Tod (es war am 18. April 1943). Ein Herzschlag hatte ihrem schöpferisch reichen Leben ein Ende gesetzt. (...)

Nicht viele Menschen begleiteten sie auf ihrem letzten Weg zur Gruft ihrer Eltern auf dem Würzburger Friedhof. Sechs Frauen und ich, als einziger männlicher Begleiter, warfen ihr die letzten Blumen auf den Sarg. Der große Bekanntenkreis, der sie einst in der Glanzzeit ihres Lebens umschwärmte, war in alle Winde zerstoben. Viele fürchteten sich vielleicht, bei ihr am offenen Grabe zu stehen, denn sie war ja eine Halbjüdin und es war gefährlich, zu dieser Zeit mit solchen Menschen Freundschaft zu haben."

Dies ist eine der sonst kaum auffindbaren Quellen, die von einer Vereinsamung von Elisabeth im Alter berichten. Möglicherweise ist schon der Einzug von Auguste Heider in die Dauthendeysche Wohnung als Zeichen für Geldmangel und Einsamkeit anzusehen, eine Art Alters-WG würde man heute sagen.

Elisabeth Dauthendeys letzte Buchveröffentlichung vor der Machtübernahme durch die Nazis war 1932 erschienen, die „Schlösser und Gärten am Main", immerhin auch noch 1935 in einer 2. Auflage und das im Verlag Velhagen und Klasing sicherlich in einer nicht geringen Auflagenhöhe. Aber die letzten Auflagen ihrer sonstigen Bücher waren 1925 erschienen. Vermutlich versiegte da schon langsam der Geldstrom aus ihrer schriftstellerischen Tätigkeit und das väterliche Erbe, mit dem Haus in Kaiserstraße sicher nicht gering, allerdings unter 5 Geschwistern aufgeteilt worden, war vermutlich längst aufgebraucht.

Die von Adalbert Jakob angesprochene zumindest gesellschaftliche Vereinsamung mag aber auch tatsächlich an den rassischen Wahnideen der Nazis gelegen haben. Eine besonders peinliche Rolle in dem Zusammenhang spielt der

Komponist und Erfinder des Mozartfestes in Würzburg Dr. Hermann Zilcher.[59]

Elisabeth Dauthendey hatte in den 20er Jahren ein Gedicht geschrieben: „An Mozart". Ab 1928 wurden beim Mozartfest neben Werken Mozarts auch andere Kompositionen zugelassen. So auch Werke des Machers der Mozartfestes Hermann Zilcher. Dieser komponierte extra für das populäre Format der Nachtmusik „An Mozart. Tanzphantasie für gemischten Chor und drei Orchester op. 84". Den Text zum Schlusschor lieferte Elisabeth Dauthendey. Uraufgeführt wurde dieses Werk 1928 und weiter in den Jahren 1929 und 1933. Eine Umtextierung nahm Zilcher im Jahr 1936 vor, obwohl sich die Texte inhaltlich kaum unterscheiden.

> „Der Grund für die Umtextierung lag woanders: Als sogenannte Halbjüdin war Dauthendey untragbar geworden, zumal die Nachtmusik dieses Jahres in das Festprogramm der Hochzeitsfeierlichkeiten des Gauleiters am 13. Juni einbezogen wurde."[60]

Somit ist mit dem Jahr 1936 der Name Elisabeth Dauthendey aus der Öffentlichkeit bis zu ihrem Tod und wohl noch einige Jahre darüber hinaus verschwunden. Erst fast 20 Jahre später findet sich wieder eine öffentliche Nennung des Namens, ein Zeitungsartikel in der Mainpost zum 100. Geburtstag von Elisabeth, in dem ein Gedenkblatt abgedruckt wurde – von Gertraud Rostosky.

---

[59] Hermann Zilcher (1881–1948), Komponist und Musikpädagoge, wurde 1920 Direktor des Bayerischen Staatskonservatoriums in Würzburg und gründete 1922 das Mozartfest. Die Bewertung seiner Nähe zum Nationalsozialismus ist umstritten.

[60] Irina Kriehn und Christoph Henzel: Hermann Zilcher und das Würzburger Mozartfest in der Zeit des Nationalsozialismus. In: Christoph Henzel (Hrsg.): Provinz? Würzburg, (Königshausen & Neumann) 2013, S. 197.

Werke von Elisabeth Dauthendey

Hier verzeichnet sind mit Ausnahme der ersten beiden Titel und dem Essay „Die urnische Frage und die Frau" ausschließlich monographische Werke. Zahlreiche Aufsätze, Gedichte, Novellen und Kurzprosa veröffentlichte Elisabeth Dauthendey in unterschiedlichen Zeitungen und Zeitschriften. Nicht untersucht wurde, ob alle Veröffentlichungen in Zeitungen und Zeitschriften später auch in ihre Bücher aufgenommen wurden.

1894: Die Geschlechter. Essay, in: „Die Gesellschaft", Hrsg. von Michael Georg Conrad. Leipzig (Friedrich). S. 1362ff.

1895: Unweiblich. [unter dem Pseudonym Andrea Pauloff] Essay, in: „Die Gesellschaft", Hrsg. v. Michael Georg Conrad. Leipzig (Friedrich). S. 382ff.

1898: Im Lebensdrange. Roman. Minden i.W. (Bruns)

1900: Vom neuen Weibe und seiner Liebe. Ein Buch für reife Geister. Berlin und Leipzig (Schuster & Loeffler). – 15. Tsd.: Stuttgart u. Berlin (DVA) 1925

1901: Zweilebig. Roman. Bildschmuck von Anna Baisch. Berlin (Schuster & Loeffler)
Hunger. Novelle. Berlin (Schuster & Loeffler). – 2. Aufl. Nürnberg (Der Bund) 1923

1903: Im Schatten. Novelle. Berlin (Schuster & Loeffler)

1904: Die schöne Mauvaine. Ein Königswille. Zwei romantische Balladen. Leipzig, (Hermann Seemann)

1906: Die urnische Frage und die Frau, in: Jahrbuch für sexuelle Zwischenstufen unter besonderer Berücksichtigung der Homosexualität. Hrsg. von Magnus Hirschfeld. 8. Jg. Leipzig (Max Spohr). S. 285–300

1907: (Übs.) Lambek, Carl: Zur Harmonie der Seele. Studien über Kultivierung des psychischen Lebens. Aus dem Dänischen. Einführung von Ellen Key. Jena (Diederichs)
Romantische Novellen. Leipzig (Thüringer Verlagsanstalt)
1908: Vivos voco. (später unter dem Titel: Von den Ufern des Lebens. Fortsetzung von „Vom neuen Weibe ...). Leipzig (Thomas). – 2019[5]
1912: Die Märchenwiese. Märchen, Geschichten und Gedichte, mit 4 farbigen Vollbildern und zahlreichen Textabbildungen von Luise von Geldern-Egmond. Braunschweig (Westermann). – 1920[6]
1914: Ein Abend und andere Novellen. Leipzig (Reclam)
1917: Von den Gärten der Erde. Berlin (Schuster & Loeffler). – 1925[4]
1919: Die goldne Stunde des Siegs. Roman. Berlin (Schuster & Loeffler). – 1921[2] [= umgearb. Auflage von „Zweilebig (1901)]
Erotische Novellen. Berlin (Schuster & Loeffler). – 1923[4]
1920: Märchen von heute. Braunschweig (Westermann)
Die heiligen Haine. Schätze die uns blieben trotz des schweren Krieges bittrer Not. Berlin (Schuster & Loeffler)
1922: Akeleis Reise in den goldenen Schuhen und andere Märchen. München u. Kempten (Kösel & Pustet). – 2. Aufl. Wiesbaden (Verlag der Hessischen Lesebuch-Stiftung) 1954
1923: Erla und die sieben Herrenhöfe. Erzählungen. Nürnberg (Verlag „Der Bund")
1924: Intime Plaudereien über künstlerisches Schaffen und Genießen. Nürnberg (Verlag „Der Bund")

1932: Schlösser und Gärten am Main. Aufnahmen [64 Tafeln] von Paul Wolff. Bielefeld und Leipzig, (Velhagen & Klasing). – 1935^2

1936: Das verkaufte Lachen: ein Märchenspiel in fünf Bildern nach einem Märchen von Elisabeth Dauthendey von Erna Büchner. Mühlhausen i. Thür. (Danner) [Thüringer Dorf- und Schulspiele 8]

1976: Märchen. Aus dem Nachlaß hrsg. von Michael Gebhardt. Gerabronn und Crailsheim (Hohenloher Verlagsanstalt)

2020: Die Teeprinzessin. Mit Illustrationen von Renate Osthoff. 30(2) S. Würzburg (Osthoff)

2021: Elisabeths Märchenbuch. Märchen für Jung und Alt. Hrsg. v. Georg Hippeli. Dettelbach, (Röll)
Frau Lollas sieben Leben. Illustriert und kommentiert von Jan J. Laurenzi. Norderstedt (POD)

Vertonungen von Werken Elisabeth Dauthendeys

1926: Die Teeprinzessin – Oper für die Jugend in 5 Akten. Dramatisiert von Bonifaz Rauch. Musik von Simon Breu. Uraufführung am 5. Dezember 1926 im Ferdinandeum Würzburg. – Handschriftliche Partitur in der Bayerischen Staatsbibliothek München. [Signatur: Mus.ms. 9283–1]. Wiederaufgeführt am 29.11.1954 vom Würzburger Sängerverein

1928: An Mozart [Mozarthymne]. Vertont von Hermann Zilcher als Schlusschor für seine Phantasie „An Mozart" für Tanz, 3 Orchester und gemischten Chor und bei den Mozartfesten 1928, 1929 und 1933 (möglicherweise bis 1935) zur Nachtmusik aufgeführt. Danach Austausch des Textes wegen der jüdischen Herkunft Elisabeth Dauthendeys

Quellenverzeichnis

Die Geschlechter. Essay. In: „Die Gesellschaft", Hrsg. v. Michael Georg Conrad. Leipzig, (Friedrich) 1894. S. 1362ff.

Unweiblich. [unter dem Pseudonym Andrea Pauloff] Essay. In: „Die Gesellschaft", Hrsg. v. Michael Georg Conrad. Leipzig, (Friedrich) 1895. S. 382ff.

Die urnische Frage und die Frau, in: Jahrbuch für sexuelle Zwischenstufen unter besonderer Berücksichtigung der Homosexualität. Hrsg. von Magnus Hirschfeld. 8. Jahrgang. Leipzig, (Max Spohr) 1906. S. 285–300

Die Märchenwiese. Märchen, Geschichten und Gedichte, mit 4 farbigen Vollbildern und zahlreichen Textabbildungen von Luise von Geldern-Egmond. Braunschweig (Westermann). 1912

Ein Abend und andere Novellen. Leipzig, (Reclam) 1914

In der Nacht. Ein Kriegsgeschichtchen. In: „Die Frankenwarte", 3. Jg. Nr. 45, 7. November 1915 [S. 2 u. 4]

Von den Gärten der Erde. Berlin, (Schuster & Loeffler) 1917

Erotische Novellen. Berlin, (Schuster & Loeffler) 1919

Märchen von heute. Braunschweig, (Westermann) 1920

Märchen. Aus dem Nachlaß hrsg. von Michael Gebhardt. Gerabronn und Crailsheim, (Hohenloher Verlagsanstalt) 1976

Trotz intensiver Bemühungen und Recherche konnte es leider nicht gelingen, den aktuellen Rechteinhaber der Märchensammlung von Elisabeth Dauthendey aus dem Jahr 1976 (herausgegeben von Michael Gebhardt) zu ermitteln. Berechtigte Interessen bitten wir dem Verlag anzuzeigen.

Für das biographische Nachwort benutzte Sekundärliteratur

Max Dauthendey: Der Geist meines Vaters. München, (Langen) 1912. [Zitate nach der Ausgabe der Gesammelten Werke, Band 1. München, (Langen) 1925]

Max Dauthendey: Gedankengut aus meinen Wanderjahren. München, (Langen) 1913

Leo Weismantel: Fränkische Bücher. Von den Gärten der Erde. Rezension in: „Frankenwarte" am 31.3.1918

Gertraud Rostosky: Max Dauthendey – wie ich ihn erlebte. Manuskript 1947. Erstmals veröffentlicht: Gertraud Rostosky: Max Dauthendey – wie ich ihn erlebte. Lebensbild. Ein bisher unveröffentlichtes Manuskript der Würzburger Malerin Gertraud Rostosky. Hrsg. von Walter Roßdeutscher. Würzburg, (Osthoff) 2004. [Dauthendey-Gesellschaft[*] Heft 8]

Auguste Heider: [Erinnerungen an Elisabeth Dauthendey]. Unveröffentlichtes Typoskript [nur Seiten 1–4 vorhanden, fehlen weitere Seite(n). Stadtarchiv Würzburg im Nachlass der Dauthendey-Gesellschaft]. 1954

Gertraud Rostosky: Die „Neue Welt" – ein Hort der Künste. 100. Geburtstag von Elisabeth Dauthendey und Marie Rostosky – Aufführung der Oper „Die Teeprinzessin". In: „Mainpost" am 23.11.1954

Adalbert Jakob: [Erinnerung an Elisabeth Dauthendey]. Unveröffentliches Typoskript. [Stadtarchiv Würzburg im Nachlass der Dauthendey-Gesellschaft]. 1963

Michael Gebhardt: Vorwort in: Elisabeth Dauthendey, Märchen (siehe Primärliteratur) 1976

---

[*]   Bei der Dauthendey-Gesellschaft handelt es sich um die Gesellschaft zu Max Dauthendey, gegründet 1934 und aufgelöst 2015. Der Nachlass der Gesellschaft befindet sich im Stadtarchiv Würzburg.

Michael Gebhardt: Mein Weg zu den Geschwistern Dauthendey. In: Frankenland. Zeitschrift für fränkische Landeskunde und Kulturpflege, 36. Jahrgang, Heft 6 1984, S. 174f.

Gisela Kaiser: Spurensuche. Studentinnen und Wissenschaftlerinnen an der Julius-Maximilians-Universität Würzburg von den Anfängen bis heute. Würzburg, (Schimmel) 1995.

Christine Weisner: Elisabeth Dauthendey (1854–1943). in: Frauen in Würzburg. Stadtführer & Lesebuch. Hrsg. Von Gisela Kaiser u.a. Würzburg, (Echter) 1996. S. 130–133

Elisabeth Dauthendey 1854–1943. Lebensbild – Werkproben. Zusammengestellt aus Äußerungen von Zeitzeugen und ausgewählt aus Büchern, Zeitschriften, Zeitungsartikeln von Walter Roßdeutscher. Würzburg, (Osthoff) 1998. [Dauthendey-Gesellschaft Heft 3]

Brigitte Kleinlauth: Gertraud Rostosky. „Mut zu sich selbst, Kunst als Lebensaufgabe". Ein Künstlerinnenleben. Würzburg, (Schöning) 1998

Clara Eyb zu Kleinstett (Hrsg.). Nun küßt Dich jedes Wort. Max Dauthendey – Gertraud Rostosky in ihren Briefen. Würzburg, (Königshausen & Neumann) 2008

Christoph Henzel (Hrsg.): Provinz? Würzburger Musikkultur in der 1. Hälfte des 20. Jahrhunderts. Würzburg, (Königshausen & Neumann) 2013

Weitere Quellen

Nachlass Max Dauthendey (28) im Stadtarchiv Würzburg
Nachlass Hermann Gerstner (75) im Stadtarchiv Würzburg
Nachlass der Dauthendey-Gesellschaft im Stadtarchiv Würzburg
Nachlass Michael Georg Conrad in der Monacensia in München

Inhalt

Märchen